日本現代
副読本
怪異事典
怪異妖怪愛好家・作家
朝里樹
Asazato Itsuki
笠間書院

はじめに

あなたが「怪異」と聞いたとき、思い浮かべるものは何でしょうか。鬼や天狗《てんぐ》、河童《かっぱ》などの妖怪たちでしょうか。それとも、神隠しや金縛り、幽体離脱といった怪奇現象かもしれません。しかし、現代という時代に目を向けたとき、口裂け女やトイレの花子さんといった名前を知らない読者は、少ないのではないでしょうか。

現代日本では、多くの怪異たちが語られてきました。そんな怪異たちを集めたのが『日本現代怪異事典』（笠間書院、二〇一八年）です。これは主に戦後日本を舞台にして語られた怪異を事典の形式で収集した本です。

この本は想像以上に大きな反響をいただき、こうして『日本現代怪異事典 副読本』を書かせて頂く機会にも恵まれました。

本書は『日本現代怪異事典』を持っていなくても楽しめる、持っていればより楽しめる、そんな本を目指しました。

五十音順に怪異を列挙した『日本現代怪異事典』と違い、本書は様々な切り口から怪異たちを捉え、より深く考察する本となっています。

巻頭の特集「日本現代怪異を知る」では、「なぜ人は怪異を求めるのか」「『怪異』という言葉はどのようにして生まれたのか」「日本怪異の系譜と変遷」など、怪異全般についてわかりやすく説明します。

第1章「類似怪異」では、類似した特徴を持った怪異たちを集め、例を挙げながらその共通点について考察します。例えば、「降霊占いの怪」では、こっくりさんやエンジェルさまなど、霊を呼び出して行う占いを集め、その歴史や変遷を述べます。「カシマの怪」では、現代の怪異譚に多数登場する「カシマ」という名前に纏《まつ》わる怪異たちについて、それぞれの「カシマ」が何を意味しているのかなどを考えます。

第2章「出没場所」では、怪異たちの出没場所について、トイレや学校、屋内、乗り物、異界・別次元、時間・時刻など、出没条件ごとに分け、例をあげながら考察します。例えば学校のトイレには花子さんを始めとして、男子トイレに現れる太郎くん、個室から栄養ドリンクを要求するムネチカ君など、個性豊かな怪異たちが現れます。また高速道路には、車を追い抜かすターボババア、人面犬などの怪異が出現します。時間帯に目を向けてみれば、多くの怪異は真夜中に現れる傾向にあります。こうした場所と怪異の関係について考える章です。

第3章「使用凶器」は、鎌とナイフなど刃物や鈍器といった凶器だけでなく、呪い、憑依、事故に遭わせる、不幸にする等、物理的な手段以外の方法で人を害する「凶器」について考察します。

第4章「都道府県別怪異」では、日本の各地方ごとの怪異の特色を紹介します。古くからその地方に伝わる怪異や、新たに生まれた怪異、それらがその地方でどのように語られているのかをご紹介します。

また、カラーページを設け、各ページにはたくさんのイラストを掲載しました。そのため、文字を追うだけでなく、視覚的にも楽しい内容になっています。イラストの中には、今まで描かれることのなかった怪異もいるでしょう。そんな怪異たちの姿も含め、楽しんで頂ければと思います。

本書は、現代怪異の世界を探索するためのガイドブックです。怪異の世界は広大で、一冊で全て紹介することは不可能でしょう。しかし、怪異の世界を進むための道しるべであれば、本書がその役割を担うことができるかもしれません。

もし『日本現代怪異事典』を持っていらっしゃる方には、本書に出てきた怪異たちの中で、興味を引かれた項目を辿って頂けたら、また新しい怪異への道が見えるかもしれません。

逆に『日本現代怪異事典』を持っていらっしゃらない方には、本書で現代怪異全般に興味を持っていただき、具体的な怪異をもっと探索されたいのであれば、『日本現代怪異事典』を手に取っていただくとよいと思います。

怪異への道は無限にあります。本書を片手に、現代怪異の世界であなたが進みたいと思う道を見つけて頂けたなら、幸いです。

目次

はじめに 2

特集 日本現代怪異を知る 7

❶なぜ人は怪異を求めるのか 8

❷「怪異」という言葉はどのようにして生まれたのか 12

❸日本怪異の系譜と変遷 16

❹トイレの花子さんはなぜ大ブレイクしたのか 20

❺ひきこさんの魅力 24

第1章 類似怪異 29

降霊占いの怪 30

チェーンメールの怪 35

乗り物幽霊の怪 40

心霊の怪 45

話してはならない怪 50

赤き衣の怪 55

色問いの怪 60

厠の幽霊の怪 65

カシマの怪 70

上半身の怪 75

わたしきれいの怪 80

言葉遊びの怪 85

目次

呪いの言葉の怪 90
ババサレの怪 95
高速老婆の怪 100
四時四四分の怪 105
メリーさんの怪 110
足音の怪 115
異界駅の怪 120
異界村の怪 125
男性の怪・女性の怪 130

第2章　出没場所 137

トイレ 138
学校 145
地形 154
道 160
街 167
屋内・室内 174
物 180
乗り物 185
異界・別次元 190
時間・時刻 196
機会 202

第3章　使用凶器 207

呪い 208
連れ去り 216

憑依——222
刃物——227
鈍器——233
生身——238
日用品——245
その他——250

第4章 都道府県別怪異——257

北海道・東北地方の怪異——259
東京・関東地方の怪異——264
中部・近畿地方の怪異——272
中国・四国・九州・沖縄地方の怪異——280

第5章 『日本現代怪異事典』拾遺——287

怪異系都市伝説年表——309
あとがき——313
参考資料——314

column

異類婚姻譚の怪異——140 成長する怪異——149 現代の怪異とあの世——162 怪異の世界に導く『ゲゲゲの鬼太郎』——211 世界の怪異たち——282 現代怪異ベスト3——286

【凡例】

※本文中に登場する怪異名について、『日本現代怪異事典』に項目があるものは、太字で表記した。

特集

日本現代怪異を知る

怪異は人の心を惹きつけてやまない。
この科学万能の時代でも、怪異たちの物語は
どこかで語られ、共有され、楽しまれている。
ここでは、なぜ人は怪異を求めるのか、日本怪異の系譜と変遷など、
日本の怪異について、わかりやすく解説する。

特集

日本現代怪異を知る❶

なぜ人は怪異を求めるのか

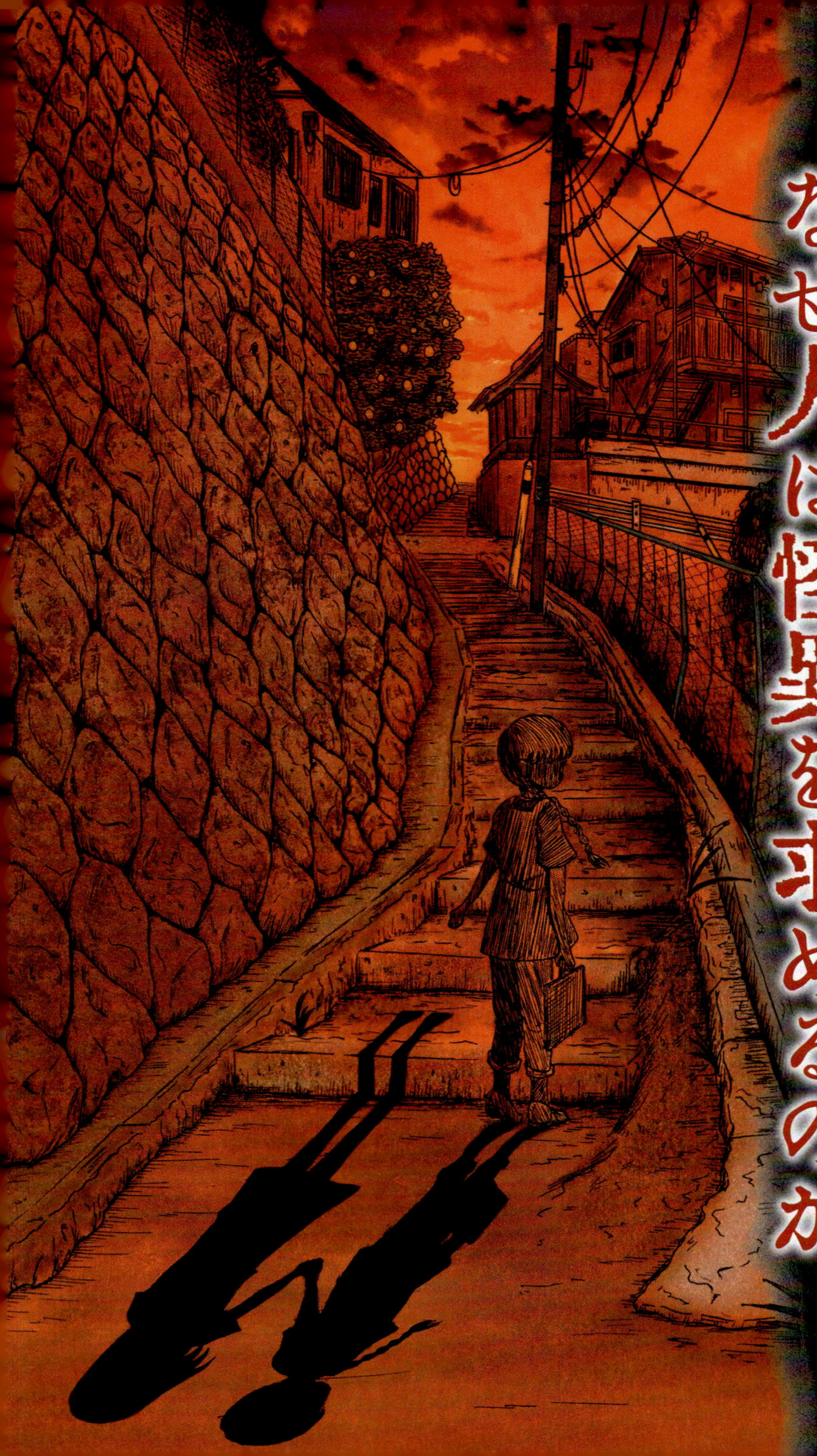

怖いもので溢《あふ》れる現代社会

現代のメディア社会では怖いものが溢れている。日本国内、国外を問わず、ホラー映画が連日映画館を賑わせ、モンスターや怨霊たちがスクリーンを所せましと跋扈《ばっこ》している。小説ではアメリカのホラー作家、スティーブン・キングが世界有数のベストセラー作家に数えられ、日本においても子ども向けから大人向けまで、様々な恐ろしい物語が人々を魅了している。テレビに目を向けても、夏になれば心霊特集が毎年決まって放送され、人々を楽しませている。

このように、現代の人々は怖いものを娯楽のひとつとして享受《きょうじゅ》している。都市伝説や学校の怪談が広まったのも、それが恐怖を煽《あお》るものであるとともに、人々が娯楽としての面白さを感じ取っているからだろう。

では、どうして人が怖いもの、怪異を求めるのか、考えてみたい。

「わからない」ということの魅力

第一の理由として「わからない」という魅力だ。

怪異は基本的に「わからない」存在として立ち現れる。人間は幼児期から「わからないもの」「不思議なもの」「未知なもの」に本能的に興味・関心を惹《ひ》かれる。

現代で怪異と呼ばれているものたちは、科学が進んだ昨今でもその実在が科学的に確認されていない存在や現象が大部分を占めている。かつて地震は大鯰《なまず》が引き起こすと考えられていた。不知火《しらぬい》は龍神の灯火とされていたが、現在では蜃気楼《しんきろう》の一種と確認された。不可思議なものは次々と科学的に証明されてきたわけだ。しかし、二一世紀になってもまだまだ科学的に解明されていない不思議な現象がたくさんある。我々現代人は怪異を「実在するかどうかわからないが、実在するかもしれないという前提」として語っている。だから、科学の時代でも実在するかどうか「わからない」怪異に現代人は魅了されるのだろう。

では、そもそも我々はなぜ、そんないるかいないかわからないものたちに惹かれるのだろう。

その理由のひとつは、「わからない」という向こうに無限の可能性があるからだ。

怪異たちは普通の生物の常識など簡単に突破する。人が死ねばそれで終わりではなく、幽霊と化して祟《たた》ったりさ迷ったりする。人由来ではない怪異たちも、呪いを使う、未来を予知する、口から火を吐く、人に乗り移るなど、おおよそ普通の生物ではなしえない予測不能なことをやってのける。怪異たちに限界はない。彼らはどんなことでもしでかす無限の可能性を持っているのだ。

怖がらせてくれるものを求める心理

人々が怪異を求めるもうひとつの理由は、人間は「恐怖を楽しむ」ことができる心を持っているということだ。

現代において怪異が語られるとき、その多くは人々を恐怖させる存在として登場する。幽霊はもちろんのこと、人間の姿形をしていない怪異の場合も、人を傷つけたり呪ったりと攻撃的な行動を起こし、恐怖を与えるものが多い。

人々の多くは、自分を怖がらせてくれるものを求めている。これは決して現代人特有の感覚ではない。江戸時代には既に百物語など怪異を扱った本が多数流布していた。

では、なぜ「恐怖」は魅力的なのか。

恐怖は我々の心に、普通に生活していてはなかなか遭遇しない刺激と興奮を与えてくれるからだ。もちろん生身に迫った危険がもたらす恐怖は堪ったものではないが、怪異たちのようにいるかいないかわからないものたちは、程よい距離感を持って我々を心地よく怖がらせてくれる。

怪異は完全に架空のものとして語られるのではなく、実在する可能性の体《てい》で語られる事が多いが、その事がより大きな恐怖をもたらす。怪異は私たちの平穏無事な日常を揺さぶり、刺激と興奮を与え、精神的な変化をもたらしてくれる。いわゆる怖いもの見たさは、そんな変化を求める感情なのかもしれない。

ここで大切な事は、怖いものを楽しむには、精神的な余裕が必要ということだ。

目の前に殺人者が迫っていたり、明日死ぬか生きるかという毎日を送っている人ならば、その緊急の死活問題に速やかに対処することが必要である。そのような人には、いるかいないかわからないものに対して恐怖を覚えたり、それを楽しんだりするような余裕は生まれないだろう。

平和だからこそ怪異は現れる

現代日本が平和な国であり、そこで暮らしている私たちの心に余裕があるからこそ、私たちは怪異を楽しみ、求めることができる。

平和だからこそ、もしかしたらあの怪異が本当にいるかもしれない、明日にでも遭遇するかもしれない、といったことを楽しみながら空想できる。平穏な世界を崩しに現れる可能性をはらんでいるからこそ、怪異は恐ろしくもあり、また世界を変える刺激を与えてくれる魅力的な存在となり得る。

怪異を楽しめること、それはこの時代が平和であることの証左《しょうさ》だ。この国で暮らす私たちの心に余裕がある限り、もしかしたら怪異がすぐ隣に現れるかもしれない。

我々は、そんな怖いが、わからなくて不可思議な怪異たちを、これからも求め続けるのだろう。

そんな平和な世界が続き、人々の望みに応えて怪異たちが現れることを、私は願いたい。

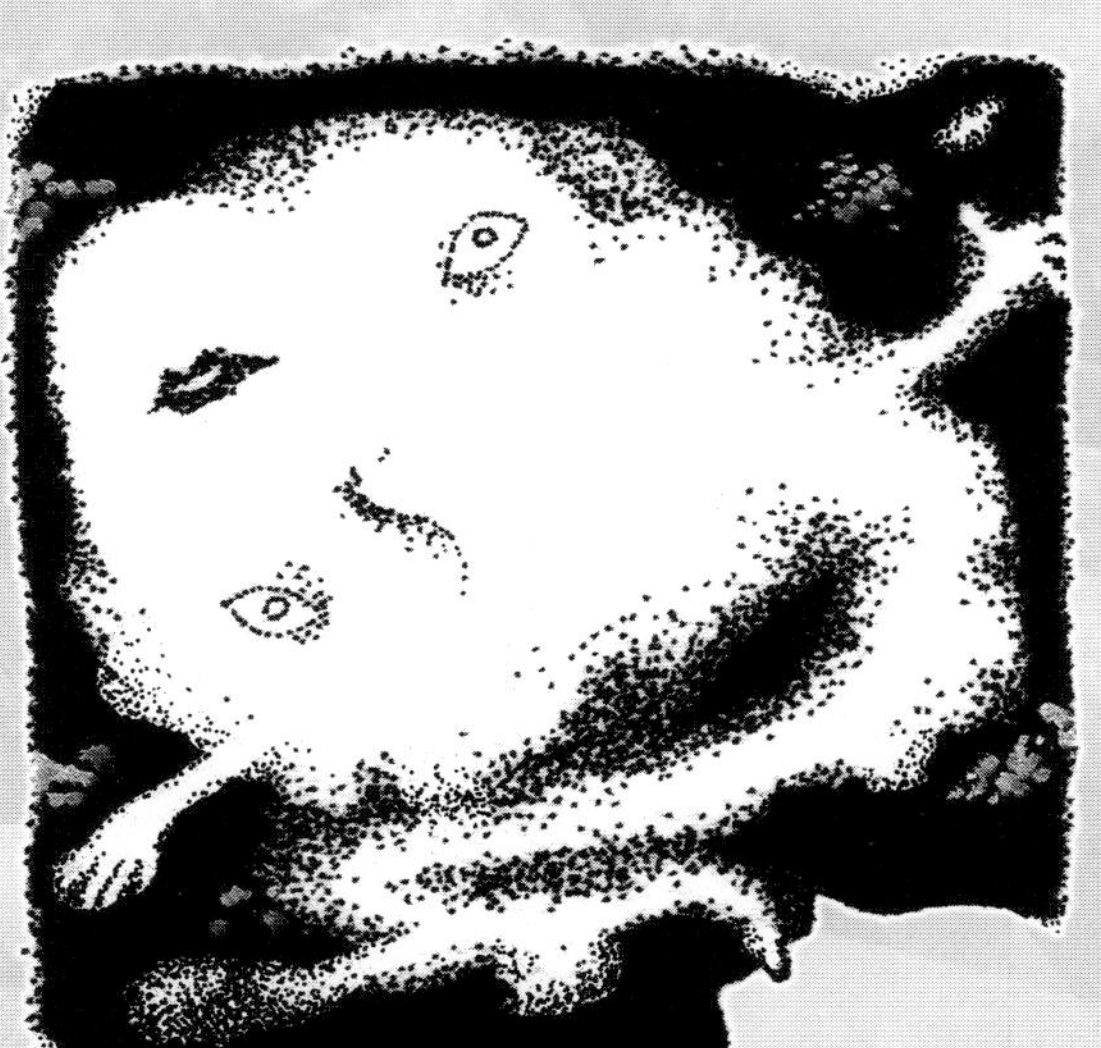

特集

日本現代怪異を知る❷

「怪異」という言葉はどのようにして生まれたのか

怪異という言葉が示すものとは？

「怪異」という言葉を聞いたとき、連想するものは何だろう。

現在の常識では考えられない不可思議な現象や、自然の営みから外れた科学的に存在しえない生物、意思を持って現れる死者、という類《たぐい》のものだろうか。

現代では、怪異という言葉は我々の常識から外れた「現象《こと》」と「存在《もの》」を両方包括して使われる便利なものとなっている。実際に辞書の類を紐《ひも》解いてみると、多くの場合は「怪しいこと、不思議なことやその様子（現象）」及び「化け物や妖怪の類（存在）」を表す言葉として掲載されている。

私もまた、『日本現代怪異事典』を著した際、超自然的な生物、死した後に意思を持って動き回る者たち、物理的な因果関係を無視して発生する不可思議な現象、といった多種多様な怪しい現象と存在を表すため、怪異という言葉を題名に入れた。

しかし、怪異が現象と存在の両方を含む意味を持つ言葉として使われるようになったのは、近年になってからだ。つまり、我々が使っている怪異という言葉は、元々は現在とは違う使われ方をしていた。

ここでは、怪異という言葉について、歴史をたどりながら考えてみよう。

警告の予兆として現れる怪異

怪異を研究テーマとする学術団体に「東アジア恠異《かいい》学会」がある。この学会は、怪異は本来、古代中国の天神相関説（天が為政者《いせいしゃ》や権力者に対する戒《いまし》めとして災害や怪異を引き起こすという思想）で使用され、日本に伝来したことを指摘している（東アジア恠異学会HP及び同学会編『怪異学の地平』）。また、災害と怪異を合わせて「災異」と呼び、漢代の中国においては災異を解釈するための学問も発展していたという。天が為政者や権力者に対する戒めの警告の予兆として引き起こすのが災害、それでも警告に従わない場合に引き起こすのが怪異、とされていた。

古代日本においても、怪異は為政者や権力者に対する警告の予兆として発生する現象として解釈された。つまり雷が鳴った、地震が起きたといった、現在では科学的に解明され常識となっている現象は、当時の為政者や権力者によって怪異かどうかを判断され、認定されるかの存在だった。

しかし時代が下るにつれて、怪異という言葉は拡大解釈されていくようになる。

平安時代や鎌倉時代になると、国家レベルから、より個人に関わる例が怪異として語られるようになる。例えば『古今著聞集《ここんちょもんじゅう》』では、後朱雀《ごすざく》天皇という個人の死の予兆として、赤い紐を首に掛けた巨人が現れた話が怪異に分類されている。一方で島が突然消失した話や、崇徳院《すとくいん》の体を白河僧正が乗っ取った話など、何かの予兆とは言い難い不可思議な現象も怪異に分類されてきた。

怪しいものは全て怪異

近世に入ると、怪異は為政者や権力者だけでなく、一般庶民が関心を持つ対象へと急速に変化していく。

例えば戯作者《げさくしゃ》である為永春水《ためながしゅんすい》の随筆『閑窓瑣談《かんそうさだん》』では、ある庶民の家で吉事か凶事がある際に、予兆として竈《かまど》の後ろから巨大な山伏《やまぶし》が現れる、という話が「山伏怪異」という題で紹介されている。本文にも「奈何《いか》なる怪異なりや」という文言が記されている。文人の太田南畝《おおたなんぽ》の著した『半日閑話《はんにちかんわ》』には、ある旗本の家で、かつて主人の仕打ちに耐えかねて家出し、そのまま亡くなった下人が、青ざめた坊主の姿で何度も現れるようになった、という話が「小日向《こひなた》辺の怪異」という題で載せられている。

これらの話からわかるように、吉凶の予兆、怪物の出現、死者の来訪などが怪異で括《くく》られており、多くの人たちが怪しいと考えた多彩な出来事全般が怪異として拡大解釈的に認定されていたようだ。

近代に入ると、科学的な常識が人々の間に広がり、近世まで狐狸《こり》妖怪や神霊の仕業とされてきた現象が、科学により解明されたものに置き換わっていった。しかしそんな中でも、科学的常識を超越した不可思議な現象や存在は相変わらず頻繁《ひんぱん》に記録されていた。例えば、物理学者であった寺田寅彦《とらひこ》は、近世以前に語られていた不可思議な現象を、当時の科学的な語彙《ごい》を使って翻訳し、『怪異考』を著している。

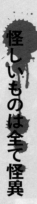

当時の怪談を集め、記録した人気作家の田中貢太郎《こうたろう》は、その著作の中で「女の怪異」、「法華僧《ほっけそう》の怪異」といったように、実体の感じられる存在を怪異と呼んだ。
これは現象だけではなく存在も怪異とする現代の怪異観に繋がっていく。

変遷する「怪異」という言葉

怪異という言葉は時代が下るにつれて為政者、権力者から庶民へと、どんな人間でも認め得るものとなり、不可思議な現象全般を指すものに変わっていった。つまり近代以降には、不思議な現象だけでなく、現象を引き起こす存在も表す言葉としても使われるようになった。結果として、現代では、怪異といえば不思議な現象と存在、その両方を包括して表すことのできる言葉となった。

『日本現代怪異事典』は、そんな現代における「怪異」という言葉の使われ方があったからこそ、多くの読者の心を掴むタイトルになったと思う。

特集

日本現代怪異を知る③

日本怪異の系譜と変遷

神話から始まる怪異の歴史

日本では様々な怪異が登場し、記録されてきた。ここでは、その系譜と変遷について見ていきたい。ただし、「「怪異」という言葉はどのようにして生まれたのか？」で述べたように「怪異」は歴史とともに変遷してきた言葉である。そのためここで考察する「怪異」とは、あくまで、現象と存在の両方を包括した現代基準の「怪異」であることを断っておきたい。

日本の文献に初めて怪異が現れるのは『古事記』『日本書紀』『風土記《ふどき》』の編纂が始まった奈良時代だ。記紀や『風土記』には、天上の世界である高天原《たかまがはら》、地上の世界である芦原中つ国《あしはらのなかつくに》、死後の世界である黄泉国《よみのくに》を舞台に、神々が活躍する様子が描かれると同時に、様々な怪異も登場する。

黄泉国では伊耶那美命《いざなみのみこと》に仕える「黄泉醜女《よもつしこめ》」という鬼女が伊耶那岐命《いざなぎのみこと》を追いかけまわす。地上では須佐之男命《すさのおのみこと》が八つの頭を持つ「八岐大蛇《やまたのおろち》」と戦って勝利する。初代天皇である神武天皇《じんむてんのう》を東征の際に道案内したのは「八咫烏《やたがらす》」という大きな烏《からす》である。伝説の英雄、倭建命《やまとたけるのみこと》は大蛇や大猪の姿をした伊吹山《いぶきやま》の神の祟《たた》りで命を落とす。そして現代では、黄泉醜女、八岐大蛇、八咫烏、大蛇、大猪などはすべて怪異として認識される傾向にある。

妖怪、怨霊が跋扈《ばっこ》する平安時代

仏教の末法思想《まっぽうしそう》（年代が経つにつれて正しい教法が衰滅するとする思想）が広まった平安時代は、多くの鬼や物の怪が跋扈した時代である。

京の入り口である羅城門《らじょうもん》、大内裏《だいだいり》の入り口の朱雀門《すざくもん》には鬼が棲み付き、貴族たちは物の怪に憑《つ》かれて病に倒れた。「玉藻前《たまものまえ》」「酒呑童子《しゅてんどうじ》」「土蜘蛛《つちぐも》」「鵺《ぬえ》」など、今日でも知られる妖怪が活躍したのもこの時代であり、これら妖怪と人間との戦いが繰り広げられた。

数々の怨霊が生まれたのもこの時代だ。長岡京から平安京に都が移されたのは、桓武天皇が相良親王《さわらしんのう》の怨霊を恐れたため、というのは有名な話である。また、日本三大怨霊である「崇徳院《すとくいん》」、「平将門」、「菅原道真」もこの時代に生まれた人々で、天変地異を引き起こすほどの怨念の力を見せる。

恐れの対象から娯楽の対象へ

鎌倉時代、南北朝時代、室町時代もまた、怨霊が跋扈する世界だ。武士が台頭し、幕府が実権を握ったこの時代は、武士と実権を奪い返そうとする朝廷との間で争いが頻発した。そんな中で多くの者たちが戦に敗れ、ある者は怨霊となり、またある者は天狗《てんぐ》や鬼となって現れた。

建武《けんむ》の新政《しんせい》を行い、天皇中心の政治を取り戻そうとして流罪とされた後醍醐《ごだいご》天皇は、戦死した楠木正成《くすのきまさしげ》の怨霊を使って足利家を滅ぼそうとした。鎌倉幕府の倒幕を目指し、承久《じょうきゅう》の乱で敗れた後鳥羽《ごとば》天皇は、怨霊となって北条家の者たちを祟り殺す。これらの天皇は、後に天狗になったと『太平記』で語られている。また先にあげた楠木正成や、新田義貞《にったよしさだ》、義興《よしおき》親子など、武将たちも怨霊と化してその怨念を遂げようとする。

怨霊だけではない。狸《たぬき》が三条実親《さねちか》の家に石をぶつけたり、疫病《えきびょう》が流行った際に「いつまで」と鳴く怪鳥が現れたりと、様々な怪異が人々を悩ませた。

戦国大名が群雄割拠《ぐんゆうかっきょ》し覇権を争った戦国時代から安土桃山時代には、多くの武将が怪異と戦った。伊達政宗は大入道を自ら弓矢で倒し、織田信長は大蛇の出現する池の水を抜いてその大蛇をあぶり出そうとした。豊臣秀吉は、養子である豪姫《ごうひめ》が狐《きつね》に祟られたと聞き、姫を解放しなければ日本中の狐を根絶やしにしてやると伏見稲荷大社の稲荷神を脅した。これらは当時の武将の強さを誇示するために、怪異を退治する話が好まれたからだろう。

江戸時代に入ると、怪異は娯楽の対象となって行った。出版が盛んに行われた江戸や大坂、京都などでは多くの書籍の中に怪異が登場し、時に恐ろしく、時に滑稽《こっけい》な姿を見せて人々を楽しませた。お岩の怨霊で有名な歌舞伎狂言「東海道四谷怪談」が上演されたのもこの時代である。実際に怪異たちが出現した記録も数多く残されるようになり、都市部から離れた地方でも多種多様な怪異が人々の前に現れ、人を殺したり、退治されたりした。

時代に合わせ生まれ続ける怪異たち

明治時代に入ると、近代化に伴う合理主義により怪異を排除する傾向も生まれたが、そんな中でも怪異たちは我々の側から離れなかった。欧米から降霊術《こうれいじゅつ》としてテーブルターニングが入ってくれば、日本で馴染み深い狐の霊と結びつくなどして、**こっくりさん**が生まれた。汽車が走り始めれば、狸や狐がその真似をし、線路の上を走る**偽汽車**の噂が語られるようになった。

大正時代から昭和時代へ、幾度の戦争を経験して後も、怪異たちは生き残り続けた。

一九七〇年代のオカルトブームの際には、心霊写真が書籍やテレビで紹介され、**地《じ》縛《ばく》霊**、**浮《ふ》遊《ゆう》霊**といった、今ではお馴染みの心霊用語が定着した。また、現代でも有名な**カシマさん**や**口裂け女**が出現したのもこの頃だ。

平成に入り、九〇年代の学校の怪談ブームでは、**トイレの花子さん**が子どもたちの心を掴み、**人体模型の怪**、**二宮金次郎像の怪**など、学校のいたるところに怪異が出現した。

二〇〇〇年以降、一般家庭にインターネットが普及し、怪異は活躍の場をネット上にも広げていった。ネットの電子掲示板や投稿サイトには様々な怪異譚《たん》が書き込まれ、人々はその情報を共有できるようになった。それは現在まで続き、次々に新しい怪異が生まれている。

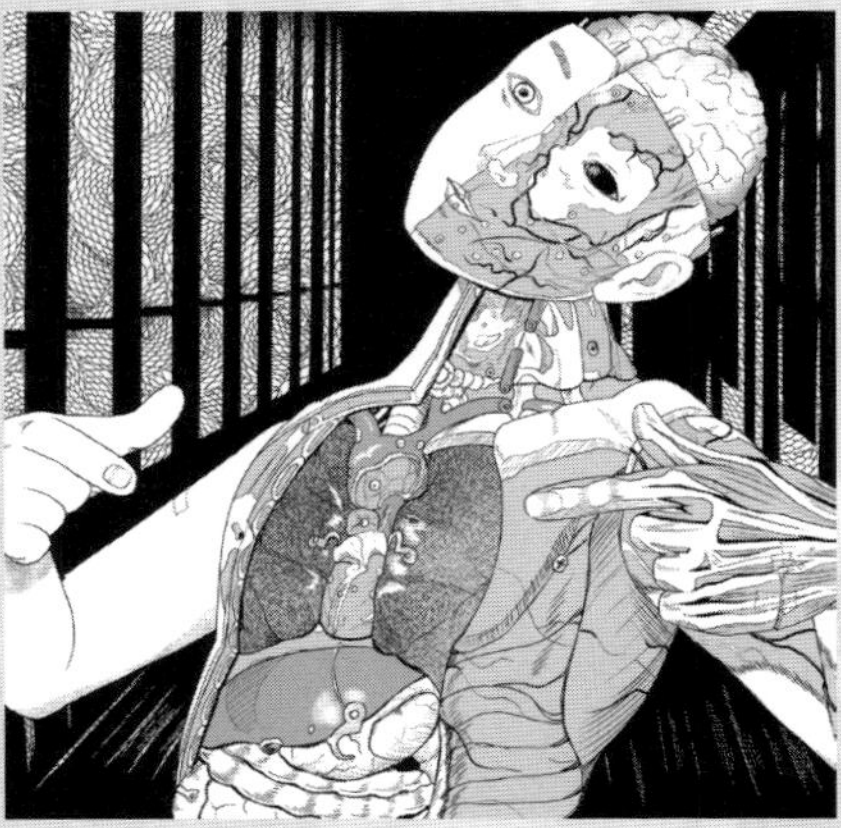

人の歴史は、怪異とともにある。その時代に合わせ、我々は様々な怪異の姿を想像し、遭遇してきた。

怪異たちとともに歩む歴史は、きっと我々人類が生き続ける限り、変わらないのだろう。そして次の時代にどんな怪異が現れ、系譜を繋いで行くるか、それを知ることができるのが楽しみでならない。

特集

日本現代怪異を知る④

トイレの花子さんはなぜ大ブレイクしたのか

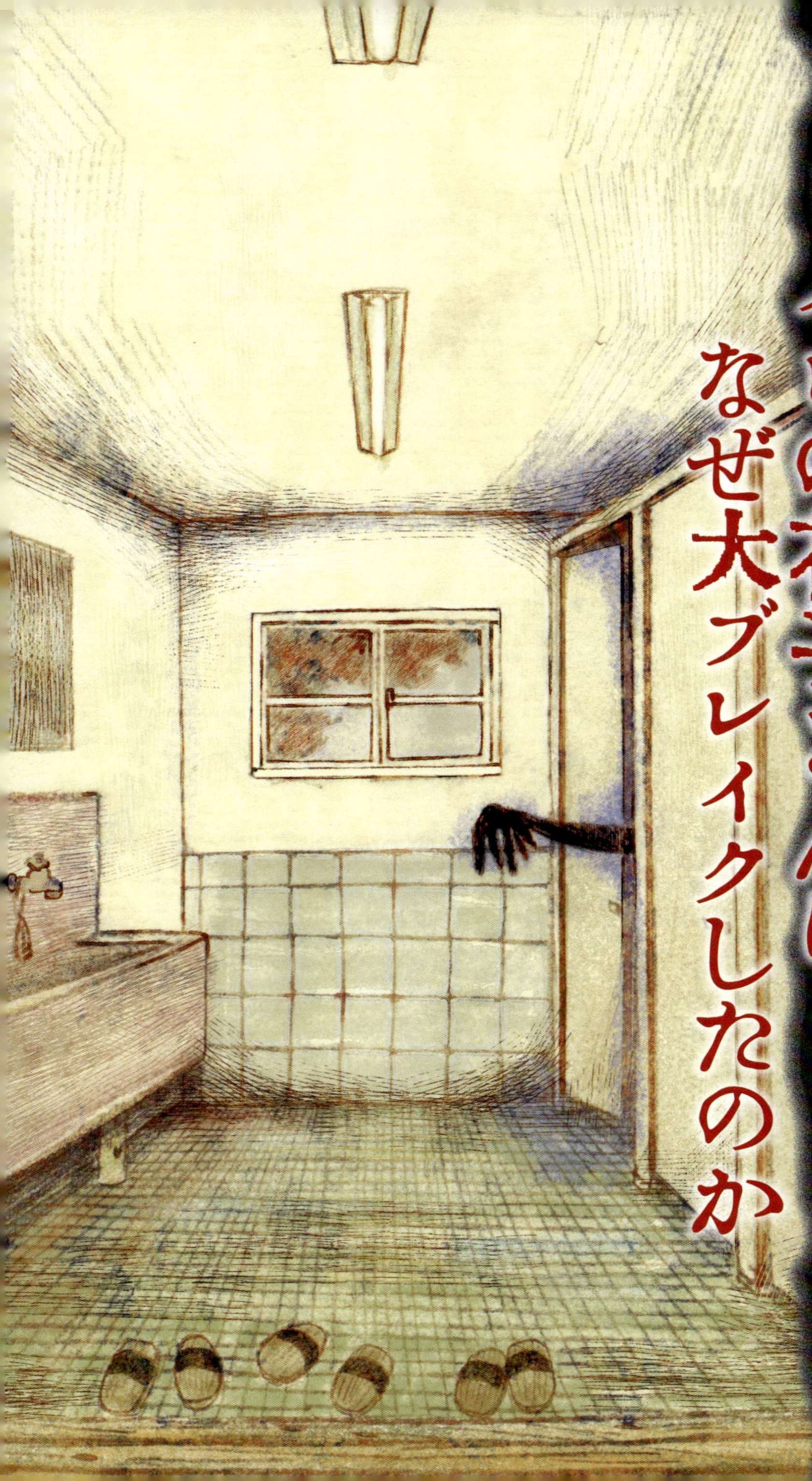

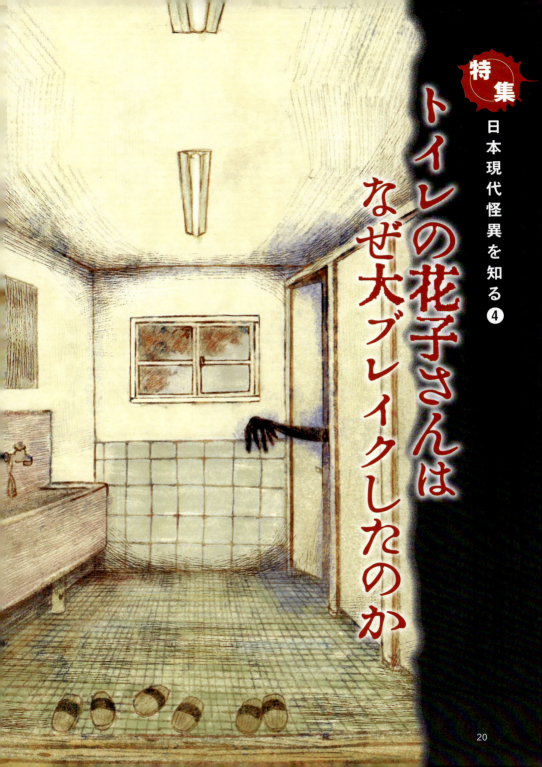

初めは腕だけだった花子さん

小学校の三階の女子トイレに入り、奥から三番目のトイレの個室のドアをノックして、「花子さん、遊びましょう」と声を掛ける。すると、中から「はぁい」という答えが返ってきて、時にはドアの向こうからおかっぱの少女が現れる。

現代人で**トイレの花子さん**を知らない者はいないだろう。現在でも花子さんは学校の怪談を代表する存在として、様々なメディアに登場し、創作で主役やヒロインを務めている。

なぜ花子さんはこのように学校の怪談を代表する存在となり、大ブレイクしたのか。その背景を考えてみたい。

トイレの花子さんの歴史を辿ってみると、その登場は半世紀以上前に遡る。松谷みよ子著『現代民話考7』によれば、一九四八年頃の話として、岩手県和賀《わが》郡《ぐん》黒沢尻《くろさわじり》町（現北上市）でこんな話が語られていた。ある小学校の体育館の便所で、奥から三番目の個室に入ると「三番目の花子さん」という声が聞こえ、便器の中から白い手が伸びてきたという。

便所、三番目、「花子さん」という言葉は、現在語られる花子さんの怪談の要素と一致するが、呼びかけるのではなく呼びかけられるという、現在とは真逆の展開の怪談となっている。

便器から腕が伸びてくるという怪談は江戸時代には既に存在した古典的な怪談であり、その正体は**河童**《かっぱ》や狸《たぬき》とされていた。初期の花子さんは、カミをくれの怪談と同様に便器から伸びる腕の怪異のバリエーションのひとつだった。

その後も花子さんの噂は語られていたようだが、広がりを見せ始めたのは一九七〇年から八〇年代の頃のようだ。この頃には既に「花子さん」と呼ぶと「はぁい」と返事が返ってくるという形式が確立しており、現在の花子さんにより近くなっている。

学校の怪談ブームが作った花子さん像

花子さんが爆発的に広まるのは、一九九〇年代に入ってからだ。一九九〇年には、常光《つねみつ》徹《とおる》著『学校の怪談』が、一九九一年には学校の怪談編集委員会編著の『学校の怪談』が刊行された。両者はシリーズ化し、ベストセラーとなって、いわゆる「学校の怪談ブーム」のきっかけとなった。

ここで常光徹氏が著した最初の『学校の怪談』を開いてみると、既にトイレの花子さんが複数例載せられていることがわかる。この時点では呼ぶと返事をする声だけの怪異として紹介されている。翌年に刊行された『学校の怪談2』を読むと、浴衣を着ている、白いドレスを着ているなど、人型の怪異として語られていることがわかる。しかし、現在よく知られている、赤い釣りスカートに白いワイシャツ姿ではないことに注目したい。

赤い釣りスカートに白いワイシャツという姿が一般的になるのは、一九九四年の八月に刊行された児童文学『学校のコワイうわさ 花子さんがきた!!』及び、同時期にフジテレビの児童向け番組『ポンキッキーズ』にて放映開始された同名のアニメ番組からではないかと考えられる。この作品ではおかっぱ頭に赤い吊りスカート、白いワイシャツというおなじみの姿の花子さんが登場した。ただしアニメ版では白ではなく黄色のシャツを着ていることから、白いワイシャツは児童書版の方のイメージが定着したものと思われる。これとは別に、さくらももこ原作の『ちびまる子ちゃん』の主人公、「まる子」がおかっぱ頭に白いブラウス、赤い吊りスカートであることから、まる子のイメージが反映された可能性も考えられる。

花子さんのヒーロー化

『学校のコワイうわさ 花子さんがきた!!』が花子さんに与えた影響はそれだけではない。

「花子さんは子どもの味方」というキャラクター設定で

ある。この作品における花子さんは、子どもを怖がらせるのではなく、人間を襲う怪異を退治するヒーローとして登場する。たまに犠牲者を見捨てることもあるが、基本的には作品内におけるヒーローの役割を与えられていた。

これは花子さんにとっては画期的な変化だった。ヒーローという属性を与えられた花子さんは、子どもたちにとって、他の怪談にはない、親しみやすく、頼りになる怪異としての存在を確立していった。

この「花子さんのヒーロー化」が大ブレイクの第一の理由である。

恐ろしい学校の怪談がひしめく学校生活において、子どもの味方となる、自分たちの同じぐらいの子どもの姿をした花子さんの存在は、救いだったに違いない。実際、一九九〇年代後半には、子どもたちの間で語られる花子さんも、ただ恐ろしい存在というだけでなく、友達になってくれる、悪い人間をやっつける、といった、弱者の味方として語られるようになった。悪ではなく善の存在としての学校の怪談。それは怪異としては異質でありながら、子どもたちの人気を得て大ブレイクするきっかけになった。

「トイレ」の怪異が大ブレイクの理由

トイレの花子さんが子どもたちに受け入れられ、大ブレイクしたもうひとつの理由は、花子さんが学校のトイレに現れる怪異だった、という点だ。

学校には、地域を問わずに共通する施設がいくつもある。体育館や校庭、理科室、音楽室、トイレなどだ。だが、**人体模型の怪**や**骸骨模型の怪**が出没する理科室、**ベートーベンの怪**が語られる音楽室は、学校に共通する施設だが、子どもたちにとって日常的に使う場所ではない。

毎日使うトイレは、子どもたちにとって最も怪異に遭遇しやすい場所である。そこに学校の怪談ブームの到来、テレビ番組で形作られたヒーローという属性などの要素が合わさり、トイレの花子さんが大ブレイクしたものと思われる。

現在でも、トイレの花子さんは学校の怪談の代表的な存在として人々に受け入れられている。彼女のますますの躍進を期待したいところだ。

特集

日本現代怪異を知る⑤

ひきこさんの魅力

人形のようなものを引きずる女怪異

雨の日、ひとりの少女が傘をさして歩いていると、前の方から背の高い、髪の長い女が傘もささずに歩いてくる。女は古くぼろぼろになった白い着物を着ており、何か大きな人形のようなものを引きずっている。

不気味に思った少女はその女から目をそらし、横を通り過ぎようとしたが、ふと女の動きが止まった。

「私の顔は醜《みにく》いか」

女の方から低い声が聞こえた。恐る恐る女の顔を見ると、濡れた長髪の間から、女の目が少女を見つめていた。恐ろしいことに、その両目じりは歪《いびつ》に裂けている。

そして女は少女を見つめ、再び問いかける。開いたその口は、女の目と同じように、両側に向かって耳まで裂けていた。

「私の顔は、醜いかぁ！」

女は握っていた人形を放り投げた。よく見ればそれは人形などではなく、人間の子どもの亡骸《なきがら》。体のいたるところがあらぬ方向にねじ曲がり、肉や骨が見えている。

少女は悲鳴を上げて逃げ出したが、女が追ってくる。その走り方は横走りにもかかわらず、異様に速い。女は少女の体をつかむと、そのまま地面に叩きつけた。

そして今度は少女の足を掴むと、雨に濡れるアスファルトの上を引きずり始める。少女の命が擦り切れるまで、もう少し……。

ひきこさんの怪談は、概ねこのような形で語られる。ひきこさんの特徴として、目じりと口が裂けた背の高い女とされ、必ず雨の日に現れる。子どもを見つけると「私の顔は醜いか」と問いかけをする。「醜い」と答えれば怒って子どもを叩きつけて引きずる。「醜くない」と答えても喜ぶが子どもは同じ目にあう。ちなみに「口裂け女」は「まあまあです」と答えた場合は許してくれるが、ひきこさんはなんと答えても迷いなく引きずろうとするため意味はない。

対処法として、鏡でひきこさん自身の顔を見せる、または「引っ張るぞ！」と言うと怯むといったものがある。

美醜の評価の問い掛け、口が裂けている、背が高いといった特徴には口裂け女の影響が見られるが、大きく異なるところは、引きずり殺す、という唯一無二の殺害方法である。

ひきこさんの誕生と進化

　このひきこさんが初めて登場したのは、二〇〇一年七月二四日、「Alpha-WEB怖い話」というウェブサイトにおいて書き込まれた怪談だった。ある小学生がひきこさんを目撃した翌日、その少年を含む四人の小学生が放課後遊んでいると、学校にひきこさんが現れる流れとなっている。この時点では横歩きで移動する、子どもを引きずる、背が高い、雨の日に現れる、という特徴が語られるのみで、言葉を発する様子や対処法は描かれていない。

　現在も語られるひきこさんの特徴を決定づけたのは、その二日後に同サイトにて語られた、ひきこさんの過去に纏《まつ》わる話によってだ。ここでひきこさんが本来人間であり、「森妃姫子《もりひきこ》」という名前であったことが説明された。妃姫子は成績優秀で可愛らしい少女だったが、教師に贔屓《ひいき》されたこと、名前が偉そうなどの理由で同級生から嫉妬を買い、いじめの対象となる。そして数々のいじめを受けた後、最後には妃姫子は同級生たちに手を縛られ、足を掴まれて学校中を引きずり回されるという惨劇が起きる。

　その後、妃姫子は登校拒否するようになるが、酒乱の父親と父親に同調する母親により、顔などを殴られ、引きずられるといった虐待を受ける。それでも学校に行かなかったため、今度は食事が与えられなくなり、妃姫子はやむを得ず部屋に迷い込んできた虫を食べるようになった。それを見た両親は一日に一度、食事を与えるようになったが、妃姫子は部屋から出ようとせず、何年もの時が過ぎた。

　そんな生活の中で、妃姫子は雨が好きになった。雨の日に鳴くヒキガエルの醜い顔が、傷だらけの自分の顔を忘れさせてくれた。

　そして、いつの日からか、妃姫子は雨の日にだけ家の外に出るようになった。雨の日はみんなが傘をさしているため、醜い顔を見られずに済むためだ。そして近隣の小学校に出没しては、子どもを襲い、ぼろぼろになるまで引きずり回すようになった。肉塊と化した子どもは家に持ち帰り、コレクションしているという。また、コレクションのうち最初の二体は、彼女の両親と言われている。

　この話により、ひきこさんに詳細な背景が加わった。ひきこ、という名前の由来は、子どもを引きずるから、というだけでなく、本名が森妃姫子であるから、とされた。この名前は「ひきこもり」のアナグラムともなっている。また、ひきこさんは精神に変調をきたしており、傷が治りそうになると自ら刃物で顔を傷つける、とも語られている。

インターネットが生んだひきこさんの魅力

　ひきこさんの魅力は、こうした「恐ろしい恨みの果ての悲劇を背負って怪異化した」という背景が、当時広がりを見せていたインターネットを介して重層的に語られた点にある。

　もちろん、引きずり殺すという残酷な殺害方法、目や口が裂けた恐ろしい姿、雨の日に現れるなど、怪異としての異常な能力、異様な容貌、特異性の魅力も大きい。これらが組み合わさり、ひきこさんの魅力は醸造されている。

　二〇〇〇年前後のインターネット上には、怪談投稿サイトが多数あった。それらのサイトで何百、何千という怪異が生まれたが、その多くはサイトの閉鎖とともに消えてしまった。しかしひきこさんは現在でもインターネット上で語り継がれ、多くの作品の中に登場している。

　この広まりこそが、ひきこさんが多くの人々にとって魅力的な怪異であったことの証左《しょうさ》に他ならない。実際、私自身が現代の怪異に強く興味を惹《ひ》かれるようになったのも、ひきこさんの怪談がきっかけだった。あまりに斬新な殺害方法やその背景に、私は恐怖を覚えながらも興味を持ち、やがて他の怪異たちについても調べるようになった。それが現在、作家としての仕事にも結実している。

　ひきこさんがいなければ、この本も『日本現代怪異事典』もなかったかもしれない。それを思うと、私にとってのひきこさんは何よりも特別な怪異なのだ。

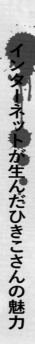

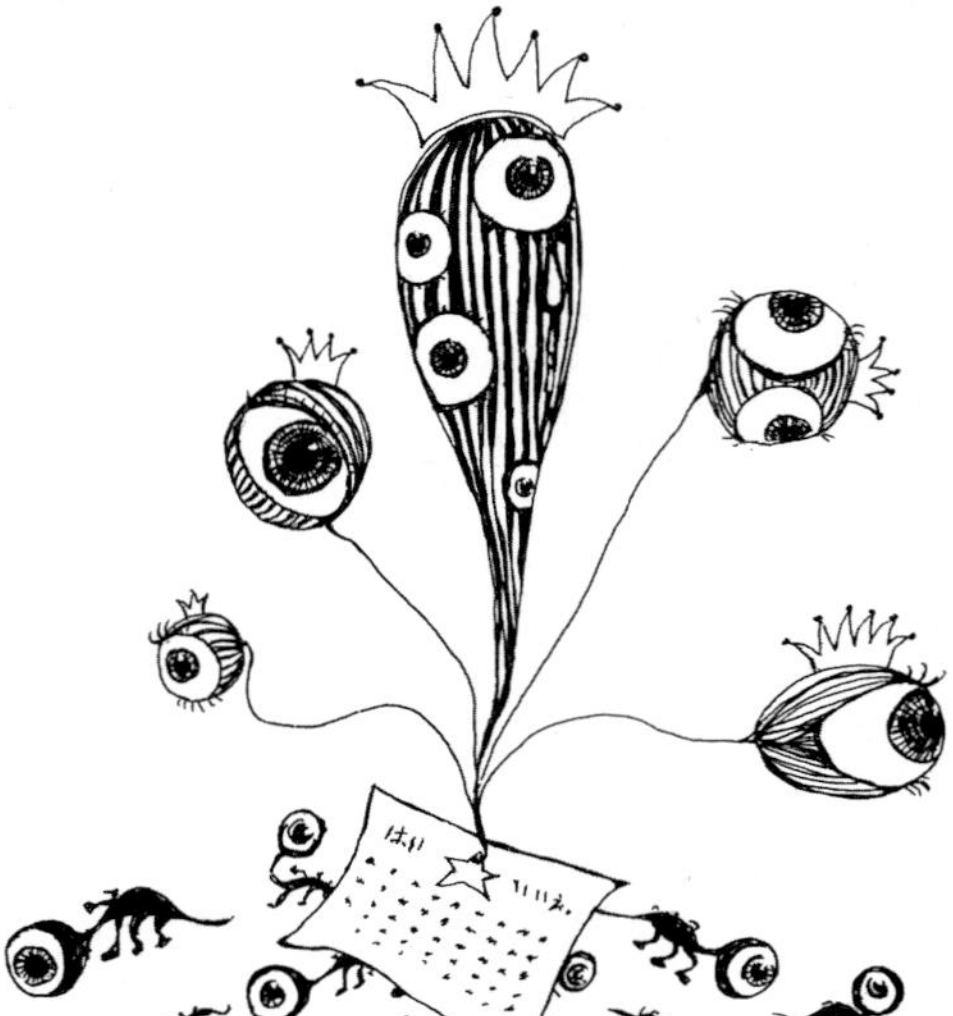
はい
いいえ。

第1章

類似怪異

色を問う怪、トイレに現れる子どもの幽霊、
上半身だけで動き回る怪人、存在しないはずの駅や村……。
現代怪異には、共通した特徴を持って語られるものが数多くいる。
本章では、それら怪異を「類似怪異」として紹介し、
その変遷や特徴などについて考察する。

類似怪異

降霊占いの怪

何らかの霊的な存在を呼び出して質問に答えてもらう降霊術や占いにまつわる怪異。

『日本現代怪異事典』に登場する降霊占いの怪

愛の女神様 6
エンジェルさま 65
キューピットさん 123
キラキラガールさま 125
グリーン様 140
こっくりさん 157
権現様 164
さとるくん 172
守護霊さま 199
たかこさん 226
チャーリーゲーム 238
トイレの花子さん 254
トックリさん 261
分身様 333
星の王子さま 342
ポックリさん 343
ホワイト様 346

※各怪異下段の数字は『日本現代怪異事典』掲載頁を、太字は本項掲載怪異を示す。

こっくりさんブームとそのルーツ

「こっくりさん、こっくりさん、おいでください」

一九七〇年代、全国の小中学校でそんな呪文がささやかれ、子どもたちはこぞって死者や動物の霊を呼び寄せ、質問に答えてもらおうとした。

それから数十年、当時ほどの勢いはないにせよ、**こっくりさん**や、それから派生した怪異たちは今でも息づいている。そしてこのように霊を呼び出して占いを行う方法は、世界中で遥か昔から行われており、現在では降霊術《こうれいじゅつ》などと呼ばれている。

日本でもイタコ*の口寄せ*や、巫女《みこ》が行う神降ろしなど神霊を呼び寄せる占いの方法は古くから存在している。しかし近代以降に急速に広まったこっくりさんは、これらの日本古来の方法とは直接のルーツを別にしていた。

その歴史は明治時代までさかのぼり、元はテーブルターニングと呼ばれるアメリカで生まれた降霊術だった。井上円了《えんりょう》著『妖怪玄談《げんだん》』*によれば、一八八四年頃に伊豆半島に漂着したアメリカの船員がこの占いを日本に伝えたのではないかという。

テーブルターニングは参加者が机の上に手を置き、机の揺れと傾きによって物事を占う、というものだった。しかしテーブルに馴染《なじ》みの薄かった当時の日本では三本の細い竹とその上に載せた蓋《ふた》を使って占うことが多かった。井上円了はこの竹と蓋がこっくり、こっくりと傾く様子から「コックリ様」と呼ばれるようになり、そこに「狐狗狸」の字が当てられたのではないかと考察している。

ラブさま　410
霊魂さん　420
レモンちゃん　421

＊イタコ　東北地方で霊の口寄せをする巫女《みこ》。盲目の女性が多いといわれる。青森県恐山《おそれざん》の地蔵講に集まる者がよく知られる。

＊口寄せ　生者または死者の霊や神霊を呼び寄せ、その意思を言葉で語ること。また、それをする人。

＊『妖怪玄談』　仏教哲学者で「妖怪学の祖」ともいわれる井上円了（一八五八～一九一九年）が、一八八七年に哲学書院から刊行した「狐狗狸の原因事情を論明」するための研究書。全体は「第一段　総論」「第二段　コックリの仕方」「第三段　コックリの伝

この経緯が正確なものかはわからない。だが「狐狗狸」という名前が後に重要な意味を持つことになったのは確かだ。明治から現在に至るまで、こっくりさんで呼び出される霊は狐《きつね》が多いとされており、*稲荷神《いなりのかみ》と結び付けられることもある。

元になったテーブルターニングはアメリカで生まれた*心霊主義という宗教的思想の元に生まれた占いであるため、狐が重要な役割を持つようになったのは日本独自の進化と考えられる。

日本で進化したこっくりさん

そしてこっくりさんは日本人に深く馴染んでいった。松谷みよ子著*『現代民話考2』においては、第二次世界大戦で日本を旅だった兵士たちが、遠い異国の地から家族の安否を占ったり、戦争の勝敗を聞くためにこっくりさんを呼び出したという記録が残っている。

ただし、明治の世に流行したテーブルターニング型のこっくりさんは現在ではあまり見かけない。我々がこっくりさんと聞いて思い浮かべるのは、五十音、はい、いいえの言葉と数字、鳥居《とりい》を描いた紙の上に十円玉を乗せて占う、お馴染みの方法だろう。

これの元になったのはウィジャ盤という占いだと言われている。アルファベットと数字、YES、NOなどの単語を記した文字盤で、三本足の指示盤やポインターが移動して答えを示すとされる。一九世紀末には既に西洋で使われていたようだが、日本ではこれと同類の占いがこっくりさんの名を冠して、一九七〇年代に大流行した。

さらにこのタイプのこっくりさんは、数多《あまた》の亜種を生み出すこととなった。有名なものは**キューピットさん**や**エンジェルさま**と呼ばれるものだ。こっくりさんでは鳥居を描いていた部

来」「第四段　コックリの原因」から成る。

＊稲荷神　五穀をつかさどる食物の神、倉稲魂神《うかのみたまのかみ》のこと。

＊心霊主義　人は肉体と霊魂からなり、肉体が消滅しても霊魂は存在し続けるという考え。哲学的には、物質的ではない霊の世界の存在を主張する立場のこと。

＊『現代民話考2』　一九八五年、立風書房刊。「軍隊・徴兵検査・新兵のころ・歩哨と幽霊・戦争の残酷」との副題がつく。二〇〇三年、ちくま文庫。

分がキューピットさんではハートマークになっているなど細かな違いはあるが、霊を呼び出して質問に答えてもらうという基本部分は共通している。

キューピットさんやエンジェルさまが生まれた背景には、こっくりさんを行うと狐の霊によって怪奇現象が起こるなどの噂が発生し、こっくりさんが危険なものとして認知されたことがあげられる。そのため安全な霊を呼び出す、という名目でキューピットさんやエンジェルさまが行われるようになったようだ。

またこれらの占いは目的別に使い分けることもあった。例えば恋愛に関する占いであればキューピットさん、友情を願う場合は**グリーン様**、健康を望むならば**守護霊さま**、といった具合だ。これらは占いの方法に細かな差異があるほか、呼び出す霊の種類もそれぞれ違うとされ、当時の子どもたちは数種類の占いを使い分けていたようだ。

現代に生きるこっくりさん

そして時代が進むと、電話を使って霊を呼び出す降霊術が生まれた。

それが**さとるくん**だ。これは公衆電話から自分の携帯電話に電話をかけ、「さとるくん、さとるくん、おいでください」と唱える。それから二四時間以内にさとるくんという少年から電話がかかってきて、現在地を伝えながら近づいてくる。そして背後までやってきたとき、どんな質問にも答えてくれる、という怪談だ。

さとるくんを呼び出す際の呪文は「こっくりさん、こっくりさん、おいでください」だ。これはこっくりさんを行う際に使われていた影響がうかがえる。加えて電話を掛け

ながら近づいてくる、という要素には、捨てられた人形が電話で自分の位置を知らせながら近づいてくる怪談**メリーさんの電話**を連想させる。

　また一方で、こっくりさんはそのキャラクターのみが独立し、一人歩きし始めた話もある。本来一定の儀式を通して霊を呼び、占いを行うのが作法であったが、こっくりさんの活躍はそれにとどまらなかった。

　トイレや体育館の倉庫にてこっくりさんを呼ぶとどこかへ連れ去られたり、殺されてしまったりする、というのが典型的だ。これは**トイレの花子さん**のような呼び声に応える幽霊の怪談との結びつきが見られるのとともに、こっくりさんが花子さんと同じようにひとつのキャラクターとして認識されていることがうかがえる。

　恐らくこっくりさんという名前が占いの名前としてだけでなく、ある存在の固有名詞としても受け入れやすいものだったのだろう。またこっくりさんの占いが禁止されたため、占いの要素が消えてしまい、残った一部の情報が新たなこっくりさん像を生み出した可能性も考えられる。現在では遠藤ミドリ著『*繰繰《ぐぐ》れ！　コックリさん』のコックリさんなど、創作作品の中でキャラクター化されたこっくりさんの姿も数多に見ることができる。

　こっくりさんの占いは、今でも小学校や中学校でひそかに子どもたちを楽しませている。それは明治時代から現在まで受け継がれているように、次の時代へと繋がっていく光景となるのだろう。

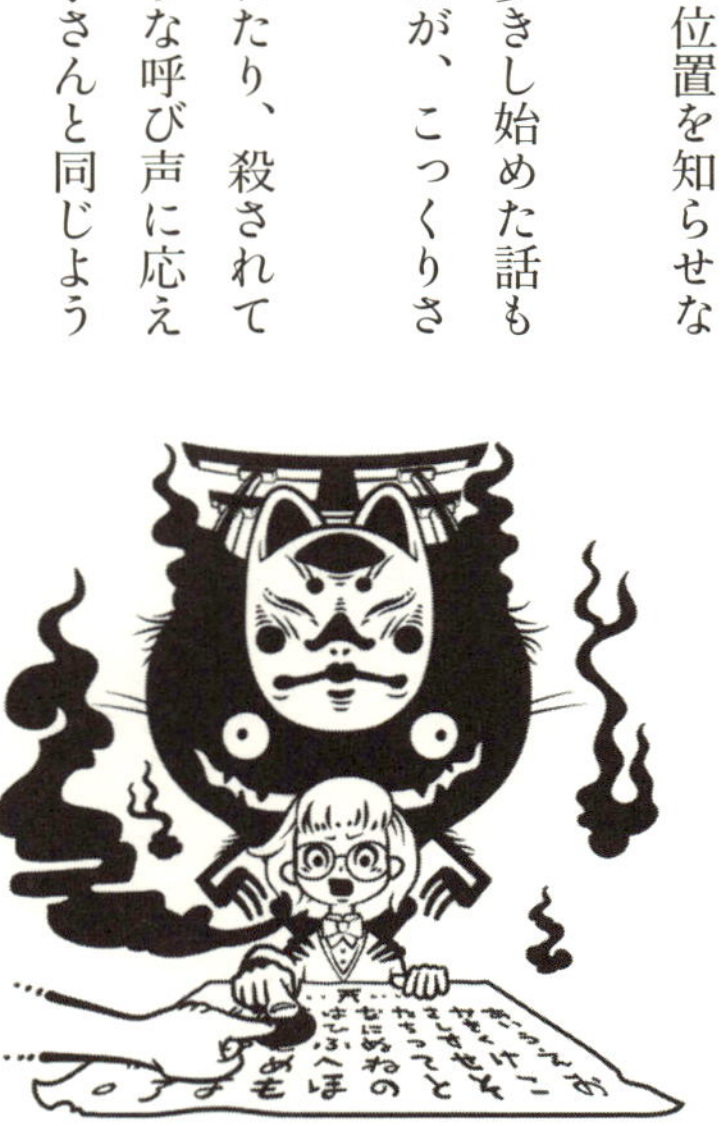

***『繰繰れ！　コックリさん』**『月刊ガンガンＪＯＫＥＲ』（スクウェア・エニックス）で二〇一一年八月号から一六年一二月号まで連載されたギャグ漫画。ガンガンコミックスＪＯＫＥＲから単行本全一二巻が刊行されている。一四年一〇～一二月までテレビ東京系でアニメ化された（全一二話）。

類似怪異

チェーンメールの怪

不特定多数の人間へと
同じ文章を配布するよう求める
手紙や電子メールにまつわる怪異。

『日本現代怪異事典』に登場するチェーンメールの怪

紅いマント 21
ありさん 40
イナクタニシ 48
ウサギの霊 54
お菊ちゃん 70
菊池彩音 116
幸福の手紙 154
この指とーまれ 162
殺人ピーターパン 170
サッちゃん 171
橘あゆみ 228
チャッキーメール 238
ともみ 264
花代 297
PAmw-B38 304
不幸の手紙 329
棒の手紙 340

※各怪異下段の数字は『日本現代怪異事典』掲載頁を、太字は本項掲載怪異を示す。

幸福の手紙から不幸の手紙へ

「チェーンメール」と呼ばれる電子メールがある。文章の最後に「このメールを〇〇人の人に送ってください」といった趣旨の文言が記されているのが特徴のメールだ。

その名の通り人から人への鎖で結ぶように繋がるチェーンメールは古くは欧州で手紙の形で流布し、「チェーンレター」とも呼ばれている。日本では大正時代からその一種である**幸福の手紙**が流布した記録がある。

丸山泰明《やすあき》の研究ノート『「幸福の手紙」についての一考察《いちこうさつ》』*によれば、一九二二年には幸福の手紙がロンドンから日本に流入した。それが翻訳されて国内で流行したのだという。また、この論文では幸福の手紙が同時期に複数ルートから入ってきたことにも触れられている。

欧州における幸福の手紙は元々決められた人数に同じ文言の言葉を記した手紙を送ることで幸福になれるという内容だったと思われる。

しかし時を経て、幸福の手紙に一定の人数に送らなければ不幸になるというマイナスの側面が加えられた。大正時代に日本にこの手紙が入ってきた際には、既に「悲運」、「悪運」になるといった文言があった。やがてその中から「幸福になる」という内容が削られ、「不幸になる」という部分だけが残る手紙が現れた。

幸福の要素が消えたとき、幸福の手紙は**不幸の手紙**へと変異する。

まりつき少女 356
みっちゃん 363
宮本孝 367
美由紀 367
メリーさんのメール 379
吉原千恵子 404
りさちゃん 413

***『「幸運の手紙」についての一考察』**「国立歴史民俗博物館研究報告 第一七四集」（二〇一二年三月）に掲載。

手紙の複製から電子媒体での拡散へ

この手紙を拡散しなければ不幸になる——その内容は人々を恐れさせ、もしくは面白がらせてすぐに全国へと広まった。前述した『「幸福の手紙」についての一考察』や松山ひろし著*『呪いの都市伝説 カシマさんを追う』によれば、一九七〇年代にブームが起こったという。

不幸にならないため、人々は不幸の手紙を複製した。人の恐怖心を煽《あお》るやり方は悪質であったが、広まるのも早かったようだ。またコピー機やファクシミリが一般に広まり、手書きによる複製を必要としない時代になると、幸福の手紙や不幸の手紙はそれらを利用して広まるようになった。

そしてインターネットの登場や携帯電話の流行により、電子を通して簡単に複数の人々に同じ文面を送ることができるようになった。電子メールや電子掲示板上に蔓延《まんえん》したこれらはそれぞれ「チェーンメール」や「チェーンカキコ」と呼ばれ、内容のバリエーションも飛躍的に増えた。その中には恐怖に特化したものも多く、ある意味では現代の怪異文化の一部を担っていた。

チェーンメールの元になった怪談

このホラー型チェーンメールの前身には、不幸の手紙から派生した怪談があったと考えられる。**カシマさん**や**テケテケ**、**サッちゃん**など、この話を聞いたら○○人に同じ話をしなければ

*『**呪いの都市伝説 カシマさんを追う**』 二〇〇四年、アールズ出版刊。帯の言葉には「伝染《うつ》る呪いの正体は? 右足ちょうだい…」とある。

その怪異が現れる、といった内容の怪談だ。これらの詳しい説明は彼女らがメインとなっているページに割くが、この類《たぐい》の怪談は一九八〇年代には多く語られていた。それが電子メールへと活躍の場を広げたのが一九九〇年代後半から二〇〇〇年代にかけてだ。

その代表例を紹介しよう。例えば童謡「サッちゃん」*の存在しないはずの四番以降を知ると真夜中に**サッちゃん**が足を奪いに現れる、という怪談がある。これを元にして生まれたチェーンメールが以下のようなものだ。

桐谷佐知子という少女が電車事故で足を失って死亡した。そこで心無いクラスメイトがサッちゃんの歌の替え歌として彼女のことを歌う四番の歌詞を作り、広めた。しかしその三日後、男子たちは足を失った死体として発見され、このメールを受信した者の元にも桐谷佐知子が現れて、同じように足を切断しようとする。これを回避するにはメールを別の人間に転送しなければならない、という内容だ。

メールの文章は口頭で伝えるのとは違い、容易に複数人に拡散することができる。その一方で文字だけで内容を伝えなければならないため、チェーンメールの中にはこのサッちゃんのように長い背景とともに語られる怪異が増えた。

この背景を持たせることが容易になった、という特徴を活かして生まれたチェーンメールに**吉原千恵子**《よしわらちえこ》がある。これは歩行者専用道路標識*に描かれている白い親子のマークは、実は誘拐犯と誘拐された子どもがモデルという都市伝説を下敷きにしている。メールは吉原千恵子という少女の霊から送られてきた体裁を取るが、この少女こそが標識のモデルになった犠牲者の少女だというのだ。少女は自分を誘拐し、殺した犯人を見つけるためにメールを送っているのだといい、メールの拡散に協力しない人間に害を与えるなどと文面に綴る。

***サッちゃん**　阪田寛夫《ひろお》作詞、大中恩《おおなかめぐみ》作曲。この童謡には四番があり、その歌詞は、
サッちゃんはね　電車で足を
なくしたよ
だからおまえの足を　もらいに行くよ
今夜だよ　サッちゃん
というもの。

***歩行者専用道路標識**

チェーンメールの進化と現代

この吉原千恵子のメールに見られるように、この時代のチェーンメールの特徴として、怪異そのものが作成した体裁のメールが送られてくる、というものがある。これは拡散を前提としており、容易には出所が辿れない上に最初の文章を一言一句そのまま転送することが可能なチェーンメールと相性が良いのだろう。

ほかにも映画『チャイルド・プレイ』*の殺人人形、チャッキーがメールを送ってくる体《てい》で送られる**チャッキーメール**や、殺人事件の被害者であるありさという女性の死体が動き出し、彼女の話を知った女性を惨殺して回る**ありささん**など個性豊かな面々が登場した。複数人に文章を転送させる理由さえあれば良いチェーンメールでは、自由に怪異が跋扈《ばっこ》する余地があったのだろう。

そして二〇一〇年代に入るとＳＮＳ*を通して人々は交流を行うようになった。そしてチェーンメールは当たり前のようのＳＮＳの中にも登場するようになる。ＳＮＳに登場する場合も、拡散しなければ不幸が起きる、何かが現れるなど、形式はほとんど変わらないながら、時代の変化に適応して生き残っていることがうかがえる。

無論、チェーンメールの作成や拡散はやってはならないことである。しかし一〇〇年以上もの間、人間の社会の変化に合わせ、生き残っていた彼らは、人間の中に好奇心と恐怖心がある限りこれからの時代も形を変えて現れるのだろう。

今後もチェーンメールの進化と、そしてこれらを通して現れる怪異たちに、注目していきたい。

＊チャイルド・プレイ　一九八八年に米国で初公開されたホラー映画シリーズ。自分の魂を人形に移した殺人鬼（チャッキー）が生身の身体を手に入れるため人々を襲っていく。

＊SNS　ソーシャル・ネットワーキング・サービスのこと。コミュニケーションを促進し、社会的なネットワークの構築を促す、インターネットを利用したサービスのこと。ツイッターやフェイスブック、インスタグラムなど。

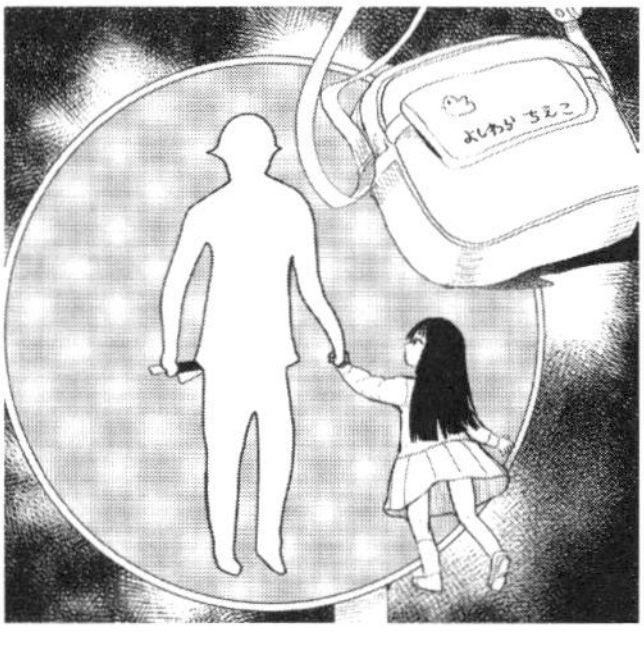

類似怪異

乗り物幽霊の怪

乗り物に乗り込む、
または乗り物の中に現れる
幽霊の怪異。

『日本現代怪異事典』に
登場する乗り物幽霊の怪

自転車幽霊 187
人力車幽霊 209
タクシー幽霊 227
電車幽霊 253
バス幽霊 288

※各怪異下段の数字は『日本現代怪異事典』掲載頁を、太字は本項掲載怪異を示す。

消える乗客

あるタクシーが東京の青山霊園付近で若い女の客を乗せた。女は行先を告げた後は何も話さず、ただうつむいている。運転手は不気味に思いながらも車を走らせていたが、ふとバックミラーを見ると女の姿がない。慌てて確認すると、やはり女の姿はなく、座席だけがびっしょりと濡れていた……。

こんな怪談を一度は聞いたことがあるだろう。いわゆる**タクシー幽霊**と呼ばれる怪談だ。オチは目的地に着いた後、女が財布を忘れたから取りに行くと言い、タクシーを出る。しかし一向に戻ってこないため、女が入っていった家の戸を叩くと、彼女の母親が現れる。そして娘は数日前に亡くなったと伝えられる、というパターンも有名だ。

この怪談は東京の青山霊園や京都の深泥池《みぞろがいけ》の話として語られることが多いが、他にも全国を舞台に語られている。二一世紀を迎えて久しい現在でも、タクシー運転手がこの怪異に遭遇する体験談は後を絶たない。

アメリカをはじめとした海外にもこれと類似した怪談が存在し、「消えるヒッチハイカー」などと呼ばれている。この名前からわかる通り、幽霊はタクシーの乗客ではなくヒッチハイクを求める客として登場することが多い。ジャン・ハロルド・ブルンヴァン著『消えるヒッチハイカー』*によれば、一九三〇年代にはしばしば新聞に載せられていたという。

しかし、この消えるヒッチハイカーが日本に輸入され、タクシー幽霊に変化したものかといえば、そうとも言えない。

***『消えるヒッチハイカー』**
ジャン・ハロルド・ブルンヴァン著、大月隆寛《おおつきたかひろ》ほか訳、一九八八年、新宿書房刊。九七年に同社より新装版。原書は Brunvand, Jan Harold, *The vanishing hitchhiker*, W. W. Norton, 1981.

江戸時代のタクシー幽霊

日本におけるこの類《たぐい》の幽霊の歴史はかなり古く、江戸時代の怪談集*『諸国百物語《しょこくひゃくものがたり》』に収録された一編「熊本主理《しゅり》が下女、菊《きく》が亡魂《ぼうこん》のこと」に以下のような話が見られる。

*馬子《まご》が菊という女性を馬に乗せ、主理という人物の屋敷の前で降りた。そこで馬子は屋敷の者に駄賃《だちん》を要求するが、屋敷の者は馬を借りた者は誰もいないという。しかし馬子が確かに女を乗せたというと、屋敷の中に「いつものように菊が乗ってきたのだ」という者がおり、無事駄賃が支払われた。実はこの菊は三代前の屋敷の主人に仕えていた下女で、縫物《ぬいもの》の針を飯の中に落としてしまったことで主人の怒りを買い、殺されたのだという。

菊は激しい拷問《ごうもん》の末、最後には数千の蛇《へび》が入った穴に放り込まれ、主人を七代まで祟《たた》ってやると宣言して舌を嚙み切って死んだ。その後、宣言通り主人である主理を祟り殺す亡霊と化し、四代目主理が当主となった当時においても馬に乗って屋敷を訪れていたのだ。そしてこの菊が現れてから、四代目主理もまた菊に取り殺されてしまったと語られている。

この怪談は同じく「菊」という名の幽霊が登場する「皿屋敷」と同様に主人に命を奪われた下女が死後復讐する物語となっている。四代目主理の奉公先も播磨《はりま》の姫路（現在の兵庫県姫路市）とされているが、姫路は*『播州《ばんしゅう》皿屋敷』の伝説が残る地でもある。

このように復讐譚《たん》として語られる乗り物幽霊の怪談は現在のタクシー幽霊譚では珍しいが、馬に乗せた女が実は既に死者であり、目的地に着いて初めてその事実が判明する、という筋書きは現代の怪談に通じるものがある。

＊『諸国百物語』 一六七七年四月刊行の日本の怪談集。全百話。著者、編者ともに不詳。全五巻で各巻二〇話構成。江戸時代に流行した百物語怪談本の先駆けといえる書物で、その後に刊行された多くの同系統の怪談本にも大きな影響を与えたといわれる。

＊馬子 馬に人や荷をのせて運搬することを職業とする人。うまかた。

＊『播州皿屋敷』 人形浄瑠璃。時代物。三巻。為永太郎《ためながたろ》兵衛《べえ》・浅田一鳥《あさだいっちょう》作。一七四一年大坂豊竹座初演。お家乗っ取りの悪事を腰元お菊に聞かれた青山鉄山は、重宝の皿を紛失した科《とが》を負わせてお菊を殺し、井戸へ捨てるが、お菊の亡霊によって滅ぼされる。のちの皿屋敷物のもとになった。

明治以降の乗り物幽霊たち

その後も乗り物に乗る幽霊は、その時代ごとの乗り物に現れた。松谷みよ子著『現代民話考3』*においては、明治時代の青森県の話として、人力車を舞台とした幽霊譚が記されている。ただし菊の亡霊に比べれば復讐の要素は薄くなっており、成金の家の主人に弄ばれて死んだ女の霊が、人力車に乗ってその男の屋敷を訪れるという話だ。この話でも金を払わずに家に入って行った女を訪ねると、誰も家には来ていないと言われることで女が死者であったことが判明する、という筋書きだ。

また同書には戦後の沖縄県の話として、人力車に乗った女の幽霊が、車夫を騙して川に引きずり込もうとする話もある。こちらは幻を見せたり、渡された金が葉っぱに変わっていたりと狐《きつね》や狸《たぬき》に騙される話に近い展開となっている。

このように乗り物に乗る幽霊の話は歴史が古く、乗り込むのも自動車とは限らない。一九五五年頃の青森県では、自転車に乗せてほしいと頼む女性の幽霊の話があり、やはりいつの間にか姿が消えていたことでその女性が死者であることがわかったのだと語られている。

田中貢《こう》太《た》郎《ろう》著*『奇蹟怪談実話』には一九二四年頃の話として、終電車に風呂敷を背負った六〇歳くらいの老婆が乗ってくる話がある。この老婆は車掌が切符を切ろうとすると消えてしまうとされ、その正体はかつて電車に轢《ひ》かれて亡くなった老婆の霊だとされている。これに似た話はバスを舞台にしても語られている。先述した『現代民話考3』によれば、群馬県にてある雨の日、一人の老婆をバスに乗せたところ、一向に降りる気配がない。そこで座席を確かめに

***『現代民話考3』** 一九八五年、立風書房刊。副題は「偽汽車・船・自動車の笑いと怪談」。二〇〇三年、ちくま文庫。

***『奇蹟怪談実話』** 一九二九年、平凡社刊。『明治大正実話全集』の七巻目。二〇一八年、一部削除の上『霊能者列伝』と改題して河出書房新社が復刊。

行くと、そこには老婆の気配はなく、ただびっしょりと濡れた座席があったという。この経験をした運転手は、次に若い女の幽霊を通して同じような体験をし、寝込んでしまったとされている。

このように、時代が変わり、人々の使う乗り物が多様化すれば、死者たちはそれにあわせて活躍の場を広げてきた。

宇宙船幽霊の時代がやってくる!?

先述した『奇蹟怪談実話』にて、田中貢太郎はこう記している。

「怪談も生活様式によって変化する。駕籠《かご》ができれば駕籠に怪しい者が乗り、人力車ができれば人力車に、鉄道馬車*ができれば鉄道馬車に、電車ができれば電車に、自動車ができれば自動車に、飛行機ができれば飛行機に、怪しい者が乗るのである」

氏の言うとおり、江戸時代から平成に至るまで、乗り物にまつわる怪談はどの時代にも生まれ、生活様式に合わせた怪異が出現している。新しい乗り物ができれば、幽霊たちはそっと運転手の背後に座り込み、いつの間にか消えることを繰り返してきた。

これらの死者は生者を装って、乗り物を使って生前自分と関係が深かった場所を目指し移動する。もしかしたら人類が簡単に宇宙へ出ることができるようになる時代が訪れれば、星と星の間で消えてしまう「宇宙船幽霊」の怪談がまことしやかに語られる、そんなこともあるだろう。

そんな新たな乗り物幽霊の怪異を最初に後部座席に乗せることになるのは、あなたかもしれない。

***鉄道馬車**　鉄の軌道上を走る馬車。日本では都市交通機関として一八八二年、東京馬車鉄道会社が新橋～日本橋間を乗客輸送したのが初め。各地で運行されたが電車の発達につれ廃止された。

類似怪異

心霊の怪

守護霊や地縛霊に代表される、心霊主義、心霊科学の思想が元になって生まれた怪異。

『日本現代怪異事典』に登場する心霊の怪

地縛霊 190
守護霊 198
低級霊 246
動物霊 258
背後霊 285
憑依霊 322
浮遊霊 331
幽霊 390
霊感 418
霊団 420

※各怪異下段の数字は『日本現代怪異事典』掲載頁を、太字は本項掲載怪異を示す。

「心霊」の由来

心霊写真、心霊スポット、心霊現象……現代では心霊という言葉が死者の霊を表す文脈で、当たり前のように使われている。しかしその歴史は案外新しく、今の使われ方がされるようになったのは、ここ半世紀ほどのことである。

「心霊」とは、本来「心理」や「精神」といったものを表す言葉だった。しかし明治時代、欧米から「Spiritualism」という言葉と概念が入ってきたとき、日本人はこれを「心霊主義（神霊主義）」と訳した。これが現代の心霊観に大きな影響を与えることとなる。

心霊主義とは元々米国で生まれた宗教的思想だが、現代日本においては通俗的に広く浸透している。ここではその心霊主義もしくは心霊科学の影響下に生まれた怪異たちについて、考察したい。

地《じ》縛《ばく》霊、**守護霊**、**背後霊**、**動物霊**等の言葉は、現在では児童書や漫画、小説、テレビ、映画、時には論文にいたるまで、普遍的に使われている。しかしこれらの言葉は元々心霊主義で使用されていた単語が日本で訳されることにより使用されるようになったものだ。

地縛霊と浮《ふ》遊《ゆう》霊

まず地縛霊を例として考えてみたい。現代日本において地縛霊は様々な怪談に登場する。心霊スポットなどと呼ばれるいわくつきの場所に行くと、その場所から動けない悪霊が潜んでおり、知らずに迷い込んできた人間に様々な怪異をもたらす、といったものが多い。しかし地縛霊の概念は、元々はこのようなものとは少し違っていた。

日本に心霊主義を広めたことで有名な浅野和《わ》三郎《さぶろう》*は、その訳書『死者に交《まじわ》る三十年』*で地縛霊についてこう書いている。この言葉は元々「The Earthbound」を訳したもので、「浮かべぬ霊魂」、「迷える亡者」といった意味で使用されるものであるという。「Earthbound」とは地表から離れられないことや地に根付いていることを表す単語であるため、地縛霊は地表を離れられない霊を表していると考えられる。そしてこれには心霊主義の思想が大きく影響している。

心霊主義において、人間の霊魂は死後、幽界や霊界といった地上よりも高位な世界へと昇ることを目的とすると言われている。地縛霊とは本来、その目的を果たさずいつまでも地上世界を漂い続ける死者の霊全般を指す言葉であったのだと思われる。

しかし現在における地縛霊は、ある一定の場所から動けない霊と解釈されることがほとんどだ。心霊主義における地縛霊の概念においても、自殺したものが自分の死には気付かず、その場所で自殺を繰り返すという死者の存在を例としてあげられることがあったが、そのような場所に留まる霊はあくまで地縛霊の一種でしかなかった。しかし現在、場所にとどまらず地上をさ迷う霊は、**浮遊霊**と呼ばれている。

浮遊霊という言葉が出現した正確な時期は定かではない。しかし一九六〇年代末には既に児童向けの雑誌等で使用されている例が見受けられ、七〇年代のオカルトブームには広く用いられている。このオカルトブームを牽引したのは心霊研究家であり、作家の中岡俊哉《なかおかとしや》*や漫画家つのだじろうだ。彼らは心霊科学を元に浮遊霊という言葉を用いたと記している。しかし心霊主義や心霊科学においては浮遊霊の名が見受けられないことから、恐らく地縛霊の概念が変わっ

＊浅野和三郎　一八七四～一九三七年。明治～昭和期の英文学者、心霊研究家。海軍機関学校教授を務め、英文学の著訳書多数。一九二三年心霊科学研究会を創立、会長。月刊誌「心霊と人生」創刊。以後、日本の心霊研究の中心的存在として活躍。一九二八年ロンドンで開催された第三回世界神霊大会に日本代表として出席した。

＊『死者に交る三十年』　ウィークランド原著、浅野和三郎抄訳。一九四一年、心霊科学研究会出版部刊。原書はCarl August Wickland, Thirty Years Among the Dead, Los Angeles, Calif., National psychological institute, 1924.『迷える霊（スピリット）との対話―スピリチュアル・カウンセリングによる精神病治療の30年』（近藤千雄訳、ハート出版、二〇〇三年）として完訳された。

た際に、地縛霊の範囲から外れてしまった地上の霊を表すため、新たに浮遊霊の概念が生まれたものと思われる。

オカルトブームとスピリチュアルブーム

地縛霊の例からわかるように、心霊主義は現在の幽霊観に大きな影響を与えている。その要因となったのは先述した七〇年代のオカルトブームにおいて、心霊主義・心霊科学の知識を持った作家たちがその知識を作品に反映させたことがあげられる。現在普遍的に語られる日本人の心霊観は、この七〇年代に醸成された部分が大きい。心霊写真がブームになったのもこの時代で、きっかけはテレビにおける心霊写真の特集や、中岡俊哉編著*『恐怖の心霊写真集』、*つのだじろう著*『うしろの百《ひゃく》太郎《たろう》』などで頻繁に紹介されるようになったことによる。

心霊写真も古くは幽霊写真と呼ばれ、明治時代には存在していた。しかし心霊写真を持っているだけで祟《たた》られるという考え方や、雑誌やテレビ等で霊能者が心霊写真を鑑定するシステムが生まれたのもこの頃のようだ。

この時代に広まったと思われる霊には、守護霊もある。これはさらに九〇年代から二〇〇〇年代にかけて起きたスピリチュアルブームでも注目されており、地縛霊とともにその知名度は相当に高いと思われる。

守護霊は心霊主義においても重要な存在だ。一人の人間に必ず一人の守護霊がつき、生涯変わることはない。そして守護霊はその人の人生、さらに死後の行く末に大きな影響を与えるものと考えられている。そしてその正体は何百年も前のその人の祖先や関係の深い人物の霊とさ

＊中岡俊哉　一九二六～二〇〇一年。心霊科学研究家。一九七〇年代のオカルト・ブームの中心的存在。著書多数。

＊『恐怖の心霊写真集』　中岡俊哉編著、一九七四年、二見書房刊。『恐怖の心霊写真集続』（一九七五年）、『新・恐怖の心霊写真集』（一九七七年）、『実証　恐怖の心霊写真集』（一九七九年）などと続いた。

＊つのだじろう　一九三六年生。日本の漫画家、心霊研究家。代表作に『亡霊学級』『恐怖新聞』『空手バカ一代』『うしろの百太郎』。

＊『うしろの百太郎』　つのだじろうによる漫画作品。主人公の少年が主護霊の「うしろの百太郎」に導かれながら、さまざまな心霊体験をする様子を描く。『週刊少年マガジ

れ、霊界の居住者であるとされる。

　最近では霊能者が霊視した結果、祖父母や友人、時にはペットの霊などが守護霊となっていると説明されることがあるが、これは心霊主義を離れ、我々により受け入れやすい概念として守護霊が変化した結果だろう。また、近年のスピリチュアリストと呼ばれる人々による言説や、守護霊を扱う作品の描写等の影響も大きい。

死者の霊となった現代の心霊

　ここまで見てきたように我々現代人の心霊観ともいうべきものは、心霊主義が大きな影響をあたえたことは確かだが、細かな部分は異なっている。これは普通の人々が心霊主義そのものから各種霊の概念を知ったのではなく、心霊主義に精通していた作家たちの著作や、それらの著作を元にした本やテレビ番組から心霊の知識が広まったためと思われる。確固たる根拠を欠いたまま広まった心霊たちは、人々の噂やメディアを通して変質しながら、今の心霊観を作り上げていった。そして心霊は本来の意味を離れ、もっぱら死者の霊に関連する事象に使われる言葉に変わったのだ。

　一方で、近世以前の幽霊観が日本人の中から消え去ったわけではないし、**カシマさん**や**テケテケ**など、心霊主義的文脈とはまるで関係ない形で語られる死者の霊もたくさんいる。

　現代日本で現れ、語られるこの多種多様な幽霊たちを、これからも見守っていきたいところだ。


ン』一九七三年～七六年に連載。講談社少年マガジンKC全八巻。一九九七年～九八年テレビ東京でドラマが放映された。

類似怪異

話してはならない怪

内容は不明だが、あまりに恐ろしく、
話すと危険があるなどの理由で
話すことが禁じられている怪異。

『日本現代怪異事典』に登場する話してはならない怪

※各怪異下段の数字は『日本現代怪異事典』掲載頁を、太字は本項掲載怪異を示す。

死ぬほど恐ろしい話…

この世には、内容を知ってしまうと恐怖のあまり死んでしまう怪談がある。そんな話を聞いたことがあるだろうか。

この類《たぐい》の怪談は、基本的にその中身は一切語られることはない。ただ死ぬほど恐ろしい怪談がある、という外側だけの情報が語られる。

最も有名なのは**牛の首**と呼ばれるものだろう。一説には江戸時代から伝わる牛の首という怪談があるが、話を聞いた人間はそのあまりの恐ろしさから内容を文章に記すことができず、口承によって細々と受け継がれてきた。しかしその内容を聞くととてつもない恐怖により病みつき、時には死んでしまう者もいるため、むやみに人に話してはならない、といった話として語られる。

この怪談が広まったのは小松左京《こまつさきょう》が一九六五年に書いた同名の小説『牛の首』*からという説がある。しかし、小松左京はそれ以前から牛の首という怪談があるという噂を知っており、小説はその噂を元に書いたのだという。この小説においても牛の首はとにかく恐ろしい怪談として登場しており、内容はまったく不明である。

牛の首のルーツは？

ただ牛の首という題名の怪談がなかったのかといえば、そうでもないらしい。黒史郎《くろしろう》著

＊**『牛の首』** ＳＦ作家の小松左京（一九三一～二〇一一年）が一九六五年に『サンケイスポーツ』二月八日号に発表したショートショート。『ある生き物の記録』（ハヤカワ・ＳＦ・シリーズ、一九六六年）に収録。

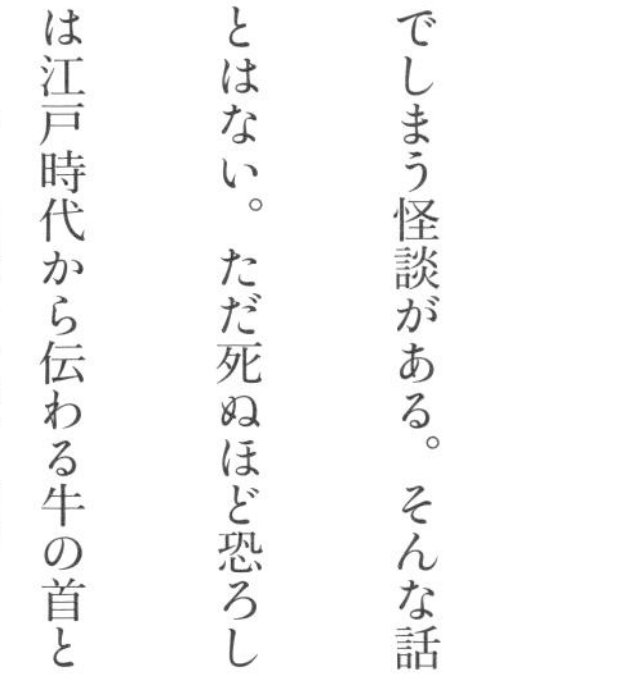

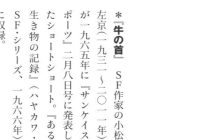

『*ムー民俗奇譚《みんぞくきたん》 妖怪補遺々々《ほいほい》』によれば、一九二六年に刊行された『*文藝市場』第二巻第三号に牛の首と題された怪談が載っているという。これはルポルタージュ作家の*石角春洋《いしずみしゅんよう》が父親から聞いた怪談とされ、内容はこのようなものだ。

ある村でお花という娘が病気で危篤状態となる。そこで父の五作は村を出て町の医者を訪ねるが、帰路で天候が悪化し、吹雪になってしまう。

五作は一刻も早く娘の元に帰ろうと真っ白な雪景色を進むが、そこで黒い物体が浮かんでいるのを見つける。それは生きているように目が輝き、耳が動く牛の首で、慌てて念仏を唱えるとそれは鏡台に変わった。

その鏡台はお花のもので、鏡には病みつく前の彼女が髪をとく姿が映っていた。しかしお花の顔は薄黒く、斑点がある。そして次第にその斑点から黒い血が流れ始め、五作は見ていられなくなって目を閉じた。

その翌日五作が家に戻ると、お花は既に息絶えていたという。

この怪談が現在の牛の首の元になったのかは定かではない。しかしこの話もなぜ牛の首の姿となって怪異が現れたのか不明で、酷く不気味な怪談である。

件《くだん》・牛女・牛鬼

また小松左京は『*くだんのはは』という小説を執筆しており、この作品では牛の頭を持った人間の娘が登場する。この娘は近世以降度々目撃される妖怪「件」が元になっていると考えられる。件は生まれて数日で死ぬが、その前に何らかの予言をすると言われており、その姿は体

＊『ムー民俗奇譚 妖怪補遺々々』 小説家の黒史郎（一九七四〜）が二〇一九年一月に学研プラスから発売した書籍。

＊『文藝市場』 一九二五年一一月から二七年五月まで、文芸市場社が発行した雑誌。翻訳家の梅原北明《ほくめい》（一八九九〜一九四六年）が「芸術に対する迷信」打破を唱え、金子洋《よう》文《ぶん》（一八九三〜一九八五年）、村山知義《ともよし》（一九〇一〜七七年）らと創刊。ダダイズム、プロレタリア文学などとゴシップや変態資料とを雑居させた。

＊石角春洋 一八九〇〜一九三九年。本名石角春之助。ルポルタージュ作家で『眼の前に見られる観音様の霊験』（心友社、一九二〇年）や『浅草女裏譚』（文人社出版部、一九三〇年）など著者多数。

が牛で頭が人であるとされる。

『くだんのはは』においても娘は予言して死ぬため、妖怪件としての性質が描かれている。一方で人面牛ではなく牛面人身とされているのは、小説の舞台となった兵庫県において出現の噂が多い怪異**牛女**をモデルとしているため、という話もある。この牛女の噂は戦時中に確認され、空襲で焼け落ちた屠場の残骸から、牛の頭を持った女が現れた、という内容だ。その後牛女は*六甲山《ろっこうさん》や*甲山《かぶとやま》など兵庫県内の山に現れ、出会った自動車を猛スピードで追いかけ、事故に遭わせる、などと語られるようになった。

しかし牛女が予言をした話は見られないため、小松左京は半人半牛の二種類の怪を組み合わせて『くだんのはは』を書いたものと思われる。

この話が『牛の首』の内容を想定して書かれたかは不明だが、牛の頭と人の体を持った存在には、有名なものがある。それが地獄の獄卒「牛頭《ごず》」という鬼だ。そして牛の首と同じように、あまりの恐ろしさにその内容を知ってしまうと死んでしまうとされる怪談に**地獄の牛鬼**がある。

牛鬼は中国地方や四国地方の海辺に現れる伝承が残る妖怪で、女に化けたり人を食ったりするなどと伝えられる。

しかし獄卒としての牛頭はこれらとは異なり、地獄の亡者を苛む鬼とされる。

●田中河内介《かわちのすけ》の最期から鮫島《さめじま》事件へ

話してはならない怪はさらにさかのぼることが可能で、池田彌三郎著『日本の幽霊』*に**田中**

*『**くだんのはは**』 小松左京の短編小説。『話の特集』一九六八年一月号に初出。『模型の時代』（徳間書店、一九六八年）などに収録。

***六甲山** 神戸市街の背後に連なる六甲山地の主峰。標高九三一メートル。明治半ば以降外国人の、大正に入ってからは日本人の別荘地として開発された。昭和の初めに六甲ケーブルが建設されて以降、観光地、保養地として発展した。怪異スポットとしても名高い。

***甲山** 兵庫県西宮市にある六甲山前山の一つ。形が兜に似るところからこの名がついた。標高三〇九メートル。釣鐘状の特異な山容で親しまれている。御池山《おいけやま》。

河内介の最期という話がある。一九一二年、池田氏の父親がこの怪談を話そうとする人物と出会ったが、その人物は「もうこの話を知っているのも自分ひとりとなってしまった」と言いながら延々と本題に入らないまま同じ話を繰り返す。そして偶然その場に誰もいなくなったときに、机にうつぶせになって死んでいたという。

＊田中河内介は実在した幕末の武士で、大坂から薩摩に向かう途中の船上で命を落とした。その最期はどのようなものであったのかは伝えられておらず、無念の最期だったとも噂され、やがて祟《たた》りを起こしたという話まであった。この話は、そんな背景の元に生まれたのだろう。

そして近年では、電脳の世界においてもこの類の怪談が生まれた。**鮫島事件**と呼ばれるこの怪談は、最初、電子掲示板「2ちゃんねる」に書き込まれた『伝説の「鮫島スレ」について語ろう』というスレッドが発端となり、誰も内容は知らないまま、もっともらしくとても恐ろしい事件があったという体裁で書き込みを行った。これは二〇一八年現在でも続いており、「鮫島事件」という言葉が書き込まれれば、何か恐ろしい事件があったという前提で会話を交わすのがお約束となっている。

名前とただひたすらに恐ろしいという情報だけが伝わる怪談たち。それはこれからも人々の興味を刺激し続けていくのだろう。

＊**『日本の幽霊』** 民俗学者で慶應義塾大学教授だった池田《いけだ》彌三郎《やさぶろう》（一九一四～八二年）が一九五九年に中央公論社から刊行した書籍。

＊**田中河内介** 一八一五～一八六二年。尊王攘夷派志士の儒学者および漢学者。名は綏猷《やすみち》。寺田屋騒動後の幕末の騒乱の早い段階で非業の死を遂げる。

類似怪異

赤き衣の怪

赤マントに代表される、主に「赤い〇〇いりませんか」などと問いかけを行うとされる怪異。

『日本現代怪異事典』に登場する赤き衣の怪

青い紙 7

青い頭巾 7

赤いクツ 11

赤いちゃんちゃんこ 14

赤い手袋 16

赤いドレス 16

赤い布 17

赤いはんてん 17

紅いマント 21

赤いマント 22

赤いマント売り 22

赤い洋服・青い洋服 23

赤マント 26

※各怪異下段の数字は『日本現代怪異事典』掲載頁を、太字は本項掲載怪異を示す。

赤マントの怪人

「赤いマントはいらんかね」

トイレでそんな問いかけがどこからか聞こえてきたら、決して「はい」と言ってはいけない。「はい」と言えば、自分の血で体を真っ赤に染められてしまうのだ。それはまるで、赤いマントを羽織っているように。

このような怪談は全国の学校で語られている。声の主は姿を見せることはあまりないが、凶器のみが姿を現す話も多く、その種類もナイフ、包丁、爪、マントなど様々だ。話によっては赤いマントを羽織った怪人として語られることもある。

怪人としての**赤マント**の話は古くは戦前から存在し、松谷みよ子著『現代民話考7』*によれば、一九三六・七年頃、赤いマントを羽織った吸血鬼が人を次々に襲っているという噂が発生し、警察が出動する騒ぎになったという話が記録されている。

実際、昭和一〇年代には赤マントの怪人が現れたという記事が新聞や雑誌に載せられており、赤マントの噂があったことは確かなようだ。この頃の赤マントは人を攫《さら》ったり襲ったりする怪人として語られることが多かった。

一方で問いかけを行う赤マントがいつ頃現れたのかは不明である。しかし前述した『現代民話考7』では一九三五年から一九三六年頃、長野県の小学校で「赤いマントが好きか、青いマントが好きか」と問いかける声がトイレから聞こえてきたという怪談が語られていたことが記録されている。赤いマントが欲しいかと問うか、色の好みを問うかという違いはあるが、問い

***『現代民話考7』** 一九八七年、立風書房刊。副題は「学校・笑いと怪談・学童疎開・学徒動員」。二〇〇三年、ちくま文庫。

かけの類似性からこの**赤マント・青マント**の怪談の影響でトイレに現れる赤マントの怪談が発生した可能性もある。

「赤マント」のルーツとその派生

怪人赤マントのルーツとされるものには様々な説があり、一九二一年に起きた「*青ゲットの男事件」というマサカリを使った猟奇殺人事件がその中では最も古い。

他にも、別冊宝島編集部編『*伝染る「怖い話」』では、*二・二六事件にてクーデターを起こした軍人の中に赤いマントを羽織っていた将校がいたため、その情報が戒厳令下で錯綜《さくそう》し、怪人の噂に変化した説を紹介している。さらに二・二六事件と同年に起きた「*阿部定《あべさだ》事件」が元になっているという説もある。また、当時紙芝居の中に「赤マント」という作品があり、それが噂の元になったという話もあるようだ。

このように数十年もの間、人々の間に語り継がれてきた赤マントだが、後の時代には派生した怪異を産んだ。有名なものは**赤いちゃんちゃんこ**や**赤いはんてん**であろう。

これらはどちらも女児や女性教師、婦人警官等がトイレに行くと「赤いちゃんちゃんこ着せましょうか」または「赤い半纏《はんてん》着せましょうか」という声が聞こえる。これに着せてほしいと頼むと刃物等で首を切られ、飛び散った血で体を赤く染められ、まるでちゃんちゃんこや半纏を羽織っているようにされる、という怪談になっている。ただし赤い半纏の場合、壁に飛び散った血が斑点になるという「半纏」と「斑点」を掛けた駄洒落のようなオチになっていることもある。

＊青ゲットの男事件　一九〇六年、福井県の九頭竜川河口付近の三国町と新保村（現福井県坂井市）との間に架かる新保橋で起きた、未解決の殺人事件。

＊『伝染る「怖い話」』　一九九九年、宝島社文庫。

＊二・二六事件　陸軍皇道派青年将校が起こしたクーデター事件。一九三六年二月二六日未明、首相官邸・警視庁などを千四百余名の部隊で襲撃。斎藤実内大臣・高橋是清蔵相・渡辺錠太郎教育総監らを殺害、永田町一帯を占領した。政府は翌日戒厳令を公布。二九日反乱は天皇の命令で鎮圧されるも以後、軍の内閣介入の端緒となった。

＊阿部定事件　一九三六年五月一八日、東京荒川尾久（当時）の待合に泊っていた阿部

これらに共通するのは、赤い衣類を羽織わせようとしてくる点だ。赤いマントやちゃんちゃんこ、半纏は、自らの血を連想させるものというオチがあることから、鮮血がその人間の体を染めることで赤い衣を羽織っている比喩とするため、赤という色は不可欠の要素となっている。

またこの類《たぐい》の怪談から派生したものと思われる怪談に**赤いドレス**というものがあり、こちらでは血の代わりに体を焼かれるという炎のイメージが赤に託されている。

血や赤の要素の脱落

赤は血や炎の色を連想させ、それは死のイメージへと繋がる。それ故か、現代の怪談には赤をモチーフとしたものが多い。**口裂け女**や**トイレの花子さん**も赤い衣服をまとった姿で描かれる。そして赤マントを始めとする赤き衣の怪は、特徴的な問いかけを行うこともあり、他の怪談に比べても赤が重要な意味を持っていたものと思われる。

しかし時代を経るにつれ、赤と血とが関連しない怪談も見られるようになって行く。**赤いクツ**という怪異の場合、トイレで「赤いクツはいらんかね」という問いに「はい」と答えると命を取られるとされる。また**赤い布**という怪談では、トイレで「赤い布はいりませんか」という問いかけが聞こえてきた際、「はい」と答えると便器からナイフが飛び出してくるという展開になっている。

これは「赤い○○いりませんか」という問いかけが、怪談の一パターンとして成立したからこそ、血の要素を薄くしても怪談が成り立つようになったのだろう。

他にも「色問いの怪」で紹介する**赤い紙・青い紙**系統の怪談から派生したものとして、色を

定は、同宿の石田吉蔵を細紐で殺害後、男性器を切断し、所持したまま逃走。同月二〇日、品川駅前の旅館に偽名で泊っているところを高輪署員に逮捕された。二・二六事件後の重苦しい時代風潮の中、人間臭い猟奇事件として話題をさらった。

選ばせるのではなく「青い紙が欲しいか」と問いかけてくる**青い紙**という怪談もあり、この場合はほしいと答えると全身の血を抜かれるとされている。この血を抜かれる展開は、赤い紙・青い紙で青を選んだ場合と一致する。

他の怪異成分との結合

赤マントを羽織った怪人や、赤マントの必要性を問う声でなく、**赤いマント**そのものが怪異化している話もあり、これは触ると体の一部が消えてしまうとされている。

また、かつてのように道端に現れる怪人としての赤マントと、トイレで問いかけを行う赤マントが合体したような話もある。東京都の横田基地*付近では**赤いマント売り**と呼ばれる怪人が出現したという噂があり、「赤いマントはいりませんか」という問いかけに対し「いいえ」と答えると、牛刀を持って追いかけてきて背中を切られるという。

赤マントがチェーンメールと化した話もある。**紅いマント**と呼ばれるこのメールでは、日露戦争当時、日本軍が羽織っていた赤マントに憧れながら貧困のため家庭でマントを作ってもらえなかった矢島剛という少年が正体とされている。この少年は赤いマントを持っていないために「紅いマントはいらんかね」とからかわれたことで自殺し、その霊がメールを受信した者の元を訪れる、とされている。

このように、赤い衣をまとわせる怪異たちは、形を変えながら長らく語り継がれてきた。道端に、トイレに、電子世界にと彼らは活躍の場を広げながら跋扈《ばっこ》している。彼らはこれからも、鮮血に染まった真っ赤な世界を作り出していくことだろう。

＊**横田基地**　東京都多摩中部にある、米空軍と航空自衛隊が共同使用する軍用飛行場。一九四〇年、陸軍立川飛行場の付属施設「多摩飛行場」として開設。第二次世界大戦後、米軍に接収され横田飛行場に改称。在日米空軍司令部・第5空軍司令部などが置かれる。航空自衛隊は二〇一二年から運用。

類似怪異

色問いの怪

トイレなど特定の場所に現れ、「赤い〜と青い〜どちらが好き?」など色を選ばせる問いかけを行う怪異。

『日本現代怪異事典』に登場する色問いの怪

青いハンカチ・赤いハンカチ 8
赤い糸・青い糸・白い糸 10
赤い紙・青い紙 10
赤い舌・青い舌 13
赤い世界・青い世界 14
赤い玉と青い玉 14
赤いちゃんちゃんこ・青いちゃんちゃんこ 15
赤いちり紙・白いちり紙 16
赤いはんてん・青いはんてん 18
赤い服と白い服 19
赤いボール・青いボール・黄色いボール 20

※各怪異下段の数字は『日本現代怪異事典』掲載頁を、太字は本項掲載怪異を示す。

「赤が好きか、青が好きか」

トイレに入っているとき、そんな問いかけが聞こえてきたらあなたは何と答えるだろうか。しかしどちらを選んだとしても、待ち受けるのは残酷な運命だ。

赤を選べばナイフが降り、全身を血まみれの真っ赤にされる。青を選べば全身の血液を抜かれ、血の気がなくなった真っ青な死体にされる。

色を問う怪異の話は、古くから全国の小学校に伝わっている。選ばせる色は赤色と青色の二択が多いが、白色、黄色などが追加されたり、青色がそれら別の色と入れ替わったりしていることもある。しかし赤色が選択肢から外れることはほとんどない。

赤を選んだ場合は、傷を負わされて自分の血で真っ赤に染められる話が多いが、上から血が降ってくる、血の中に落とされて溺死させられる、赤い手が現れる、焼け死ぬ、赤色の水に流される、など、赤を連想させる被害に遭うとされる。

青を選んだ場合は、血を抜かれる、首を絞められる、真っ青な腕が現れる、水で溺死させられる、青あざをつけられるなど、血の気が引く形で青を連想させられる状態にされることが多い。

一方、白や黄色の場合は怪異から逃れるための選択肢として設定されていることが多く、色は関係がないことも多々ある。他にも白の場合、壁から手が出てきて引きずり込まれる、ちり紙が降ってくる、不思議なことが起きる。黄色の場合は糞を掛けられる、黄色いガスが発生するなどがある。

また、この怪談の場合、ただ色を選ばせるのではなく、それぞれの色に染まった何かを選ば

***マント**　衣服の上に羽織って着る、袖なしの外衣。

せようとしてくることがほとんどだ。その内訳としては、紙とマント*が圧倒的に多い。

赤い紙・青い紙の場合は、そのルーツが古来の風習にあるという説がある。村上健司《けんじ》編『妖怪事典』*によれば、京都府では大晦日の夜、便所から出てきて尻を撫《な》でる「カイナデ」という妖怪がおり、それを避けるために「赤い紙やろうか、白い紙やろうか」という呪文を唱えると良いとされていた。この風習が変化し、「赤い紙やろか、白い紙やろか」と問いかける学校の怪談が生まれたのではないかと考察されている。このことから、紙を選ばせる怪談は本来赤と青ではなく、赤と白を選ばせるものだった可能性が高い。

実際に一九四二年の大阪府には既に「赤い紙・白い紙」の怪談が伝わっていたことが松谷みよ子著『現代民話考7』に記録されており、戦時中からこの手の怪談が存在していたことが伺える。

また、同書によれば一九四三年頃の大阪府の小学校で噂されていた怪談として、「赤い紙やろか、白い紙やろか」という女の声が聞こえてくる。これに赤と答えると尻を舐められ、白と答えると尻を撫でられるという話が記載されている。このことから、カイナデのように便所から現れた腕が尻を撫でる、という要素も残っていたようだ。

厠《かわや》で尻を撫でる怪異は近世以前から数多く伝わっており、**河童**《かっぱ》*の仕業とされることも多かった。また、色を問いかけた後、トイレから腕が現れるという怪談は現在にも引き継がれ、学校の怪談としてよく語られている。

一方で、この類《たぐい》の怪談が必ずしも腕の怪であることを重視していた訳ではないことにも留意したい。この類の怪談のルーツとなったであろう**赤マント・青マント**がその証拠だ。

先にあげたように、現代でも紙と並んで色を選ばせる物の中では圧倒的に例が多いマントの

***『妖怪事典』** 毎日新聞社、二〇〇〇年。日本の文献にみられる妖怪を、五十音順で配列した事典。

***河童** 川や池などの水界に住む妖怪。背中には甲羅、頭の頂には水をたたえた皿があり、人間と相撲を取ったり、人馬を水中に引き込んだり、人助けをしたりといった話が伝わる。エンコウ、カワタロウ、スイコなど、地域によって呼び名が違う。

***赤いちり紙・白いちり紙** ある学校のトイレで「赤いちり紙? 白いちり紙?」という声が聞こえてくる。赤いちり紙と答えると赤色の水が流れてきて自分も流されてしまうが、白を選ぶと何もないという。

怪異譚《たん》は、戦前には存在していた。

先述した『現代民話考7』によれば、一九三五、六年頃、長野県の小学校の便所に行くとマントを羽織った男がいて、「赤いマントがほしいか、青いマントがほしいか」と聞いてくる。これに赤と答えるとナイフで刺されて血で真っ赤にされて殺され、青と答えると体中の血を吸われ、真っ青になって死んでしまう、という噂があったという。

マントの怪人については同時期、東京都で赤いマントを着た怪人物が出没し、あちこちに死体が転がっていた、その正体は吸血鬼であった、という噂が発生していたと『現代民話考7』に記述がある（「赤き衣の怪」も参照）。血を吸うマントの怪人という点に共通点はあるが、どちらかの影響でもう一方が生まれたのか、それとも全く偶発的に生まれたのか、もしくはこれらの怪異に共通するモチーフがあるのか、現段階では不明である。

様々な物のバリエーション

このように、色を問う怪は様々な姿で現れた。そしてこの怪異たちは、第二次世界大戦や高度経済成長期を経ても色褪せることはなかった。むしろ全国の小学校で語られながら、やがて色を問うために染める物体のバリエーションを増やして行った。

例としては*・**赤いちり紙・白いちり紙**、*・**赤いボール・青いボール・黄色いボール**、*・**赤い服と白い服**、*・**青いハンカチ・赤いハンカチ**といった学校生活や日常生活で身近にある物の色を問いかける話が多い。他にも赤を選ぶと瞬間移動し、青を選ぶと人間の顔をした蜘蛛が現れ、白を選ぶと不思議なことが起こる**赤い糸・青い糸・白い糸**、蝙蝠の姿の怪異が現れ、色を問うてきて

＊赤いボール・青いボール・黄色いボール　ある小学校のトイレに赤、青、黄のボールを持った三人の女が現れ、ボールの色を問う。赤を選ぶと血塗れ、青を選ぶと血を抜かれ、黄を選ぶと無事に出られるという。

＊赤い服と白い服　ある学校のトイレに現れ、「赤い服と白い服、どっちがほしい？」と問う。赤は真っ赤な血を流して殺され、白は体中の血を抜かれて死ぬ。いらないと答えると便器に引きずり込まれ、両方と答えると血を抜かれた上に真っ赤な血をかけられるという。

＊青いハンカチ・赤いハンカチ　あるトイレに現れる怪異。「青いハンカチと赤いハンカチどちらが欲しい」という問いに、「青」と答えたところ、全身の血を抜かれて死んでしまったという。

選んだ色によって危害を加える方法を変える**色問蝙蝠**、トイレの鏡から現れた怪異が二色の玉を選ばせ、選んだ色で子どもの殺し方を変える**赤い玉と青い玉**など、特殊な存在が色を選ばせる主体として出現する話もある。

また、**赤いちゃんちゃんこ***から派生し、ちゃんちゃんこの色を選ばせるようになったものと思われる**赤いちゃんちゃんこ・青いちゃんちゃんこ**の話。**トイレの花子さん**と赤い紙・青い紙を組み合わせたような怪談で、「赤い髪、青い髪、白い髪」と唱えてからトイレに入ると、花子さんの幽霊に髪を切られて殺されてしまう**髪を切られた花子さん**の話。四時になると現れる怪異**四時ババア**が「赤青白どれがいい」と話しかけてきて、白を選ぶと殺される話など、他の怪異と色を問う怪異が組み合わさった怪談も数多く記録されている。

このように、色を問う怪異は滅びることなく広まり続けている。もしトイレに入ったとき、色の好みを問うような声が聞こえてきたら、最善の方法はただひとつ。決して問いには答えず、さっさとトイレを出ることだ。

＊赤いちゃんちゃんこ　学校のトイレに現れる怪異。「赤いちゃんちゃんこ着せましょうか」という問いに、肯定の答えを返すと、赤いちゃんちゃんこを羽織っているかのように体を赤く染められて殺されるという。ちゃんちゃんことは袖なしの羽織のこと。

類似
怪異

厠《かわや》の幽霊の怪

トイレの花子さんに代表される、
主に学校のトイレで
呼び出すことができる幽霊たち。

『日本現代怪異事典』に登場する厠の幽霊の怪

- あかりちゃん　28
- エリカさん　64
- お岩さん　68
- おきくさま　70
- おはるさん　76
- 髪を切られた花子さん　105
- **きぬこさま**　120
- 切り子さん　126
- 三本足のリカちゃん　179
- 次郎くん　206
- 二郎くん　206
- **竹竹さん**　228
- たらちゃん　233
- **太郎くん**　234
- **トイレの花子さん**　254
- 花男くん　293
- **ひとみさん**　316

※各怪異下段の数字は『日本現代怪異事典』掲載頁を、太字は本項掲載怪異を示す。

誰もが知っているトイレの花子さん

トイレの花子さんは誰もが知っている学校の怪談であり、現在でも漫画やアニメを含めたメディア全般に登場する少女の幽霊である。

彼女がこのようにメジャーな存在になったのは一九八〇年代以降と思われるが、原型は一九四〇年代には既に存在していた。

松谷みよ子著『現代民話考7』によれば、一九四八年の岩手県和賀《わが》郡《ぐん》黒沢尻町《くろさわじりまち》（現北上《きたかみ》市）の小学校にて、体育館のトイレの奥から三番目に入ると「三番目の花子さん」と呼びかけられ、下から白い手が現れるという話があったという。

便器から伸びる腕、という要素は古くから存在し、**河童**《かっぱ》の仕業とされることが多い。また常《つね》光徹《みつとおる》著*『学校の怪談　口承文芸の展開と諸相』においては、戦後の学校では便器から出てくる腕をモチーフとした怪談がいくつも語られていたことが記録されており、花子さんのルーツのひとつがこの類《たぐい》の妖怪だった可能性も考えられる。

一方で学校の怪談編集委員会編*『学校の怪談大事典』では、同年の一九四八年に「花子さん」と呼ぶと「はーい」という返事が返ってくる、現在と同型の怪異譚《たん》があったと記されている。

また、現在花子さんの姿として有名なものはおかっぱ頭に赤い吊りスカート、白いシャツの少女、というものだが、伝承の中でこの格好をしている花子さんはほとんど見られない。

その多くは呼べば返事をする声だけの怪であったり、腕だけが現れる、包丁や縄跳びなどの

ブキミちゃん 327
ブラック花子さん 332
ほうらいさん 341
まちこさま 347
みーちゃん 360
みち子さん 362
みどりさん 364
みな子さん 365
みよちゃん 368
紫婆 374
もも子さん 383
やみ子さん 387
ゆう子ちゃん 389
ゆきこさん 396
ゆみ子さん 398
葉子さん 400
よし子さん 401
リョウ子さん 414

***『学校の怪談　口承文芸の展開と諸相』**　ミネルヴァ書房、一九九三年。トイレの花子さんやコックリさんなど、

物体が現れる、とされる話も多い。花子さんのビジュアルイメージは、メディアに頻繁に登場することにより、統一されていったものと思われる。

同じように、花子さんが全国の小学校に現れることができたのは、彼女が出現する場が「学校の女子トイレ」という、どの小学校にも存在する場所であったことも大きいだろう。

学校の三階の女子トイレに入り、奥から三番目のドアを三回ノックして、三度名前を呼ぶと中から返事が聞こえてくる。そんな怪談は、どんな小学校でも語ることができる。それゆえに子どもたちは、自分の学校に花子さんがいると信じることができた。

「花子さん」という名前が日本人女性の典型的な名前としてメディアや学校教材の中で登場することも、子どもたちに受け入れやすくなる一因になったのかもしれない。

太郎くん、やみ子さん…トイレに現れる様々な幽霊

しかし、トイレの幽霊が花子さん一色に染まったわけではない。小学校のトイレには様々な名前の幽霊たちが登場する。

有名なものは男子トイレに現れる**太郎くん**だろう。この幽霊も全国で語られており、女子トイレに現れる花子さんと対になっていることも多い。怪談の内容も花子さんと同じように呼び出すと返事が聞こえる、というものが多いが、少年の姿をした霊が現れて危害を加えてくるものもある。花子さんとの関係も様々で、兄であったり恋人であったりする。太郎という名前もまた日本人男性の典型的な名前であったことが、全国の子どもたちに受け入れられやすかったのだろう。

子どもたちの間に広まる学校の怪談話を中心に、民俗学的に分析した学術書。

＊『**学校の怪談大事典**』ポプラ社、一九九六年。「こわい話」「霊と幽霊」「妖怪」「ふしぎなもの」などの各章を五十音順で紹介。

次に有名なのは、**やみ子さん**だろう。よく花子さんのライバルと語られ、その正体も花子さんと同じく少女の霊だとされることが多い。しかし初期のやみ子さんの噂を振り返ってみると、その姿は多様であった。

例えばトイレのドアをノックして呼びかけるという方法は花子さんと同じだが、返事とともに現れるのは黒い物体である、という話。若い女性の姿をしていて、胸に抱いた赤ん坊を抱かせてきて、その赤ん坊が次第に重くなっていくという妖怪「産女*」や「雪女*」のような話、といったものだ。

やみ子さんが花子さんの対になって語られるようになったのは、『学校のコワイうわさ　花子さんがきた!!』*の影響が大きいと思われる。この作品におけるやみ子さんは花子さんのライバルキャラとして描かれており、花子さんと同じぐらいの背格好の少女の姿をしている。

その他にも、ある学校の男子トイレの四番目の個室に現れ、冷たい風を吹かせて水を流す**きぬこさま**、ノックをして呼ぶと不気味な声で返事を返す**竹竹さん**、ある学校のトイレの三番目の個室のドアを二回開け閉めするとドアを開かなくする**ひとみさん**、トイレで名前を呼ぶと現れ、一緒に遊んでくれるが、遊んだ者は三日後に高熱を出して死んでしまう**みち子さん**など、全国の学校には様々なバリエーションの幽霊たちが語られている。

そしてこの厠の幽霊たちの中でもかなり異質なのが**ブキミちゃん**だ。

ブキミちゃんと言えば、夢の中に現れてある道順を示し、自分が生前なくしたハーモニカを探してくるように命じる。もしそれに失敗したら永遠に夢から出られなくなる、という怪談を想像する人が多いかもしれない。この話は真倉翔《まくらしょう》原作・岡野剛《たけし》作画の漫画『地獄先生ぬ～べ～』*にて描かれた設定が元になっていると思われる。

***産女**　出産で死んだ妊婦の霊が妖怪と化したもの。血染めの腰巻をまとい、抱いている赤ん坊を人に抱かせようとする。

***雪女**　雪国に多く伝承する怪異。雪の夜に現れる妖怪で、白い着物を着た美しい女とされることが多い。雪女郎、雪娘などともいう。

***『学校のコワイうわさ　花子さんがきた!!』**　フジテレビ系「ポンキッキーズ」内で一九九四～九五年に放送された、森京詞姫原作のテレビアニメ。書籍化やゲーム化もされ、学校の怪談ブームの一翼を担った。

***『地獄先生ぬ～べ～』**　週刊少年ジャンプで一九九三～九九年まで連載された学園漫画。霊能力を持つ小学校教師鵺野《ぬえの》鳴介《めいすけ》（ぬ～べ～）が児童を守る為に妖怪や悪霊を退治する。

これ以前に語られていたブキミちゃんの話は様々で、花子さんのように女子トイレの個室に向かって呼びかけると現れる幽霊であるという話もあった。しかしその性質はより残虐で、呼び出した子どもを事故で即死させるなどしている。

他にも人に取り憑《つ》き、事故に合わたり、自殺させる、武士の亡霊を使って子どもを殺害するなどの話もある。

学校の幽霊から子どもたちのヒーローへ

最後に、花子さんの変遷について記しておこう。

先述したように八〇年代にブームが発生し、全国の小学校で語られるようになった花子さんだが、九〇年代になると、彼女の存在は単純な学校の怪談の幽霊ではなくなっていった。

学校の怪談ブームが起こり、それを題材とした作品が作られるようになると、多くの場合子どもの味方として設定されたのが花子さんだった。

子ども向けの作品の中で、花子さんは子どもを怖がらせる霊ではなく、子どもたちをほかの悪霊から守ったり、アドバイスを与えたりする存在として描かれることが多くなった。

その影響か、花子さんはいじめられている子どもの味方をする怪異である、という伝承も生まれたようだ。

そして現在でも、花子さんは子どもたちの味方として現れている。これからも花子さんが、どう子どもたちに恐れられ、親しまれるのか、見守っていきたいところだ。

類似怪異

カシマの怪

カシマさんに代表される、その話を聞くと一定期間内に現れる体の一部を欠損した怪異。

『日本現代怪異事典』に登場するカシマの怪

赤い爺さん 13
仮死魔殺子 88
カシマおばけ 88
カシマキイロさん 88
化神魔サマ 89
カシマさん 89
鹿島さん 94
カシマユウコさん 95
カシマレイコ 95
カヤマさん 107
カワシマさん 111
キジマさん 111
きもちの悪いもの 121
切り取りミシマ 126
原爆少女 150
コシマレイコ 155
死仮魔 182

※各怪異下段の数字は『日本現代怪異事典』掲載頁を、太字は本項掲載怪異を示す。

体の一部を奪いに現れるカシマさん

枕元、トイレ、夢の中、**カシマさん**の幽霊はどこにでも現れる。腕や足のない彼女が現れたとき、彼女の問いに対する正しい答えを知らなければ、あなたの体の一部は奪われてしまうだろう。

一九七〇年代以降、「カシマさん」と呼ばれる幽霊がたくさんの人々の間で語られてきた。その姿は腕や足を欠損した女もしくは軍人の幽霊と語られることが多いが、少女や少年の場合もある。

カシマさんが現れた際には、問いに正しい答えを返すか、「カシマさん、カシマさん、カシマさん」もしくは「カは仮面の仮、シは死人の死、マは悪魔の魔」等の呪文を唱えることで殺されることを回避できるとされることが多い。

また、カシマさんの話を聞いたら同じ話を一定以上の人数にすればカシマさんは現れない、という話もあり、噂が広がる要因ともなった。

化神魔《かしま》サマからカシマさんへ

松山ひろし著『カシマさんを追う』によれば、現在この幽霊に纏《まつ》わる最も古い記録は、一九七二年に発行された雑誌『*平凡パンチ　8月7・14日合併号』に掲載された**化神魔サマ**であるという。

チシマレイコ　236
ひろしまの幽霊　323

***平凡パンチ**　マガジンハウスが一九六四年から八八年まで発行していた男性向け週刊誌。カシマさんに関する記述は、8月7・14合併号。

化神魔サマは北海道札幌《さっぽろ》市の子どもたちの間に広まった下半身のない妖怪とされ、話を聞いた三日後の夜に現れて三つの質問をする。この質問に正直に答えないと呪い殺される。それを避けるためには五人に同じ話をしなければならないと記されている。この段階で既に後のカシマさんの基本型が完成していたことが伺えるが、質問には決まった答えをしなければならない、という要素はなく、ただ正直に答えねばならないとされている。また、幽霊ではなく妖怪と書かれているのも特徴だ。

カシマさんが幽霊として出てくるのは同年の一〇月で、*朝日新聞の新潟版に登場した。このカシマさんは新潟県糸魚川《いといがわ》市に現れ、焼けただれた顔をしているとされた。また片足がないものと両足がそろっているものの二種類がいたという。そしてこれらは問いに対する答えが決まっており、もし違う答えをすると一週間以内に取り殺されてしまうとされている。

この時点で問いに対する正しい答えが必要だとされていることがわかる。そして平凡パンチや朝日新聞とともにこれらの怪談が**幸福の手紙**に似ていることを指摘している。

一定人数に同じ内容の文言を伝えなければ害が及ぶ、という文句は、もともと幸福の手紙や、そこから派生した**不幸の手紙**に綴られていたものだった（「チェーンメールの怪」も参照）。カシマさんはこれが文書から口承に場を変えたものとも考えられる。それと同時に、カシマさんはキャラクター性のある幽霊として肉付けをされた。

「カシマ」の由来

この幽霊が、なぜ「カシマ」と呼ばれるのかはわかっていない。カシマといえば*鹿島《かしま》神宮に

＊新潟のカシマさん　『朝日新聞』一九七二年一〇月一一日付の新潟版に掲載。片足または両足の女幽霊として書かれており、鈴の音を合図に現れるとされた。

＊鹿島神宮　茨城県鹿島市にある神武天皇元年創建の古社。祭神の武甕槌大神は、香取神宮の経津主大神《ふつぬしのおおかみ》とともに出雲国に天降り、大国主命と交渉して国譲りを成就したとされる。境内に祀られる「要石」は、地震を起こす大ナマズを押さえつける守り神として信仰されている。

祀られる鹿島明神《みょうじん》、すなわち武甕槌《たけみかづちの》大神《おおかみ》が有名だが、軍神であり、幽霊の名からは遠い。ただし、カシマという名前が出てくる怪談の中には、幽霊を撃退するためにこの鹿島明神を呼ぶための呪文が「カシマ」となっている話がいくつかある。しかしこれらの話はカシマさんの怪談が有名になってから生まれたものと考えられるため、幽霊の名の起源になっているとは考え難い。

神様としての鹿島の名は、秋田県の信仰として残る「鹿島様」というものもある。これは道祖神の一種で、武人を模した巨大な藁《わら》の人形の姿をしており、現在でも秋田県中南部でその姿を見ることができる。この神は共同体の中に入ってきた悪霊や疫病等を外に追い出すために祀られるなど、人を害から守る役目を与えられており、悪霊としてのカシマさんの面影は伺えない。

他にもカシマという名が見られるものは多くあるが、怪異としてのカシマさんの名前の由来はまだ明確になっていない。もしかすれば元になったものはなく、ただ偶然にカシマの名がつけられた可能性もある。

しかし、この幽霊に「カシマ」という具体的な名前を与えたことが、カシマさんが後に発展していく上で重要な要素となったことは確かなようだ。

子どもたちを恐怖に陥れるカシマの眷属《けんぞく》

カシマさんを知っている人は、**カシマレイコ**という名の幽霊を知っている人も多いだろう。もしくはカシマさんとカシマレイコを同一のものとして考えている人も多い

かもしれない。

仮死魔霊子などとも表記されるこの幽霊は、カシマさんのバリエーションのひとつとして最も流行した怪異と考えられる。カシマさんとの違いとしては、軍人や少年の姿として語られることもあるカシマさんに対し、ほとんどが女性の例として語られることがあげられる。

またこのカシマレイコの名は、**口裂け女**や**テケテケ**の本名であるという噂も流れた。具体的な人名が、個人名を持たない他の怪異と組み合わせやすかったのだろうと思われる。

カシマさんを元にしたと思われる別の名前が登場する場合もある。有名なのは**キジマさん**で、話を聞くと現れるという共通点の他、体の一部を欠損しており、その部位を欲しがるという特徴も持っている。またカシマさんと同時に現れる話もあり、男性と女性、どちらの死霊とも語られる。他にも松葉杖に分銅とピアノ線を仕込み、それを使って人の足を奪う**コシマレイコ**＊という怪異も存在する。

怪異の名前以外でも、「カシマ」という言葉は様々な怪談の中に登場した。

大阪で語られていたという人の足を奪いに来る怪異**きもちの悪いもの**は、どこから来たのか、と尋ねると「かぁしぃまぁ」と答えるとされている。また、原爆の犠牲になり、全身がケロイド状になった少女という姿で現れる**原爆少女**は、逆にこちらに向かって「どこから来たのか？」と尋ねてくるが、これには「カシマ」と答えなければならない。

このように、カシマさんは多くの怪異に影響を与えてきたとともに、その名前は近年でも様々な怪談に登場し、人々に語り継がれている。

今後どのような形でカシマさんの名前が現れるのか、興味が尽きることはなさそうだ。

＊**コシマレイコ**　両手に松葉杖をつく右足を欠損した若い女性として語られる怪異。松葉杖には分銅とそれに繋がるピアノ線が仕込まれ、逃げる人間に対してピアノ線を巻き付けたり、分銅を飛ばして攻撃し、足を奪うとされる。

類似怪異

上半身の怪

テケテケに代表される、下半身、両足、胸から下など体の下部を欠損した怪異。

『日本現代怪異事典』に登場する上半身の怪

禍垂　97
カタカタ　98
ケタケタ　148
ケタケタ幽霊　148
コツコツの幽霊　159
コツコツババァ　159
コトコトさん　160
サクサクー　169
サッちゃん　171
シャカシャカ　193
シャカシャカ女　193
シャコシャコ　194
上半身の怪　200
つめをくれ　245
テクテク　247
テケテケ　247
テケテケおじさん　249

※各怪異下段の数字は『日本現代怪異事典』掲載頁を、太字は本項掲載怪異を示す。

下半身のない幽霊が襲いかかる

幽霊には足がない。近世以降、日本において現世に現れた死者の姿はそう想像されることが多かった。怪しい人影が現れたとき、その下半身を見て足があるかどうかを確認することが、その者が死者か生者かを見極める手段とされることもある。その多くは、下半身から脚部にかけて実体が薄れていくという描写をされる。

しかし、現代では物理的に足が存在しない幽霊たちが数多《あまた》に登場する。それが上半身の怪たちだ。これらの怪異の足は生々しい傷跡を残して切断されている。

代表的なものは**テケテケ**だろう。老若男女様々な姿で語られるが、近年は下半身もしくは脚部のない女子高生の幽霊、という姿で現れることが多い。

現れる場所も踏切、学校、道端、夢の中、話を聞いた人間の元など様々だが、多くの場合足がない代わりに肘をついて高速で走ってくると語られる。また、その際に「テケテケ」という音がするのが名前の由来とされることもある。

出会った人間に対する行動は様々で、会話を交わした後、上半身しかない姿を見せて驚かせたり、鎌やハサミなどの凶器を使ってその人間の足や下半身を奪ったりすることもある。

沖縄に始まる上半身の怪

現在確認できた最も古い例は、松山ひろし著『呪いの都市伝説 カシマさんを追う』にある

てけてけぼうず 250
テコテコおばけ 250
トコトコさん 260
内臓ババア 266
パタパタ 289
八〇キロばあちゃん 290
ひじかけババァ 311
肘かけ女 311
ひじ子さん 312
ひじババァ 312
ひたひた 313
一〇〇メートル婆 320
ぶんぶん 334
ペタペタ 336
ペッタンスー 336
匍匐前進の幽霊 345
待ってさん 350

一九八〇年のもので、沖縄県で流布していた噂だという。この話では姿は少年であるとされ、元が人間であるとは書かれておらず、正体は不明であった。また、テケテケという擬音は沖縄方言特有のイントネーションであるとも語られている。

学校の怪談編集委員会編『学校の怪談13』*ではこの上半身の怪の類《たぐい》が特集として紹介されているが、その多くが沖縄県からの投稿として記されていることから、この類の怪異は初期には沖縄県でよく語られていたことが伺える。

そして沖縄県を初めとして語られていた初期の上半身の怪たちは、元が人間であると書かれているものはあまりない。むしろ下半身がない姿が本来の姿であるという印象を受ける。

テケテケ＝少女の霊を生み出した「冬の踏切事故伝説」

しかし、九〇年代にはテケテケの正体は踏切を渡る際、線路に足を取られるなどして事故に遭い、体を轢断《れきだん》された少女の霊である、というような背景が語られるようになった。その背景には、ある怪談が関係している。それが**冬の踏切事故伝説**だ。

怪談の概要はこうだ。真冬の北海道で踏切を渡ろうとした女子高生が線路に足をとられるなどして踏切から出られなくなってしまい、そのまま電車に轢《ひ》かれて体を轢断されてしまう。駅員が事故の状況を見に行くと、上半身だけになった少女がまだ生きていて、助けを求めて腕を使って這ってきた、というものだ。

その後の展開は駅員が気絶して終わることもあれば、電柱によじ登って凍死している駅員の背中に少女の上半身がしがみついていた、という話になっていることもある。しかし、テケテ

*『**学校の怪談13**』 一九九三年、ポプラ社。小学生に「学校の怪談」ブームを巻き起こしたシリーズ。13は副題に「幽霊によばれた校長先生」がつく。

ケのように異様なスピードで襲って来るといった話はなかった。

そのため、この怪談は本来、テケテケの話とは別物だったと思われる。しかし下半身の失われた怪異という点が両者を結び付け、踏切事故伝説がテケテケの過去として語られるようになったようだ。

テケテケを形づくる様々な怪異

また、上半身の怪を語る上では、テケテケよりも以前から語られていた**カシマさん**の影響も欠かせない（「カシマの怪」も参照）。一九七二年には既に存在していたこの怪異は、正体が不明のこともあるが、多くは体の一部を欠損した死者の霊として扱われていた。その中には下半身や両脚を欠損した姿のものもおり、それがテケテケを始めとした上半身の怪に影響を与えた可能性が高い。またカシマさんや踏切事故伝説の影響か、上半身の怪が自分の失った半身を探して現れる、という話も語られるようになった。

さらに、テケテケとカシマさんの共通点としては、ともに**不幸の手紙**型の広まり方をすることがあげられる。「この話を○○人にしないと、その夜にテケテケがやってくる」といった怪談の広まり方だ（「チェーンメールの怪」も参照）。この理不尽な訪問を告げる怪談により、彼女らが当時から現在に至るまで全国の子どもたちを恐怖に陥れていることは言うまでもない。

そして、この下半身や足がない、話を広めねば現れる、踏切事故、という共通点を持ったもので有名なものに、**サッちゃん**がいる。

これは童謡の「サッちゃん」を元にして生まれた怪異だ。童謡には知られていない四番があ

＊『**ピアスの白い糸**』一九九四年、白水社。「ピアスの穴から出てきた糸くずを引っぱったら失明した」といった噂話などを収集・解説。

り、その内容がサッちゃんは電車で足を失くしたから、お前の足をもらいに行く、というものであると語られる。

もちろん童謡の「サッちゃん」にはモデルとなった人物が幼くして事故で死亡した、という事実はなく、都市伝説として流布したものであるが、サッちゃんは現在でも代表的な上半身の怪として語り継がれている。

また、常光徹《つねみつとおる》他編著*『ピアスの白い糸』においては、現在では上半身の怪はテケテケとして総括されることが多いが、一九八〇年代から九〇年代中頃にかけては*****ひじ子さん**や*****肘かけ女**という名前が中高生以上の間で使われており、テケテケ等の擬音を使った名前は小学生以下の間で広まっていたことが記録されている。現在テケテケという名前が主流となっているのは、この時代の子どもたちが大人になったこと、そしてそれに代わる新たな名前が出現していないことに拠るのだろう。

そして、テケテケと同じように擬音を名前とする上半身の怪たちは、他にも数多く登場している。

中でもよく見かけるのは*****パタパタ**や*****シャカシャカ**だろう。どちらもテケテケと同じように肘を使って移動する際の音が名前の由来となっているとされることが多いが、空中を飛んで現れるものもいる。

このように、上半身の怪は日常のいたるところに出没している。その上この怪異たちは、明確な対処法を持たないものも多い。もし遭遇してしまったならば、とにかく死ぬ気で走るしかないだろう。

*****ひじ子さん**　女性の怪異で、ある高校に現れて肘を使って廊下を走ってくるという。

*****肘かけ女**　大阪府のある高校のロッカーに放課後現れるほか、一九七一年に大阪府で発生した千日前デパート火災後の街頭に、亡くなったホステスの姿で目撃された。

*****パタパタ**　片手に大バサミ、もう一方の手に鎌を持つ。

*****シャカシャカ**　新潟県のある小学校に現れる怪異。下半身がない少女の姿で腕を組んで跳ねるようにして階段を下りたり、両腕を振って地面を這ったりして移動する。

類似怪異

わたしきれいの怪

口裂け女に代表される、「わたしきれい?」という類の問い掛けを行う怪異。

『日本現代怪異事典』に登場するわたしきれいの怪

※各怪異下段の数字は『日本現代怪異事典』掲載頁を、太字は本項掲載怪異を示す。

「わたしきれい？」の代表格口裂け女

夕暮れ道に現れる、赤いコートの長身の女性。その口元は大きな白いマスクに覆われており、子どもを見つけるとこう問いかける。「わたしきれい？」と。

それにきれいと答えると、女はマスクを取って「これでも？」と言いながら耳元まで裂けた口を見せる。そして手に持った大きなハサミを振り上げるのだ。

この怪異は**口裂け女**としてよく知られている。問いに対してブスなどと答えた場合は怒って襲ってくるとされることもあるが、この特徴的な問いかけを行うことが口裂け女の怪談の基本パターンとなっている。

対処法としては「まあまあです」と答えて判断に迷わせたり、べっこう飴*を渡して夢中で食べているうちに逃げる、などがある。

この「わたしきれい？」という問いかけは口裂け女を語る上では欠かせないものだが、実はいくつか同様の問いかけを行う怪異がいる。

口裂け女以前の「わたしきれいの怪」

この問いかけを行う怪異の中でも古いのが**カシマさん**だ（「カシマの怪」も参照）。福澤徹三著『怪の標本』*によれば、氏が幼い頃（六〇年代から七〇年代前半の頃か）聞いた話として、こんなカシマさんの噂が記されている。

***べっこう飴**　ざらめを加熱して溶かし、型に入れて薄くかためた菓子。「べっこう」の由来は、ウミガメの甲羅（鼈《べっ》甲《こう》）に色が似ていることから。

***『怪の標本』**　角川春樹事務所、二〇〇一年。著者の福澤徹三は、「忌談シリーズ」ほか、『廃屋の幽霊』、『怪談熱』など、怪談実話、ホラー小説を多数執筆。

顔に硫酸をかけられたカシマさんという女性が、家々を回って風呂に入っている人間に硫酸をかけにくる。その際に「あたし、きれい？」という問いかけを行うが、それに対する正しい答えは失念してしまったと記されている。福澤氏の記憶が正しければ、これは口裂け女以前に語られていた「わたしきれいの怪」と言えよう。

同じくカシマさんに関連する怪異としては**原爆少女**がいる。松山ひろし著『呪いの都市伝説 カシマさんを追う』によれば、原爆少女は彼女の話を聞くと現れる怪異で、一九七〇年代に語られていたという。この少女は原爆によって焼けただれた姿をしている。少女に「わたしきれい？」と尋ねられた際、「きれい」と答えなければならない。また「わたしはどこから来たか？」と尋ねられた場合は「カシマ」と答えなければならないとされる。

これと類似したものには**整形オバケ**がおり、髪が長く背が高い女の怪異とされる。綺麗な顔の半分を髪で隠しており、「わたし、きれい？」と尋ねられた際に「きれい」と答えると、髪をかき上げてケロイド状の顔半分を見せる。そして「これでも？」と言いながらしつこく追いかけてくるという。

この怪異は美容整形手術を受けた際に顔半分の皮膚がうまく癒着せず、気がふれてしまった女の成れの果てなのだと言われている。

問い掛けやそれに答えた後の反応が口裂け女に類似するが、『カシマさんを追う』によればこれらの怪異は一九七六年から一九七七年に流布していたとされる。

口裂け女の出現時期は一九七八年から一九七九年であるため、これらの怪異は口裂け女よりも先行して出現した可能性がある。また最初期の噂では口裂け女はただ口が裂けている女として現れ、問いかけの要素は後から付加されたものと思われる。

そのため、先行して出現していたこれらのカシマさん系統の怪異の要素が口裂け女に組み合わされたことも考えられる。口裂け女の本名が**カシマレイコ**であるとされたり、口の裂けた要因が火傷とされる場合があることにも類似点が見られる。

ただし、『カシマさんを追う』に記録されている怪異は、二〇〇〇年以降インターネット上に投稿された噂だ。そのため、各怪異がいつ頃語られていたのかはリアルタイムで記録されたものではなく、投稿者の記憶に依存していることに注意が必要だろう。後年に現れた口裂け女の噂と記憶が混合していたり、そもそも語られていた年代が異なる可能性も考えられる。

「わたしきれい？」と問いかける様々な怪異

しかし口裂け女の噂が流布して以降も、火傷型の怪異として「わたしきれい？」という類《たぐい》の問いかけをするものが語られている。**鏡の怪**という怪異は、その名の通り鏡の中に現れる。午前二時に鏡を見ると自分ではなく髪で顔を半分隠した女が映り込む。この怪異は「わたしはきれい？」と訪ねてくるので、「きれいです」と答えると髪の毛を持ち上げる。そこには火傷か何かで爛れた皮膚があり、これを見てすぐにもう一度「きれいです」と答えれば何事もないが、驚いたり怖がったりすると鏡の中に引き込まれるとされる。

この鏡の怪に類似したものに**鏡の中の美女**と呼ばれる怪異もある。これは夜中一二時に鏡を見ると現れるというもので、「わたしってきれいでしょ？」と尋ねてくる。これに「はい」と答えると「やっぱりね」と言って消える。しかし「いいえ」と答える

と「あんた自分の顔を鏡で見たことあるの？　一度鏡を見てごらんなさい」と言って鏡の中に引きずり込んでしまうという。ただしこの怪異は「わたしきれい？」の類の問い掛けをする怪異には珍しく、顔に火傷や酷い傷があるといった特徴は語られていない。

　またこの類の怪異の中には、口裂け女の影響下で生まれたと思しきものも存在する。それが**ふた口女**だ。同名の妖怪「二口女」といえば、近世の奇談《きだん》集『*桃山人夜話《とうさんじんやわ》』に載る後頭部に口がある女で、継子に満足に飯を与えず殺してしまったため妖怪化したのだとされる。他にも昔話の「食わずの女房」には正体を山姥《やまうば》や蜘蛛とされる、後頭部に口がある女の妖怪が登場し、こちらも二口女と呼ばれることがある。しかし、ここで紹介するふた口女は、そのどちらとも異なっている。

　ふた口女は、後頭部に口があることは共通するが、出会った小学生に「わたし、きれい？」という問いかけをする。これにブスと答えると、後頭部の口で子どもを食い殺し、きれいと答えると「これでもか」と後頭部の口を見せる、という怪異とされている。また口裂け女が「*ポマード」と叫ぶことで撃退できるのに対し、ふた口女は「*リキッド」と叫ぶことで撃退できる。これはゼリー状の整髪料であるポマードに対し、液体状の整髪料であるヘアリキッドを表しているのだと思われる。恐らくふた口女は、二口女と口裂け女とが組み合わさり、現代に現れるようになった怪異なのだろう。

　このように、口裂け女で有名な「わたしきれい？」という問いかけは、実は多くの怪異が使用していた。今後もこの後継者が出てくるのか、注目していきたい。

＊『桃山人夜話』　一八四一年に刊行された江戸時代の妖怪を主題にした奇談集。正式には『絵本百物語』という。著者は桃山人。挿絵は竹原春泉斎。

＊ポマード　主に男性が用いるゼリー状の整髪料。リーゼントやオールバックなどの髪型に向く。柳屋本店のものが有名。

＊リキッド　主に男性が用いる粘りのある液体状の整髪料。資生堂の「ＭＧ５」や、ライオンの「バイタリス」が知られる。

そうぶんぜ

類似怪異

言葉遊びの怪

逆から読む、名前を繰り返す、
なぞなぞを解くなどが
撃退法となっている怪異。

『日本現代怪異事典』に登場する言葉遊びの怪

あぎょうさん 28
イナクタニシ 48
火竜そば 109
けばおいわこ 149
さかさま君 168
シナバ草 187
せんぬきこぞう 219
ソウシナハノコ 219
相名勝馬 220
そうはれこ 221
そうぶんぜ 221
タレサマダ 233
なぞかけバッハ 266
光の神 306
びくまな 310
メラタデブンゼ 377
与田惣 406
りかばぞう 413

※各怪異下段の数字は『日本現代怪異事典』掲載頁を、太字は本項掲載怪異を示す。

怪異「そうぶんぜ」の正体

駄洒落《だじゃれ》、*回文《かいぶん》、語呂《ごろ》合わせ……、この世には様々な言葉遊びが存在している。それは怪談の世界でも例外ではない。

一読すると恐ろしい怪談でも、その名前や話の中に隠された謎を解いてしまうと、拍子抜けするほど下らないオチが待っていることがある。それが言葉遊びの怪たちだ。

まず有名なのは、名前を逆さから読むとその正体がわかる、というパターンだ。代表的なものには**そうぶんぜ**がある。この怪異はその話を聞いた人間の夢の中に現れるとされ、夢はある駅から始まる。この駅にいる黒猫についていくと、「そうぶんぜ」という寺が現れる。この寺の中から正しい手順で決まった巻物を持って帰ることができれば夢から覚めることができるが、間違えると夢から出られなくなってしまう。しかし、ひとつだけどんな状況でも夢から覚める方法がある。それが「そうぶんぜ」という言葉を逆から三回唱えることだ、と語られる。「そうぶんぜ」を逆さに読むと「ぜんぶうそ」となる。つまりこの話が全くの嘘であることがわかる仕掛けとなっている。この怪談はいくつかパターンがあり、「僧文是」という名の僧侶が登場するものもあるが、怪談のオチは変わらない。

逆さ読みで姿を現す怪異たち

この逆さから読むことで解決策が見つかる、という話は言葉遊びの怪の中でも多数を占め、

＊回文　上から読んでも下から読んでも同じ音になる文。「たけやぶやけた」など。

その中でも「うそ」という言葉が現れるものが多い。

例をあげると、**ソウシナハノコ**はそうぶんぜと同じく夢の中に現れる怪異で、メリーさんという名の少女の頼みを聞いて、失った彼女の小指を探さねばならなくなる。この怪異もかつて雨の日に交通事故で死んでしまい、その際に小指をなくしてしまったメリーさんの話を聞くと現れるという、話を聞いた者の元を訪れる要素を持っている。

またそうぶんぜと同じく夢の中で正しい順番、手段をもって小指を探さなければ夢から出られないとされるが、そもそも夢を見ない方法がある。それが「ソウシナハノコ」を逆から唱えることとなのだ。

「ソウシナハノコ」は逆さ読みすれば「コノハナシウソ」となり、話が嘘であったとわかるようになっている。

学校の怪談として有名な**与田惣**《よだそう》もこれらと似た怪異だ。これは中年男性や獣など様々な姿で現れ、子どもを襲う。その際に「俺は与田惣だ！　さかさまだ！」などのセリフを発するが、その謎を解けなければ殺害されてしまうとされることが多い。

もちろんその謎とは「与田惣」を逆さに読むことで、「うそだよ」となる。しかしこの与田惣の場合、派生した怪異に**ヨダソ**というものがいる。こちらは最後の「う」が消えたために嘘の要素までなくなってしまっており、回避法のない危険な怪異と化している。

これらの他にも逆さ読みで「うそ」が現れる怪異は多い。夜中目覚めたときに突然現れ、「夜中のごちそう、何でしょうかァ、何でしょうかァ」と尋ねてくる生首の怪異**そうはれこ**、事故に遭った暴走族の幽霊がその事故車に取り憑《つ》いている**相名勝馬**《そうなかつま》、天井か

ら落ちてきて謎を解けなければ人の首を髪で締め付ける**りかばそう**、主に植物として語られ、触れた人間を死に至らしめる**シナバ草**などがあげられる。

また、「うそ」という言葉が出てこない逆さ言葉の怪もある。第二次世界大戦で殺された兵隊の霊が人を殺して回っているという怪談**タレサマダ**は、逆から読めば「騙《だま》された」となる。老婆の怪が話を聞いた人間の元を訪れて回る**メラタデブンゼ**は、逆から読めば「全部デタラメ」となる、といったような話自体がでっちあげであることを示すものも多い。

一方で、**けばおいわこ**という怪異は名前を逆さから読むと「こわいおばけ」になるが、その謎を解いたところで被害を回避できる訳ではない。チェーンメールとして登場した**イナクタニシ**は、この言葉を唱えながらメールを回さねばならないとされるが、逆さに読むと「死にたくない」となる。このように、ただ単に名前が逆さ言葉になっているだけの怪異も存在する。

問いかけと名前から謎を解け！

逆さ言葉以外の言葉遊びの怪としては、怪異の発言から謎を解くものもいる。**あぎょうさん**が代表的な例だろう。

これは学校の天井などに潜んでいる老婆の姿をした怪異で、突然子どもの背中に降ってきてしがみつき「あぎょうさん、さぎょうご、いかに」という問いかけを行う。これに答えられないと首をかじられてしまう。

この怪異の場合、問いの答えはあ行の三番目とさ行の五番目、すなわち「う」と「そ」を指しており、この怪異自体が虚構の存在であることを表している。徳島県には「夜行さん」という大晦日等の特定の日に現れる妖怪が伝わっているが、こちらは首のない馬に乗った鬼の姿をしており、なぞかけは行わない。恐らくあぎょうさんはこの夜行さんの名前を捩り、生まれた怪異なのかもしれない。

あぎょうさんに似た問いかけを行うものに**なぞかけバッハ***がおり、こちらはある小学校の音楽室隣の男子トイレに現れる。そして「ダギョウイチマギョウシいかに、とって食うぞ」と言うため、その謎を解かねばならない。この問いかけはダ行の一番目とマ行の四番目を指しているため、それらを繋げて「ダメだ！」と答えることが対処法となっている。

また、問い掛けも逆さ言葉も使わない言葉遊びの怪もいる。それが**火竜《かりゅう》そば**で、これは話を聞いた人間の元に現れてはその人間のいる建物を火事にして回る竜の姿をした怪異だという。しかしひとつだけこの怪異を回避する方法があり、それが竜の姿を見たときに「火竜そば」の名前を一三回繰り返せば良いという。

「火竜そば」を繰り返すと「かりゅうそばかりゅうそばかりゅうそば……」となり、文字列の中に「うそばかり」という言葉が現れる。それによって火竜そばの存在自体が嘘であったことがわかるようになっている。

このように、言葉遊びの怪たちはその存在が嘘であることを前提に怪談が語られている。しかしその怪談は、彼らが現れることを前提としているものも多い。もしかしたらそのうち、虚構のはずの怪異が現実となって、我々の前に現れるのかもしれない。

＊バッハ　ヨハン・ゼバスティアン・バッハ。一七〜一八世紀に活躍したドイツの作曲家。ベートーヴェンやモーツァルトと並んで音楽室に飾られていることが多い。

類似怪異

呪いの言葉の怪

紫鏡に代表される、ある年齢までその言葉を覚えていると災厄が降りかかるとされる怪異。

『日本現代怪異事典』に登場する呪いの言葉の怪

赤いチョッキ 16
赤い沼 17
イルカ島 51
イルカノアシイル 52
黄色いミイラ 115
黄色のハンカチ 115
ゴールデン鏡 155
一五の話 197
血まみれのコックさん 237
呪いの音符 282
左足のないバレリーナ 313
紫鏡 371
紫の亀 374
紫のブランコ 374
メリーちゃん人形の怪 380

※各怪異下段の数字は『日本現代怪異事典』掲載頁を、太字は本項掲載怪異を示す。

言葉を覚えているだけで死んでしまう⁉

二〇歳までである言葉を覚えていると死んでしまう。そんな話を聞いたことはないだろうか。その多くは何かに襲われる訳でもなく、怪現象が起きるわけでもなく、ただ覚えているだけでその身に不幸が降りかかるとされるため、現代怪異の中でも相当に理不尽な怪異のひとつである。しかも、さらに悪いことに、この類《たぐい》の怪異は数多《あまた》のバリエーションを有している。

最も知られているのは**紫鏡**という言葉だ。この言葉を二〇歳まで覚えていると死亡する、そんな理不尽な噂が一九七〇年代末頃から語られ始めた。この類の怪異はただ言葉があるのみで、それが何を表しているのかは語られないことが多いが、紫鏡に関してはその限りではなく、多くの物語が語られている。

有名な話は以下のようなものだ。

ある女の子が大切にしていた手鏡があった。女の子はあるとき、悪戯《いたずら》心でその鏡を紫の絵の具で塗ってみたが、どうしてかその紫はどんなに洗っても拭いても落ちなかった。女の子は自分のしてしまったことを後悔し、一日も忘れることはなかった。それから女の子は二〇歳の時病気で亡くなったが、死の間際まで「紫鏡、紫鏡……」と呟いていた。

この話では鏡の持ち主の過失で鏡が紫に染まってしまったとされているが、元々紫色の鏡を愛用していたという話もある。

例えばこんな話だ。終戦直後のこと、もうすぐ二〇歳になる女性が、楽しみにしていた成人式の直前に亡くなった。その女性は日頃から紫色の鏡を愛用しており、片時も手放さなかった。しかしその鏡は彼女の死後見つかることはなかった。そして成人式当日、その女性の知人が行方不明となり、その人の部屋に紫色の鏡がぽつんと置かれていた。それ以来「紫鏡」という言葉を二〇歳まで忘れずにいると、鏡の持ち主だった女性を呼び寄せてしまい、鏡の世界に引きずり込まれてしまうという。

こういった話の場合、言葉そのものが不幸を呼び寄せるのではなく、その持ち主だった人間の死者を呼び寄せる言葉とされており、話を聞くと現れる**カシマさん**や**テケテケ**と話の構造が近い（「カシマの怪」、「上半身の怪」も参照）。

それが顕著に表れている以下のような話もある。ひき逃げにあった少女の青い手鏡が、少女の血と混ざり紫色となった。以来、ひき逃げの犯人が二〇歳ほどの年齢であったことから、この話を知っている二〇歳の人間の元に少女の亡霊が現れ、呪い殺すようになったという。

このように、この怪談は話を聞くと現れる怪異と、覚えていると死ぬ言葉の怪異は似た要素を持っている。話を聞くか言葉を覚えていると、三日後～一週間後に現れるという要素が、一定の年齢や時期を迎えると、という要素にそれぞれ変わっているものの、大まかな筋書きが類似している。話を聞くと現れる怪異の元になったのは**幸福の手紙**や**不幸の手紙**などのチェーンメール型の怪異であったため（「チェーンメールの怪」も参照）、この類の話が大幅に簡略化され、話を聞くと死ぬ、が名前を憶えていると死ぬ、に置き換わったのかもしれない。

ある年齢まで覚えていると体の一部を奪いにやってくる

ただし、チェーンメール型の怪異の回避法として一般的な同じ内容の話を複数人に広めれば怪異を回避できる、という要素が呪いの言葉の怪には見られないことにも留意したい。

また、松山ひろし著『呪いの都市伝説 カシマさんを追う』によれば、話を聞くと現れる怪異の場合、四肢の一部を欠損しているという特徴を持つものが多いが、その中には一定の年齢まで覚えていると現れるという、呪いの言葉の怪と同じ特徴を持っているものも存在する。

それが**左足のないバレリーナ**で、かつて事故で左足をなくしたバレリーナがおり、この言葉を二〇歳まで覚えていると死ぬ、と言われていたようだ。

また同書ではカシマさんやテケテケがよく使う言葉である「足いるか？」という言葉に由来するのではないかと考察されている**イルカノアシイル**という怪異も紹介している。

これはある少女が一三歳になった日、電話がかかってきて「イルカの足いる？」と質問をされた。この質問をされた場合、「いる」と答えると足を切断され、「いらない」と答えると交通事故で死ぬ、とされている。ここでは、話を聞くと現れる、言葉を覚えていると死ぬ、という要素は語られていないが、足を奪う要素と一定の年齢になると現れるという要素が混在している。

また、これに似た呪いの言葉の怪として**イルカ島**というものがあり、「イルカ島」という言葉を覚えていると一五歳の誕生日に電話がかかってきて、受話器を取ると体がばらばらになって死ぬとされる。

＊**血まみれのコックさん**　二〇歳までこの名前を覚えていると不幸になる怪異。二〇歳になると血まみれのコックさんが現れて殺されるとされる場合もある。

＊**赤い沼**　二〇歳までこの言葉を覚えていると、その身に何かが起きるという怪異。小学校卒業まで覚えていると呪われる、二〇歳まで覚えていると死ぬなどのバリエーションがある。

怪異を発生させる呪いの言葉

一方で、ただ言葉を覚えていることが怪異の発生の条件となっているものも多い。***血まみれのコックさん**、***赤い沼**、***黄色いミイラ**、***黄色のハンカチ**、***ゴールデン鏡**、***紫のブランコ**、***紫の亀**、これらは皆ある一定の年齢や小中学校の卒業まで覚えていると呪われたり、不幸になったり、死んでしまうとされる言葉だ。特徴としては「色（を連想させるもの）」＋「名詞」というものが多い。また覚えていてはならない年齢は二〇歳の他に一三歳、一五歳が多いが、これらはそれぞれ中学校入学・卒業の年となっており、二〇歳が成人の歳であることも含め、何らかの節目の年となっているようだ。そうした新たな門出となる年齢に呪いが発動すると語られることが、より恐怖を煽《あお》るのかもしれない。

紫鏡の場合はさらに種類が豊富で、紫色の鏡が怪談の中で重要なアイテムとして登場するものもある。例としては空から降ってきた紫色の鏡を拾った少年が、それ以来悪魔の姿になって悪事を働くようになった、という話だ。この怪談のように、紫鏡の場合は一定の年齢まで覚えていると死ぬという要素がないものもある。

変わり種としては、学校に散らばった音楽室の音符を七つ見つけると二〇歳までに死んでしまうという**呪いの音符**など、学校の怪談と結びついた例もある。

このように二〇歳になるまで覚えていると何かが起こる呪いの言葉はたくさんある。しかし筆者はそれをいくつも覚えていたが二〇歳の誕生日には何も起きなかったので、これを読んだ二〇歳未満の読者も安心してその日を迎え、祝ってほしい。

***黄色いミイラ**　一定の年齢まで覚えているとその身に不幸が起こるという怪異。インターネット上では、夢の中で出現し、それを見てしまうと翌日死んでしまうという話もある。

***黄色のハンカチ**　二〇歳になるまでこの言葉を覚えていると死ぬという怪異。

***ゴールデン鏡**　二〇歳までにこの言葉を忘れないと一生呪われるという怪異。

***紫のブランコ**　二〇歳までこの言葉を覚えていると、女性は結婚できなくなってしまう。

***紫の亀**　二〇歳になるまでにこの話を忘れなければ呪われるという怪異。別名を「呪いの亀」という。

類似怪異

ババサレの怪

ババサレに代表される、「ババサレ」「バーサレ」などの呪文を唱えることで撃退できる怪異。

『日本現代怪異事典』に登場するババサレの怪

うばよ去れ 57
時空うば 183
バーサラ 284
バーサル 284
バーサレ 284
バーニシャル 285
バーバラさん 285
バサレさん 287
バッサリ 291
ババーサル 297
ババサレ 298
ババヤン 299
バファーサル 299
バファシサロ 299
四隅ババア 405
老女カコリ 422

※各怪異下段の数字は『日本現代怪異事典』掲載頁を、太字は本項掲載怪異を示す。

怪異を撃退する呪文「ババサレ」

古来より数多《あまた》に語られている老婆の怪異。現代でもそれは変わらず、多くの老婆の怪異が誕生している。

その中でも特殊なバリエーションを多く持つのが、ババサレの怪たちだ。**ババサレ**はそのまま「婆去れ」の意味だと考えられ、撃退呪文がそのまま怪異の名前として定着しているものと思われる。

代表的な怪談は以下のようなものだ。ババサレは鎌を持った老婆の怪異で、ババサレの話を聞くといつの間にか戸や窓の外に立っている。この時、ババサレが戸や窓を叩くが、これに応えて戸や窓を開けてしまうと鎌で首を切り取られてしまう。もしそうなりたくなければ、戸や窓を開けずに「ババサレ」と三回唱えれば良い。

この類《たぐい》の怪談は一九八〇年代には既に流布していたと考えられ、子どもたちの間で学校の怪談として広まったようだ。また話を聞くと現れるという共通点から、**カシマさん**、**テケテケ**と関連する怪異として紹介されることもある（「カシマの怪」、「上半身の怪」も参照）。

ババサレ系統の怪異は数が多く、名前、性質が似たものも多い。その一方で噂が伝わる過程で名前の原型がどんどん失われていったと思しきものもおり、それぞれがユニークな特徴を備えている。ここでは、そんなババサレの怪たちを見ていきたい。

バリエーション豊かなババサレの怪異

ババサレと同じく基本形と思われるものに**バーサレ**という怪異がいる。名前の由来も同じく「婆去れ」から来ていると考えられ、話を聞くと三日以内の真夜中に老婆の怪異が出現し、その人間の体を揺すって眠りから起こそうとする。このとき目を開くと心臓を食われてしまう。これを回避するためには、目を閉じたまま「バーサレ」と三回唱えなければならない。

またこれに似た**バアサレ**と呼ばれる怪異は「うばよされ」という呪文で回避できるとされるが、怪異の名前自体が**うばよ去れ**とされるものもいる。

丑三つ時*に部屋のドアをノックする音が聞こえたとき、「うばよ去れ」と三回唱えなければ、老婆どこかへ連れ去られてしまう。そしてこの話を聞いた一週間後、その人間の元にこの老婆がやってくる。

撃退呪文が命令形ではなくなった**バーサル**という怪異もいる。これは「婆去る」の意味と考えられ、風のない夜に現れて戸をがたがたと揺らすという。このとき「バーサル」と三回唱えねば部屋の中に入ってきて、布団に潜り込んできたり鎌で切り殺そうとしたりする。また人間の老婆に乗り移ることもあるとされる。

固有の怪異となったババサレたち

ここまでは名前や撃退呪文の原型となった言葉がきちんと日本語に変換できるが、これ以降

＊**丑三つ時**　丑の刻を四つに分けた第三にあたる時。今の午前二時から二時半ごろ。午前三時から三時半ごろという説もある。

のババサレの怪はそれが不可能になって行く。その中でも原型に近いものをまずあげていきたい。

バーサラは話を聞くと現れるという怪異で、夜、突然足音が部屋に近づいてきてドアをトントンと叩かれる。それに対し「バーサラ」と三回唱えると危険はないが、唱えないと布団からはみ出している体の一部を持って行ってしまう。

バサレさんもまた話を聞くと現れるとされ、その人間がよく知っている人間の声を出しながら部屋の戸を叩き、戸を開けると殺してしまうとされる。これを回避するためには「バサレさんお帰り下さい」と三回言わなければならない。

この話からわかるように、既に名前が撃退呪文と同じである、という特徴が薄まり、バサレさんという怪異の固有名詞として語られる現象が起きている。

バファーサルもまた名前の意味を紛失してしまった怪異だ。真っ赤な目をし、血の混じったよだれを垂らす老婆の姿をしており、子どもの首を鎌で刈るとされる。もし出現した場合は「バファーサル」と三回唱えねばならない。

これに似た名前のものに**バハーサル**というものもいる。ある雪山にて登山隊が行方不明となり、何日もの捜索が続いたところ、山小屋*で全員が心臓麻痺で死んでいるのが見つかった。そして彼らの足元には、なぜか「バハーサル」という言葉が残されていた。この話を聞くと、それから一週間後、部屋の窓ガラスを誰かが叩く。このとき一度でもカーテンを開けてその来訪者を見てしまうと、無残な死に方をしてしまう。

これに似ており、よりユニークな能力を身に着けた老婆の怪が**バーニシャル**だ。「バーニシャルの老婆」とも呼ばれるこの怪異にまつわる話は以下のようなものだ。ある男が

---

*__山小屋__　山の中にある小屋。特に登山者の宿泊・休憩施設の総称として使われる。吹雪で遭難した四人の前に、死んだ五人目の仲間が現れる「四隅の怪」や、殺されたウサギが狩人を食い殺す「ウサギの祟り」など、怪異の舞台とされることも多い。

山奥に一人で住んでいたが、雨の続くある夜、家のドアをノックするものがあった。男がドアを開けると、見知らぬ老婆が立っていて、その両眼が光り出した。その直後男は内臓を飛び散らせて死んでしまった。この話を聞くとこの老婆が姿を現す。その際には老婆の目が光り出す前に「バーニシャル」と三回唱えねば内臓が飛び出して死んでしまう。

バーバラさんという怪異もいる。これは惨殺された少女の日記帳にまつわる怪異だ。毎日の出来事をその赤い日記帳に記録することを日課としていた少女だったが、惨殺されてからはその日記帳が消えてしまった。そしてこの話を聞くと、消えたはずの赤い日記帳が手元に届く。この日記帳を開いてしまうと、その夜にバーバラさんが現れるという。

ここまでいくつかのババサレの怪を紹介してきたが、バサレさんやババハーサル、バーバラさんは、既に老婆の怪であるという特徴を失っている。

この老婆という特徴を失ったことがより明確化されたものに**バファシサロ**がある。

バファシサロは戦時中に生きたある音楽家の名前とされ、矢や銃で体を傷つけられ、終戦とともに血まみれになって死亡した。以来バファシサロは悪霊と化し、様々な人の元を訪れるようになった。夜中の一二時に何者かに戸を叩かれたとき、「バファシサロ」と唱えることができなければ、その人間は血まみれになって死んでしまうという。

このように、元は「老婆よ去れ」という意味合いの撃退呪文がやがて怪異の名前として認知されるようになり、数多の名前が語られるようになっていった。

もし今夜、あなたの部屋のドアが叩かれたとしても、どの撃退呪文を叫ぶのが正解なのかは、運次第となってしまうかもしれない。

類似怪異

高速老婆の怪

ターボババアやジェットババアなど、驚異的な身体能力を持った老婆の怪異。

『日本現代怪異事典』に登場する高速老婆の怪

快速バーチャン 83
光速ババア 153
三〇センチババア 177
三輪車のお婆さん 180
ジェットババア 182
ジャンピングばばあ 196
ジャンプばば 197
一〇〇〇キロババア 218
ターボババア 225
タタタババア 228
ダッシュババア 229
ハイパーババア 286
走るバァさん 288
バスケばあちゃん 288
八〇キロばあちゃん 290
ひじかけババァ 311
一二〇キロババア 320

※各怪異下段の数字は『日本現代怪異事典』掲載頁を、太字は本項掲載怪異を示す。

高速道路を老婆が駆け抜ける!?

人間を含む動物は、一般的に年齢を重ねるごとに身体機能が弱まり、素早い行動が困難となる。しかし怪異の世界ではそんな常識は通じない。普通の人間どころか自動車や電車、時には新幹線*や飛行機以上のスピードで走る老婆たちが大勢登場する。

良く知られているのは**ジェットババア**や**ターボババア**といった名前の怪異たちだろう。彼女たちはまるでジェットエンジンやターボエンジンを備えたかのような脚力で、夜道や高速道路を駆け抜ける。

ジェットババアは全国で走り屋*をしている姿が目撃されている。基本的にはとてつもない速さで二足走行する老婆として語られるが、場合によっては自動車を運転している時に現れ、これに追い抜かれると事故を起こしてしまうと続くこともある。

ターボババアはジェットババアの進化系と言われることもある老婆で、二足走行と四足走行をするものの二種類が確認されている。

四足走行をするタイプは背中に「ターボ」と書かれた紙を貼っているというわかりやすい姿をしていることもあり、目立ちたがり屋なのかもしれない。この老婆も自動車を追い抜いていくことがあり、抜かされると事故に遭うとされることも多い。

また、一部の資料ではターボババアが進化するとさらなるスピードとパワーを得た**ハイパーババア**に、さらに進化すると光の速度*を手に入れた**光速ババア**になると記されているものもある。

一〇〇キロババア 321
ピョンピョンババァ 322
ホッピングばあちゃん 343
骨うりババァ 343
ミカンばばあ 360
四つん這い婆 407
リヤカーのお婆さん 413

***新幹線**　時速二〇〇キロメートル以上の高速運転を行う日本の鉄道路線。二〇一九年時点の最高時速は三二〇キロメートル。

***走り屋**　オートバイや自動車で高速道路や山岳道路などを暴走する者。走り屋自身が怪異となった例では、埼玉県に出没する「骸骨ライダー」が有名。

***光の速度**　秒速三〇万キロメートル。一秒間に地球を七回半回ることができる速度。

競争を挑む高速老婆

ババアは走るだけではない。跳びながら高速で動く老婆も多い。

名前がそのままの**ジャンピングばばあ**が代表的だろう。これもまた夜道や高速道路等に現れ、とてつもない跳躍力でジャンプして自動車を追い抜いていく。

また話によっては学校の体育館に現れ、着物にバスケットシューズという姿で百発百中のダンクシュート*を決めるという、また違った方向でアクティブな姿を見せるものもいるようだ。

同じくバスケットボールを使う老婆の怪には**バスケばあちゃん**もおり、こちらも高速道路に現れる。ボールをドリブルしながらバイクに乗るライダーに追い付いて来て、突然胸に向かってボールを投げてくる。この際ハンドルから手を放してボールを受け取っても、ハンドルを握ったままボールをぶつけられても事故を起こしてしまう厄介な老婆とされている。

跳躍する老婆の中には**ピョンピョンババァ**という可愛らしい名前のものもいるが、これに追い付かれると呪われて死んでしまうとされるため、注意が必要だ。この老婆は元々は人間で、オートバイに撥ねられて死んでしまったのだという。

また、跳躍の中でも特殊な跳び方をするのが**ホッピングばあちゃん**だ。

この老婆は名前の通りホッピング*に乗って現れ、大ジャンプで車を追い抜いていく。もちろんホッピングは自動車を追い抜くほどの速度が出るものではない。

ホッピングばあちゃんのように道具を使って高速移動する老婆もいくつか存在する。**三輪車のお婆さん**は海岸沿いに現れ、猛スピードで三輪車を漕いでいるかと思えば消えていく。北海

＊ダンクシュート　バスケットボールで、高く跳んでリングの真上からボールを直接たたき込むシュート。

＊ホッピング　ポゴスティックという、取っ手と足場のついた棒状の玩具。側面についたバネで飛び跳ねて遊ぶ。

道に現れるという**リヤカーのお婆さん**はトンネルの中でリヤカー*を引きながら車と並走する。この老婆に関してはリヤカーが足かせになっているような気もするが、高速老婆の怪の前にはそのような心配は無用なのだろう。

ここまでは道路等に現れ、自動車に競争を挑むお婆さんたちを見てきた。しかし走る老婆は何も現代になって現れた訳ではない。

人間を襲う高速老婆

「*三枚のお札」や「*牛方《うしかた》と山姥《やまうば》」に代表されるように、昔話に登場する山姥は逃げる人間を恐ろしい速さで走って追いかけてくる。しかし現代では、老婆が追いかけ、追い抜いていくのは自動車や電車などの乗り物のことが多い。また、危害を加える方法も追いついた人間を捕らえて食うのではなく、追い抜いた自動車を事故に遭わせるといった不可思議な力を使う場合が増えている。

これは老婆の怪が現代に適応して生まれた結果なのだろう。化け物に食われるよりも自動車事故に遭う方が現実的で、また機械を使っても逃げ切れないという恐怖も同時に与えるということなのかもしれない。

しかし、昔のように生身の人間を襲う高速老婆がいなくなった訳ではない。彼女たちもまた、現代では様々な名前で語られている。

骨うりババァは九〇歳ほどの老婆の姿をしており、ある学校に深夜一時から二時頃に現れて出会った人間に「骨いりませんか」という質問をする。これにいると答えると全身の骨を抜か

***リヤカー**　自転車や人間が引いて荷物を運搬する二輪車。

***三枚のお札**　山に入った小僧が三枚のお札を使って人食い山姥から逃げるという、主に東北地方に伝わる昔話。

***牛方と山姥**　人食い山姥から逃げる牛方（牛を使って荷物を運ぶ仕事をする人）の昔話。最後は騙された山姥が風呂釜の中で焼き殺される。

れ、いらないと答えると秒速*三〇メートルというスピードで追いかけてきて頭を骨で殴られ、殺されてしまうとされている。

また**ミカンばばあ**は森の中でゴザを敷いて座っている老婆で、人の姿を見かけると鎌を持って追いかけてくる。その際にミカンを投げてくるため、このような名前で呼ばれている。

ひじかけババァは同じく高速で走る怪異が多い上半身の怪（「上半身の怪」も参照）と組み合わさった例だ。これは下半身のない老婆の姿をしており、肘だけで高速で追いかけてきて、捕まえた人間をひじかけババァにしてしまうと伝わっている。

現代の怪異たちは、老婆に限らず凄まじいスピードを持っていると語られるものが多い。しかしその中でも老婆が多様に語られるのは、その見た目と身体能力のギャップが時に人に恐怖を与え、時に笑いをもたらすからかもしれない。

高速老婆は進化し続ける

老婆の怪は古くから数多く語られている。「～ババア」という名前の妖怪を、誰もがいくつかは知っていることだろう。同じように老婆の姿と名前を持つことが、それを怪異として見なすための一種の定型として人々に認識されているとも考えられる。故に老婆の怪は、これまでもこれからも時代を問わず人々の前に現れることができるのだ。

高速老婆は日々進化している。例え人がどんなに速く移動できる手段を手に入れたとしても、彼女たちはそれを超えたスピードを手に入れて我々の前を走って行くことだろう。

＊秒速三〇メートル　時速換算で一〇八キロメートル。高速道路の最高速度（一〇〇キロメートル）より少し速いくらい。

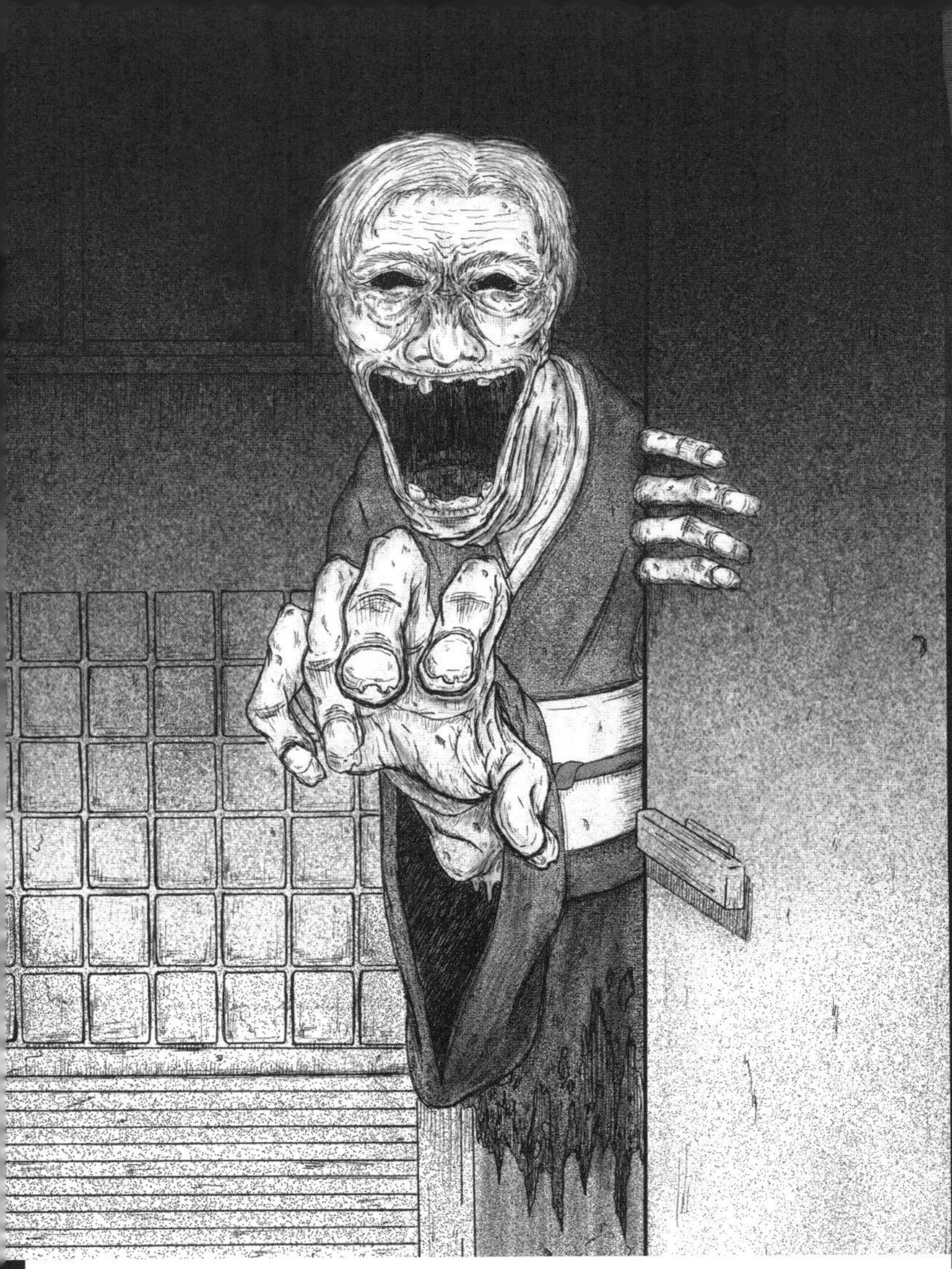

類似怪異 四時四四分の怪

四時ババアに代表される、四時四四分という時間が出現の条件となっている怪異。

『日本現代怪異事典』に登場する四時四四分の怪

- 合せ鏡の悪魔 41
- AIババア 62
- 帰れない砂漠 84
- コツコツババア 159
- 白い壁 203
- 血を吸う桜 240
- トイレの花子さん 254
- 白線ジジイ 286
- パクパク 286
- 風神 325
- ゆうれいおばば 393
- 四次元ババア 401
- 四時ババア 401
- **四時四四分の怪** 402
- ヨダソ 405

※各怪異下段の数字は『日本現代怪異事典』掲載頁を、太字は本項掲載怪異を示す。

なぜ四時四四分なのか？

四時四四分。何の変哲もない、一日に午前と午後の二回やってくる時間帯だが、怪異の動きがやたら活発になるのがこの時間だ。前に四月四日、後ろに四四秒といった条件が加えられることもあるが、四時四四分は他の時間に比べ、怪異が現れることが圧倒的に多い。

特に学校の怪談にはこの時間帯を舞台にしたものが多数ある。午前であれば生徒も先生も学校にいない未知の時間であることや、午後であれば放課後になり、人影が少なくなった夕暮れの時間であることが、子どもたちの想像力を刺激するのかもしれない。しかしこの時間帯が四時四四分であることには他にも大きな意味がある。

まずわかりやすいのは、「四」という数字が「死」に繋がることだ。この「四」を不吉な数字と見なす風潮は何も子どもたちの間にだけあるのではない。マンションやホテル、病院等では、部屋番号に四を使うことを避ける傾向にある。このような数字は「*忌《い》み数」と呼ばれ、「四」は漢字文化圏で共通して避けられる傾向にある。また日本では「九」も「苦」につながるとして同じように忌み数として扱われることが多い。

近年ではキリスト教圏で「一三」を忌み数とする傾向もあり、この数字も現代の怪異によく使われる。学校の階段の数がいつの間にか一段増え、一二段から一三段になる**一三階段**や、合わせ鏡をすると一三番目に自分の死に顔が映る**死に顔を映す鏡**などが有名だ。

＊**忌み数**　忌み嫌われる数。その多くは、ことばの音が不吉なことに通じるのを理由にしている。四の日の旅立ちや引っ越しはいけない、四の日に床につくと長患いする。また六についてはろくなことはなし、一〇は溶けるという。一九は重苦、三三はさんざん、四九は死苦といって忌まれている。いわゆる厄年にもこの考えがみられるという。

四次元につながる

では四時四四分に怪異が出現するのは、忌み数であるからなのかといえば、それだけだとも言い切れない。四時という言葉には、九時や一三時にはないある要素がある。それが「四次元*」という言葉に繋がる、という点だ。

例えば**四次元ババア**という話がある。この老婆は四次元の世界から出現して子どもを連れ去ってしまうという怪物で、四次元と三次元を繋ぐ入口は鏡や水面、黒板など様々だ。そして四月四日四時四四分に現れるといった、四に関連する日付や時間帯を決められていることが多い。

また、四時四四分に何かしらのことをすると異次元に飛ばされるという話も多い。西暦の一桁が四になっている年の四月四日四時四四分四四秒に校庭に立っていると異次元に飛び込んでしまう話、四月四日四時四四分に電話をすると受話器に吸い込まれる、白い壁に寄り掛かると異世界にすり抜ける、などの例がある。

また、アインシュタインが*相対性理論《そうたいせいりろん》にて時間を四つ目の次元として見なしたことや、H・Gウェルズの古典SF小説*『タイムマシン』に代表されるように、時間の次元を四次元として考えるフィクション作品も多い。そのためか、四時四四分に何かしらの行動をすると過去や未来に飛ばされる、という怪談も散見される。

他にも藤子・F・不二雄の漫画『ドラえもん』や、現在でも放映されているこれを原作としたアニメではドラえもんのひみつ道具のひとつとして「四次元ポケット」が登場する。ここで

*__四次元__　四つの次元。縦・横・高さ、つまり空間の三次元に、時間の一次元を加えたもの。

*__相対性理論__　一九〇五年以来アインシュタインによって展開された物理学の理論体系。ニュートン力学の絶対空間・絶対時間の考えを否定し「物理法則はあらゆる座標系に対し同じ形式で表わされる」という相対性原理を基本とする。相対性原理を互いに等速直線運動する座標系に適用したのが特殊相対性理論、互いに加速度運動する一般の座標系に拡張したのが一般相対性理論。

*__『タイムマシン』__　イギリスの著作家H．Gウェルズ（一八六六～一九四六年）の処女小説。時間旅行を可能にするタイムマシンを完成させたタイム・トラベラーが八〇万年

は何でも格納できる無限の空間として四次元が描かれている。

このように、現代において四次元という言葉は不思議で、三次元とは異なる謎の空間として便利に使用されている。怪異が潜み、出現するための空間として使われるようになったのは、必然だったのかもしれない。

だが、四次元を霊的存在と関連させる考え方は近代には既に存在していた。一九世紀のドイツの天文学者であり、物理学者であった*ヨハン・ツェルナーという人物は、心霊現象を四次元空間における物理現象であると仮説を立て、霊能者を使った実験を行っている。

このように、四時四四分に現れる怪異には、忌み数であることと、四次元の概念の存在が少なからず影響を与えていると思われる。そのためか、死に直結する話やどこか不思議な世界に連れて行かれる、*タイムスリップする話が多く見られる。

四時四四分の怪異たち

以下に具体的な例をあげていこう。
四時ババアは代表的な四時四四分の怪だ。名前の通りほとんどの場合に四時台に現れ、子どもをどこかの世界へ連れ去ってしまう、首を絞める、食うなどして殺してしまうという。
Aーババアは四月四日の午前四時四四分に、ある学校のパソコンルームの特定のパソコンに現れ、それを見ている子どもをあの世へ連れ去ってしまう。
千葉県のある学校の給食室には四時四四分になると**パクパク**という怪異が現れ、子どもにうまいものをたくさん食べさせる。これは子どもを太らせて食べるためなのだという。

後の地球に赴くSFの古典。一九六〇年、ジョージ・パル監督で映画化。二〇〇二年、サイモン・ウェルズ監督で映画化。

＊ヨハン・ツェルナー　Johann Karl Friedrich Zöllner（一八三四～八二年）。ベルリン生まれ。ライプツィヒ大学教授で、天体測光術の開拓者。ツェルナー測光器とよばれる特殊な天体測光器を発明し、星の見かけの等級を測定する機構を考案した。晩年は心霊術に傾倒。

＊タイムスリップ　SF小説などに登場する空想的な現象。時空間のひずみに落ち込んで、瞬時に過去または未来に移動してしまうというもの。

　ある学校で四時四四分四四秒に学校の廊下を走ると、一生抜け出すことができない**帰れない砂漠**と呼ばれる世界に迷い込んでしまう。

　また別の学校のトイレでは、四番目の個室に四時四四分四四秒に入ると**ゆうれいおばば**が現れ、殺されてしまうという。

　合せ鏡の悪魔は四時四四分四四秒に合わせ鏡をすると、鏡の中に現れるという悪魔で、これを見た人間は鏡の中に未来の自分を見るようになってしまう。その姿は見るたびに未来へ進み、どんどん年老いて行く。そして最後にはよぼよぼの老人となり、現実の自分も老衰で死んでしまう。これは悪魔によって強力な催眠術を掛けられ、精神的に老いさせて衰弱死させてしまうからだと言われている。

幸せになるか、不幸になるか…

　ここまで見てきたように、四時四四分に発生する怪異は多岐に渡る。しかし、この四時四四分が必ずしも怖ろしい時間であるかと言えば、そうではない。数は少ないが、四時四四分四四秒に時計を見ると幸せになるという話もある。これは四が複数組み合わさった時間、つまり「四合わせ」が「幸せ」につながるからだと思われる。

　この数字の羅列に「死」や「四次元」に関連した不吉な想像を巡らせるか、「幸せ」を思い出し自らの吉とするかは、あなたの気持ち次第だ。しかし四時四四分の向こうに不吉な想像をすれば、もしかしたらこの次元とは別の次元の怪異たちを呼び寄せてしまうかもしれない。

似異
類怪

メリーさんの怪

メリーさんの電話に代表される、
怪談の中にメリーさんという
名前が登場する怪異。

『日本現代怪異事典』に
登場するメリーさんの怪

青い目の人形 8
ソウシナハノコ 219
手足のない人形 246
メリーさん 378
メリーさんの電話 378
メリーさんのメール 379
メリーさんの館 379
メリーちゃん人形の怪 380

※各怪異下段の数字は『日本現代怪異事典』掲載頁を、太字は本項掲載怪異を示す。

電話のたびに近づかれ、やがて…

ある少女が西洋人形を買ってもらい、メリーさんと名付けてとても大事にしていた。しかし成長するにつれて彼女はメリーさんに興味を失くし、次第に別の遊びに夢中になっていった。ある時家族で引っ越すことになった。少女はメリーさんを持っていくか迷ったが、母親のそんな汚い人形、捨ててしまいなさい、という言葉に同意して、メリーさんをゴミ捨て場においてその町を去ってしまった。

新居で生活しはじめて数か月、新しい学校で友達もでき、少女はメリーさんのことなどすっかり忘れて新しい日常を楽しんでいた。そんなある夜、両親ともに用事でいないとき、居間の固定電話が鳴り響いた。友達からの電話かと思い、受話器を取ると、幼い女の子のような声で「わたしメリーさん、今、ゴミ捨て場にいるの」という声がする。

少女は自分が捨ててきた人形のことを思い出したが、誰かのいたずらだと思い、受話器を置いた。

すると直後に再び電話が鳴り響いた。少女は驚きながら電話を取ると、今度は「わたしメリーさん、今、駅にいるの」と声がする。

さすがに少女もぞっとして、受話器を置いた。しかしそれから数分もすると、再び電話が鳴り響いた。少女は無視しようと努めたが、電話は鳴りやまない。そこで仕方なく電話を取ると、今度は「わたしメリーさん、今、小学校の前にいるの」と言う。そこで少女は、この声の主が次第に自分の家に近づいてきているのではないかと思い、背筋が寒くなった。

電話はその数分後に鳴り響いた。少女が受話器を取ると、「今、あなたの家の前にいるの」という女の子の声がする。少女が慌てて家のドアを確認すると、ちゃんと鍵がかかっている。それでいくらか安心すると、今度は電話を取ってもいないのに、背後からあの女の子の声が聞こえた。「わたしメリーさん、今、あなたの後ろにいるの」と。

現代怪異の中のメリーさん

こんな人形の復讐譚《たん》を一度は聞いたことがあるだろう。**メリーさんの電話**と呼ばれることが多いこの怪談は、一九九〇年代以降、多くのメディアに取り上げられ、時には映像化されて多くの人々に恐怖を届けてきた。

この怪談はメリーさんの正体が西洋人形ではなくひき逃げに遭った外国人の少女とされることもあり、その際には少女の霊がひき逃げ犯に電話を掛けながら自分の居場所を伝え、次第に近づいてくる、という内容となっている。

このメリーさんの電話に代表される、「メリーさん」という名前はなぜか現代の怪談の中によく出てくる。次にその具体例を見ていこう。

メリーさんのメールは、メリーさんの電話がチェーンメールに派生したと思しき怪異だ。このメリーさんは第二次世界大戦時に爆撃で亡くなった少女の霊が宿った西洋人形で、その少女が大切にしていたものだという。このメリーさんは電子メールを使って他の人間に対し「あたしメリー、私と一緒に遊びましょうよ。このメールを〇〇人に回して私の遊び相手を増やして」と遊び相手を増やそうとする。チェーンメールとしては珍しく、メールを回さなかった場

合の処遇については触れられていない。

この他にもメリーさんがチェーンメール化したものには複数パターンがあり、ある特定の電話番号を示し、その番号から電話がかかってくる前にメールを一定人数に転送しなければ「メリーちゃん」と呼ばれる存在が電話で迎えに来る、というものもある。電話で迎えに来る、というのが何を表すのか不明で、こちらはメールを回さなかった場合どうなるのかわからないが、恐らくこのメリーちゃんと名乗る怪異がその人間の元にやってくる、ということを言いたいのだろう。

メール以外では、タレント*稲川《いながわ》淳《じゅん》二《じ》氏の怪談で有名になった**メリーさんの館**がある。これは兵庫県神戸市の六甲山の山中にあるという洋館の廃墟《はいきょ》にまつわる怪異で、この洋館には真っ白な目をした白人の子どもたちが住んでいるという。

メリーさんの館と呼ばれる廃墟が実在するのかは不明だが、実際に心霊スポットとして関西方面では有名であり、*六甲山《ろっこうさん》ホテルがモデルとなっているなどの説がある。ただし六甲山ホテルは運営主体を変えながらも営業しており、無人の廃墟ではなかったため、別の建物がモデルとなったか、そもそもモデル自体が存在しなかった可能性もある。

なぜメリーさんばかり？

ここまでメリーさんという名前が登場する怪談を紹介してきたが、なぜメリーさんという名前が頻繁に使われるのかは、様々な説がある。

ひとつは「Mary」という名前がアメリカにおいて女の子の名前として一般的だという点

***稲川淳二**　一九四七年、東京生まれ。日本のタレント、工業デザイナー、怪談家。一九九三年から毎年「稲川淳二の怪談ナイト」を全国各地で開催している。

***六甲山ホテル**　兵庫県神戸市灘区に存在した阪急阪神第一ホテルグループのホテル。二〇一七年末をもって閉業。その後、別会社がホテルを取得。一九年にリニューアルオープン。

だ。日本でいう「花子」のようなもので、名前の記載例やキャラクターの名前として多くの用例が見られる。また「ブラッディ・メアリー」[*]など、アメリカ合衆国における怪異の名称としてもこの名前が使われていることがある。

他にも実在した人物、「横浜のメリーさん」が元になっているという説もある。顔を白く塗った白いドレスの老女、という姿が注目され、一九八〇年代以降メディアによく登場するようになり、その名はよく知られていたようだ。

また、童謡として有名な「メリーさんの羊」[*]の影響と語られることもある。

しかし、メリーさんが人形の怪談として広まったことを考えると、ひとつ無視できないものがある。それが**青い目の人形**と呼ばれる西洋人形たちだ。

これは一九二七年にアメリカ合衆国と日本との親善を目的として送られてきた人形で、一万体以上が全国の小学校や幼稚園に寄贈された。

この人形たちはひとつひとつに名前が付けられており、その中に「Mary」という名前を付けられた人形が多数あった。これらは第二次世界大戦時に多くが敵国のものとして焼かれてしまったが、少数は現存し、全国の学校に飾られている。

このことを考えると、メリーさんの電話にて西洋人形の名前に「メリー」が選ばれたのは、青い目の人形の影響があった可能性も考えられる。

人形は粗末にすれば恨みを晴らそうとするが、大切にすれば持ち主を守ってくれるという話もある。あなたが子どもの頃大事にしていたあの人形は、今どこに眠っているだろうか。

＊ブラッディ・メアリー　アメリカ合衆国の都市伝説に登場する女性幽霊。真夜中に鏡の前に立ち、名を呼ぶと姿を現すとされる。一人で鏡の前に立ち、三回名前を呼ぶという方法が基本。長い髪の比較的若い女性で、血まみれの衣装を身につけているとされる。呼び出した場合、何らかの怪我を負わされる。肝試しとして行われることが多い。

＊メリーさんの羊　一九世紀のアメリカ合衆国に起源を持つ英語の童謡。一八三〇年に、詩人のサラ・ジョセファ・ヘイル（一七八八～一八七九年）によるオリジナルの詩としてボストンの出版社から発行された。トーマス・エジソン（一八四七～一九三一年）が初めて蓄音機（レコード）へ録音した曲でもある。

類似怪異

足音の怪

べとべとさんに代表される、姿はなく、足音だけがついてくると語られる怪異。

『日本現代怪異事典』に登場する足音の怪

ぴしゃがつく 312
ひたひた 313
ピチャピチャ 314
ペタペタ 336
べとべとさん 337

※各怪異下段の数字は『日本現代怪異事典』掲載頁を、太字は本項掲載怪異を示す。

背後から聞こえる足音

夜道を歩いていると、ふと後ろから足音がする。何かがいる気配もするが、振り返っても誰もいない。しかし再び歩き始めると、また後ろから足音が聞こえてくる。

そんな経験をしたことはあるだろうか。こういった足音だけが聞こえる怪異は古くから語られており、民間伝承の中でよく登場する。

有名なのは**べとべとさん**だ。これは柳《やなぎ》田《た》国《くに》男《お》の*「妖怪名彙《めいい》」等に載り、奈良県宇《う》陀《だ》郡《ぐん》にて語られていた妖怪だという。誰もいないはずの夜道で背後から足音が聞こえてきたら、道の脇に寄って「べとべとさん、さきへおこし」と言うと足音がしなくなる、という話も伝えられている。

このべとべとさんは、水木しげるが自身の幼少期の体験を綴った*『のんのんばあとオレ』にて、水木氏自身が体験した怪異として登場し、テレビドラマ化された際にもその様子が描写されたこともあり、足音の怪の中では最も有名なのではないかと思われる。

他にも**ぴしゃがつく**という妖怪がいる。これも同じく「妖怪名彙」に載せられている妖怪で、福井県で語られていたという。これは雪やみぞれの降る夜に道を歩くと、誰もいないにも関わらず背後からビシャビシャと足音が聞こえてくるという怪異とされる。名前の由来は「ビシャ」という音がついてくる、ということに因むのだと考えられる。

この他にも香川県では後ろからついてくる足音のことを「シリウマオイ」と呼ぶ。山形県では「ゴウリキさん」と呼び、「ゴウリキさん、先さこう」と唱えると足音が消える、と伝わっているなど、全国各地にこの手の怪異は散見される。

＊「妖怪名彙」『妖怪談義』（一九五七年、修道社）に収録された一編。柳田国男（一八七五～一九六二年）が昭和一四年までに全国から採集し、雑誌『民間伝承』に発表した約八〇種の妖怪や怪現象の名称が収められている。

＊『のんのんばあとオレ』一九七七年、筑摩書房刊。水木しげるによる自伝的随筆及びエッセイ漫画作品。遊びや喧嘩にあけくれた水木の少年時代のことや、お手伝いのお婆さんが語ってくれたお化けや妖怪の世界のことが語られる。漫画は講談社から一九九二年に全二巻で刊行。一九九一年八月にはNHKで、全五回のテレビドラマとして放映された。

姿は決して見えない…

これらの怪異の特徴は、決して姿を見せず、ただ音だけを響かせる点だ。べとべとさんは巨大な頭とその半分ほどを占める口、そしてそこから直接生える足、というビジュアルが有名だが、これは水木しげるによる創作であり、本来の伝承では姿がなかった。

ぴしゃがつくもまた水木氏によってビジュアル化されているが、彼らは本来、足音がついてくるのみの怪異であった。音はすれども姿はない、それがこの足音の怪たちだ。

現代でも移動する際の音を名前の由来とする怪異で有名なものに**テケテケ**がいるが、テケテケの場合は下半身がないというビジュアルイメージがより重要な要素となっている（「上半身の怪」も参照）。そのため、テケテケはここでいう足音の怪からは外れる。

では現代に足音の怪がいないのかといえば、しっかりと生き残っている。次に、それら現代の足音の怪を紹介していこう。

現代のべとべとさん

先に紹介したべとべとさんは現代でも生き残っているようで、いくつか遭遇したという体験談がある。例えば千葉《ちば》幹夫《みきお》編*『全国妖怪事典』では、編者自身が聞いた話として、静岡県静岡市にて人の後を付けてくる足音が聞こえたため、「お先に起こし」と言うと足音が消えたという話がべとべとさんとして載る。常光《つねみつ》徹《とおる》編著*『みんなの学校の怪談 緑本』では埼玉県から投

***『全国妖怪事典』** 児童文学作家で妖怪研究家の千葉幹夫（一九四四～）が一九九五年に小学館から刊行した書籍。二〇一四年に講談社学術文庫。

***『みんなの学校の怪談 緑本』** 一九九五年、講談社ＫＫ文庫。挿絵は楢《なら》喜《き》八《はち》（一九三九～）。

稿された事例としてこんな話が載る。夜道を歩いていて後ろから何かがついてくる気配がするときは、道の端に寄ってから、「べとべとさん、先へお越し」と言えば良いという。また、渡辺節子《せつこ》他編著『夢で田中にふりむくな』*では、後ろから視線を感じたとき、振り返るとべとべとさんに取り憑《つ》かれる。そのため振り返らずに少し歩いてから「お先にどうぞ」と言うと、足音が追い越していく。

これらのべとべとさんは、先述した「妖怪名彙」のべとべとさんとは少し性質が異なっている。前二者の事例は怪談の内容自体は元々のべとべとさんと大きな差異はないものの、体験された場所が奈良県から大きく離れた静岡県や埼玉県となっている。また、後者の事例は人に取り憑く、振り返ってはいけないなど、より恐怖を強調した話になっている。

これらの差異は、べとべとさんの名前がメディアを通して広まったことに起因する可能性が考えられる。古くはそれぞれの土地にそれぞれに足音の怪が語られていたが、テレビや書籍等のメディアを通してべとべとさんの名前が有名になったことにより、足音の怪に共通した名称としてべとべとさんが用いられるようになったものと考えられる。それと同時に「先へお越し」というべとべとさんを回避するための呪文もまた広まっていったのかもしれない。もちろん、元々それらの土地にべとべとさんの話が残っていた可能性も否定できないため、あくまで推測に過ぎないことを記しておく。

新たな回避法が必要?!

「先へお越し」といった類《たぐい》の呪文がほかの怪異を回避するための方法として伝わっている話も

***『夢で田中にふりむくな』** 一九九六年、ジャパンタイムズ刊。現在、入手困難な本となっている。

ある。**ひたひた**という怪異は歩いていると後ろから足音が聞こえてくる怪で、これが現れた際は「お先にどうぞ」と言わなければならないという。

これはべとべとさんの話とほぼ同じだが、名前が足音から来たのであろう「ひたひた」になっている点が面白い。また、学校の怪談として語られる**ピチャピチャ**も現代の足音の怪だ。これはある学校の二階の廊下を歩いているとピチャピチャという足音がついてくるという怪異で、立ち止まると音も止むという。また振り返っても誰の姿もないが、稀に足音だけが通り過ぎていくことがあるとされる。

ペタペタという怪異もいる。これも学校の怪談として語られる怪異で、忘れ物をするなどして遅い時間に学校から帰っていると現れるという。その名の通りペタペタという音をさせながら後ろを付けてくるが、姿は見えない。これに追われている間、転ぶと何事もないが、そのまま逃げると手足を切られてしまうという。

ペタペタは足音の怪には珍しく、直接被害を加えてくる存在として語られている。特に手足を奪うという要素は現代の怪異でよく見られるため、足音の怪が現代の怪談要素を取り入れた結果生まれた怪異なのかもしれない。

このように、足音の怪たちは古くからの要素を残しながら現代の怪談の要素も取り入れ、今も誰かの後ろについて歩いている。もし夜道を歩いているとき、後ろから正体不明の足音が聞こえたら、それは道を譲るだけでは回避できない恐ろしい怪異となっているかもしれない。対処法を知っているなどと決して油断はしないことだ。

類似怪異

異界駅の怪

きさらぎ駅に代表される、近年インターネット上で語られる存在しないはずの駅の怪異。

『日本現代怪異事典』に登場する異界駅の怪

浅川駅 31
あまがたき駅 38
狗歯馬駅・厄身駅・なんでおりるれか駅 49
お狐さんの駅 72
かたす駅 98
かむ…駅 107
きさらぎ駅 116
霧島駅 126
ごしょう駅 156
齋驛來藤駅 167
G駅 181
白い駅 203
新麻布駅 206
新長崎駅 207
すざく駅 215
すたか駅 215

※各怪異下段の数字は『日本現代怪異事典』掲載頁を、太字は本項掲載怪異を示す。

駅が怪異となったきさらぎ駅

いつものように仕事帰りの電車に乗っていると、いつの間にか窓の外が見知らぬ景色に変わっており、電車は何十分も走り続けてから古びた駅で停車する。

その駅に降りた者には、世にも恐ろしい体験が待ち受けている。

このような、電車に乗っていた人間が現実とは異なる世界に連れて行かれ、不可思議な駅と遭遇するという話は、二一世紀になってネット上で広まった。その嚆矢となったのは**きさらぎ駅**という名前の駅が登場する怪談で、2ちゃんねる*（現5ちゃんねる）のオカルト板に、実際に迷い込んでしまった人間が電子掲示板を通して助言を求める、という形で一連の話が書き込まれた。

それによればきさらぎ駅は静岡県の新浜松駅*から私鉄に乗っていた際に現れたという駅で、電車が一向に止まらなくなった後、トンネルを抜けた先に現れたという。

きさらぎ駅の様相は古びた無人駅で、周りは草原と山ばかりで民家もない。しかし怪異の気配はそこかしこに存在しており、突然現れた片足のない老爺《ろうおう》に声をかけられたと思えば姿を消したり、太鼓や鈴の音が遠くから響いていたとされる。また、きさらぎ駅に迷い込んだ女性は、前の駅まで送ってくれるという男の車に乗ったところ、車はどんどん山の方へと向かって行く。そして男はよくわからない独り言を呟き始めたため、隙を見て逃げ出すことを書き込んだ後、彼女の書き込みは途絶え、結末がわからないまま話は終わる。

二〇〇四年に書き込まれたこのきさらぎ駅の話は、ネット上で話題になるとともに、多くの

高九奈駅・敷草谷駅　225
谷木尾上駅　232
月の宮駅　241
とこわ駅　260
はいじま駅　286
ひつか駅　314
譬娜謌爬…駅　318
ひるが駅　322
藤迫駅　329
べっぴ駅　336
やみ駅　386
読めない駅　407

＊2ちゃんねる　日本最大規模の電子掲示板サイト。ニュース、世界情勢、趣味など分野別に数百の掲示板が設けられ、それぞれ話題ごとに細分されたスレッドからなる。匿名投稿が基本であり、独特な言い回しや隠語が多用される。一九九九年に西村博之（一九七六〜）が開設。管理者変更などを経て、二〇一

類似の怪談を生み出した。これ以降、電子掲示板やSNSを通し、異界駅に迷い込んだ体験談が度々報告されるようになる。

　これらの怪異の特徴は、怪異の主体が駅となっている点だ。電車や汽車にまつわる怪談は、これらの乗り物が登場した時代から数多く残されている。狸《たぬき》や狐《きつね》が汽車に化ける**偽汽車**、死者を乗せて走る**幽霊電車**などが有名だ。しかし意外なことに、きさらぎ駅以前は駅自体が怪異となる話は少なかった。

現代の異界訪問譚《たん》としての異界駅

　一方で、不思議な世界に迷い込んでしまう話は古くから語られている。日本神話に起源がある「*浦島太郎」の「竜宮城」、柳田国男《やなぎたくにお》の*『遠野《とおの》物語』に登場する「マヨイガ」、「*おむすびころりん」の昔話としても知られる「鼠《ねずみ》の浄土」などが有名だろう。これらは「異界訪問譚」と呼ばれている。

　異界駅はその系譜に連なるものとも考えられるが、異界へと導く役割を果たすのが電車となっているのは現代らしいと言えよう。自動車や自転車とは違い、電車は一度その中に入り、走り出してしまえば簡単に出られない。例え窓の向こうに不穏な景色が見えてもなすがままに身を任せるしかないのだから、異界へと連れ去る乗り物としては相応しい。

　そしてネット上では、こうした電車によって異界駅に連れて行かれた話が多数語られている。

　二〇一四年に書きこまれた**月の宮駅**は、影を立体化したような二メートルほどの人間が歩

七年に「5ちゃんねる」と改称。

***新浜松駅**　静岡県浜松市中区鍛治町にある遠州鉄道鉄道線の駅。浜松市の中心駅であり、東海旅客鉄道（JR東海）の浜松駅と相互乗換が可能。

***浦島太郎**　御伽草子《おとぎぞうし》二三編の一つ。室町時代に成る。浦島太郎が釣り上げた亀を放したのち、亀の化身の美女に誘われ、海中の竜宮に行き契りを結ぶ。三年後帰郷して玉手箱を開くとたちまち白髪の翁となり、鶴の姿で昇天したという異類婚姻譚。元になった浦島伝説は古く『日本書紀』や『万葉集』巻九、『浦島子伝』などに記されている。

***『遠野物語』に登場する「マヨイガ」**　迷《まよ》い家《が》とも書く。東北、関東地方に伝わる、訪れた者に富をもたらすとされ

く、高層ビル街のような様相をしていたとされるが、そのまま電車に乗っていると元の世界に戻っていたとされる。

同じく二〇一四年に書きこまれた**霧島《きりしま》駅**は濃い霧に覆われた駅で、霧の向こうにオレンジ色の光が見えたが、そのまま電車に乗っているといつの間にか定刻通り*西武秩父《せいぶちちぶ》駅に着いていたと語られている。このように異界駅に迷い込んだ際は、電車から降りずにいることで安全に元の世界に戻ることができたとされることが多い。

ただし、**ごしょう駅**という話では、この駅に繋がる電車に乗ると、ごしょう駅に連れていかれて帰れなくなってしまうと語られており、電車そのものが怪異の一部と化していることもあるため、油断は禁物だ。

下車してしまった場合は…

一方で、駅で降りてしまった体験談も多数あり、それぞれの駅の様相もその分だけ多様に語られている。二〇一一年に2ちゃんねる上に書き込まれた**ひつか駅**は見るものすべてが白く、全く色がない景色に覆われているとされ、おかっぱの子どもが迷い込んだ人間を元の世界に戻してくれたという。

谷木《たにき》尾上《おがみ》駅は地下に繋がる駅とされ、地上部分は森に囲まれていて前も後ろも見えないという。この駅にも男児が現れたといい、この子どもと話しているうちに元の世界に戻ることができたと語られている。

京都に現れた**すたか駅**にも老婆と子どもの姿があり、老婆は「タマヒメが泣いているから

る山中の幻の家、あるいはその家を訪れた者についての伝承のこと。柳田國男が現在の岩手県土淵村（現遠野市）出身の佐々木喜善から聞き書きした話を『遠野物語』（一九一〇年）の「六三」「六四」で紹介したことにより、広く知られるようになった。

＊「おむすびころりん」「鼠の浄土」 昔話のひとつ。爺が落として転がった握り飯を追って穴へ入ると、鼠の国へ案内され、歓待されたうえに土産をもらって帰る。隣の爺がまねをして穴へ入り、猫の鳴き声をまねると穴が崩れて埋まってしまう。「鼠の餅つき」とも呼ばれる。

＊西武秩父駅 埼玉県秩父市野坂町一丁目にある、西武鉄道西武秩父線の駅。同線の終点で、秩父市や秩父地方の玄関口として紹介される。

ゆっくりしてきい」等の謎の言葉を発し、子どもは老婆とは相《あい》いれない立場であることを匂わせながら、迷い込んできた者を元の世界へと返してくれたとされる。

もし異界駅に降りてしまった場合、そこにいる子どもが現実世界への帰還の鍵とされていることが多いのも特徴だ。これらの怪談のほとんどは伝聞ではなく自身の体験談として語られるため、その体験を語るためには異界に入り込んだ後元の世界に戻る必要がある。子どもたちはその役割を担わされているようだ。

今も増殖する異界駅

異界駅に迷い込んでしまった体験談は、今でも変わらず語られている。

直近では二〇一八年一月八日に5ちゃんねるの「電車に乗ってたら急に人いなくなった」というスレッドにて、少女がつきのみや駅、まみた駅、うめや駅、**やみ駅**、きさらぎ駅を通って東京都の十条駅に帰ってきたという話が書き込まれている。この話ではつきのみや駅は霧の濃い大都市、きさらぎ駅では太鼓や鈴の音が聞こえるなど元の話を踏襲しつつ、途中で南国のような白い砂浜の海に出た、きさらぎ駅ではその世界の皆が歓迎してくれた、など新たな要素が加えられている。

電車は我々にとって身近な乗り物で、通学や通勤等生活に密着している。それゆえに異界に繋がる駅の話は、これからも増え続けて行くのだろう。我々現代人は怪異とは無縁な生活をしているように考えている。だが、我々が異界へと入り込んでしまうきっかけは、本当はすぐそこに存在しているのかもしれない。

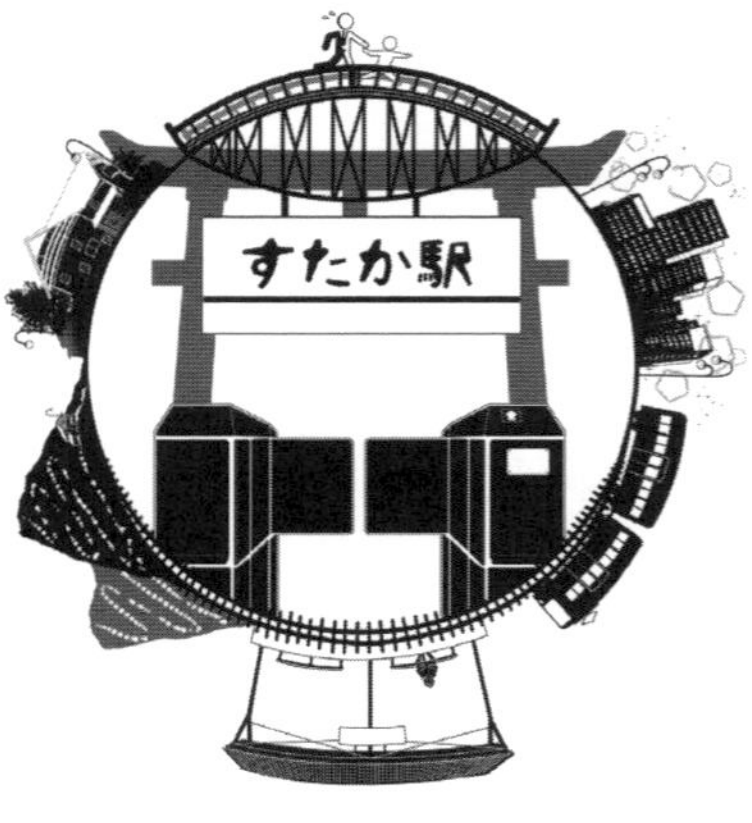

類似怪異

異界村の怪

九〇年代後半に登場した杉沢村から犬鳴村、新潟ジェイソン村まで、村そのものが怪異化した話。

『日本現代怪異事典』に登場する異界村の怪

※各怪異下段の数字は『日本現代怪異事典』掲載頁を、太字は本項掲載怪異を示す。

地図から消された村

村と聞いて思い浮かべるのは、どこか懐かしさを感じさせる日本の原風景という人は多いのではないだろうか。そこには都市化によって失われていった前近代への憧れや郷愁があるのかもしれない。

一方で、人々の想像の中にある村というものには、現代都市社会から隔絶されたものと考えられる傾向にある。迷信や因習が生き残っており、妖怪の出現や、風習や信仰に基づく殺人等が平然と起こる場所といった具合だ。それは怪異・妖怪の存在がリアリティをもって語られる便利な舞台とも言える。

そして、近年ではそういった村に伝わる話、という形ではなく、村そのものが怪異化した話も語られている。いわゆる「地図から消された村」の怪談で、**杉沢村**《すぎさわむら》がその代表例だ。

杉沢村は青森県のどこかに存在する村とされ、その噂は一九九〇年代後半には既に語られていた。この村の入り口には髑髏《どくろ》の形をした石と、朽《く》ちた鳥居《とりい》がある。この鳥居を潜って進むと、廃墟《はいきょ》となった村が現れる。その村には至るところに血痕が残されているが、そこはかつて一人の男が村人を虐殺して自らの命を絶った村で、今では殺された者たちの悪霊の棲《す》み処《か》と化しており、迷い込んだ人間に襲い掛かるのだと伝えられている。

具体的な現象としては、自動車で迷い込んだ際には車窓に真っ赤な血の手形が張り付く、村からは生きて帰れない、帰ることができても、その人間は廃人となって、二度と元には戻らない、等である。

この杉沢村は元になったと思われる話がある。一人の男が村人を虐殺したという事件は岡山県で実際にあり、「*津山事件」と呼ばれるこの事件では、一九三八年、一夜にして三〇人の人間が殺害された。

この事件は横溝正史《よこみぞせいし》の小説『*八つ墓村』のモデルとなったことでも知られているが、杉沢村の怪談においても杉沢村が『八つ墓村』の元になったという話が付随することがあるため、「津山事件」が元になっている可能性は高い。また、青森では一九五三年に「*リンゴ園一家八人射殺事件」という大量殺人事件が起きており、これが影響を与えたと語られることもある。

●「コノ先日本国憲法通用セズ」

この杉沢村とは地理的にも内容的にも対極にあるのが**犬鳴村**の伝説だ。こちらは福岡県に存在するという地図にない村で、村の入り口には「コノ先日本国憲法通用セズ」といった文言の記された看板が立てられているという。この忠告を無視して村へ入ると、紐《ひも》と缶でできた仕掛けに引っ掛かり、大きな音が鳴る。するとたくさんの村人が鎌や斧などの刃物を握って凄まじい速さで襲ってくる。これに捕まると惨殺されてしまう。

この村は近世に酷い差別を受けて外界との交流を遮断した村であり、外部からやってくる人間を容赦なく殺害するのだ。

これが犬鳴村の概要であるが、杉沢村と違い、襲ってくるのは死者ではなく生きた人間たちとなっている。また村が地図から消された理由も惨殺事件ではなく差別により外界との交流を拒んだこと、となっており、生きた人間同士の確執が異界の村を生んだとされている。

＊津山事件　日本史上に残る大量殺人事件。現場が岡山県津山市に近い苫田郡西加茂村（現加茂町）なのでこの名がついた。犯人の都井睦雄（一九一五～三八年）は、肺結核の罹患、徴兵検査の不合格、異性関係の挫折などから自殺願望を醸成。転じて村人への復讐や殺人衝動を抱く。周到な計画、訓練、予行の後、一九三八年五月二一日午前一時に犯行を実施した。

＊『八つ墓村』　小説家・横溝正史（一九〇二～八一年）が一九四九年から「新青年」に発表した小説。「津山事件」に想を得たもので、名探偵金田一耕助シリーズの一つ。一九五一年、七七年、九六年とこれまで三度映画化されている。

＊リンゴ園一家八人射殺事件　一九五三年一二月一二日

ジェイソン村と自殺電波塔

杉沢村と犬鳴村は、この類《たぐい》の怪談の中では特に有名なものだが、こういった地図から消された村の伝説は全国各地に存在する。新潟県には**新潟ジェイソン村**と呼ばれる怪談が存在するが、これは前二者とはまた毛色の違う話となっている。

新潟ジェイソン村はある一人の少女が主人公として語られる。最初の怪談は**新潟ホワイトハウス**とも呼ばれ、新潟県に実在する廃墟が舞台となっている。この廃墟にはかつて外交官一家が住んでいたが、その娘は精神病を患っており、*解離性同一性障害だった。彼女の中にはいくつもの人格があったが、その中で最も凶暴な人格が発露したとき、彼女は一家をチェーンソーや猟銃で惨殺し、凶器を手にしたまま近くの集落に下りて行った。少女はそこで村人たちを虐殺していったという。この村の廃墟が現在は新潟ジェイソン村と呼ばれている。そして少女は最後にひとつの電波塔へと辿り着いた。そこで我に返った少女は、自分のしでかしたことに気づき、その電波塔で首を吊った。その場所は後に「自殺電波塔」と呼ばれるようになったという。

これらの場所はすべて心霊スポットとして語られている。そこでは少女に殺された者たちの霊のほか、少女自身の霊がさ迷っていると噂されることが多い。これは当然生きた人間が襲ってくる犬鳴村には見られない要素だが、同じく虐殺事件を前提とした杉沢村でも虐殺犯はほとんど表に出てこない。虐殺を起こしてしまった多重人格の少女が怪談の主人公となっているのは、新潟ジェイソン村ならではかもしれない。**ジェイソン村**という名前はアメリカのホラー映

深夜、青森県新和村（現弘前市）にあるリンゴ農家の三男が起こしたとされる事件。三男は酩酊状態の中、味噌を盗もうとして実家の物置小屋に侵入。そこで猟銃を発見すると、裏口から実家に忍び込み、寝ていた父親他七名を射殺。さらに家へ放火して長男夫婦の二女を焼き殺したとされる。三男は自首して逮捕されるも、心神喪失と判断され無罪判決。

＊解離性同一性障害　以前は多重人格障害と呼ばれた症例。一人の人間の中に複数の異なる人格が存在し、それらが交代して現れる状態を指す。解決困難な葛藤に直面したときに、知覚や記憶を自己の意識から切り離そうとするために起こると考えられる。

画『13日の金曜日』*シリーズに登場する殺人鬼ジェイソンに起因すると思われるが、ジェイソン村と呼ばれる村は茨城県、秋田県、神奈川県、群馬県、山梨県、熊本県等全国に存在し、村の怪談の名付けの作法のひとつになっているようだ。

不可思議な村に迷い込んだなら…

　これらの怪談が生まれる背景には、実在の事件やホラー映画、小説などの影響が大きいものと思われる。先述した『八つ墓村』や『13日の金曜日』の他にも、南北戦争で村人が虐殺されて地図から消えた南部の村が一〇〇年に一度蘇り、怨霊が迷い込んできた北部の人間を虐殺するアメリカ映画『２０００人の狂人』*など、地図から消えた村の怪談と近いストーリーの構造を持つ作品は数多い。また、時代が進むにつれて、合併や過疎化などにより実際に地図から消えてしまった村もある。

　先に書いたように、我々現代人は村や田舎という響きに自分が生活する世界とは隔たった世界を想像しがちだ。それ故に消えてしまった村の中に、何か恐ろしい歴史を背負っているのではないかと想像するのかもしれない。しかし現実にある村は、この世界と地続きであり、普通の人々が住んでいることを忘れてはならない。

　だが、もしあなたが不可思議な村に迷い込んだ場合は、それは本当に現実世界とは全く別の世界にある村なのかもしれない。そこから元の世界に戻ってくるのは容易なことではないだろう。

＊**『13日の金曜日』** 一九八〇年製作のアメリカ映画。原題はFriday the 13th。殺人鬼ジェイソンを主人公にしたホラー映画シリーズの第一作。翌八一年に二作目『13日の金曜日ＰＡＲＴ２』（Friday the 13th Part 2）が公開された。

＊**『2000人の狂人』** 一九六四年に公開されたアメリカ合衆国のホラー映画。南北戦争時、北軍の虐殺で全滅した南部の村の村人たち二〇〇〇人の怨霊が戦争終結から一〇〇年後、記念祭を装って北部から来た旅行客を引き込み、次々と惨殺してバーベキューにするという話。残酷描写満載のスプラッター映画のさきがけとも言われる。

類似怪異

男性の怪・女性の怪

日本の現代怪異譚には男性の怪異に比べ女性の怪異が多い。その理由を考察する。

『日本現代怪異事典』に登場する男性の怪・女性の怪

男性の怪

アオゲジジイ 10
青ぼうず 10
赤い爺さん 13
一尺じいさん 47
うわさのマキオ 61
押し入れ小僧 72
おふろ坊主 76
怪人青ジャージ 81
カマ男 103
九時おじさん 128
くびなしこぞう 137
黒板じじい 155
五時ジジ 155
ジャンケンおじさん 196
ジャンピングジジイ 196

第１章 類似怪異

スキップ少年 212
隙間男 212
せんぬきこぞう 219
太郎くん 234
小さいおじさん 235
注射男 239
超音速じいさん 240
テケテケおじさん 249
てけてけぼうず 250
トイレおやじ 254
トイレ小僧 254
縄跳び小僧 270
ハッスルじいさん 293
風化じいさん 325
プール坊主 327
ブランコ小僧 333
ブリッジマン 333
骨くいじじい 344
マラソンおじさん 354
耳長おじさん 366
ムナカタ君 370
ムネチカ君 370
紫爺 374
餅じじい 381
Uターンジジイ 390
妖怪ヤカンおじさん 400

女性の怪

赤いピアスの女 18
赤い服の女 19
赤いマフラーの女 20
赤いヤッケの女 23
赤いワンピースの女の子 24
赤毛ババア 24
赤ちゃんババア 25
アクロバティックサラサラ 29
アメおばーさん 38
アメ玉ばあさん 38
歩く女 40
泉の広場の赤い服の女 45
一寸婆 48
今何時ババア 51
うさぎババア 54
丑女 54
牛女 55
うしろよばあさん 56
AIババア 62
エレベーターの女 64
おいでおいでおばさん 67
お岩さん 68
押し入れ婆 73

お茶どうぞ 73
鬼ばば 74
オバリョ山の怪女 75
オレンジの眼の少女 77
オレンジババァ 77
ガイコツ少女 80
顔を返して 84
鏡の中の老女 86
傘の女 87
傘ババア 88
カシマさん 89
カシマレイコ 95
肩たたきババア 98
学校鬼婆 99
金縛りババア 102
壁からバーサン 103
加代ちゃんのかぐや姫 107
川女 110
皮はぎあきちゃん 111
棺桶ババア 112
姦姦蛇螺 112
黄色ばばあ 115
消える老婆 116
九〇センチの老婆 123
霧の中の少女 127

きんかんババァ 127
クソカケババ 128
口裂け女 128
口裂けババア 132
くちばし女 133
首折れ女 134
首狩り婆 135
首切りババァ 135
首を引き抜く老婆 138
車を押す老婆 141
黒い女 141
黒いコートの女 141
携帯ばばあ 145
毛糸ババァ 146
ゲームババア 146
ケケケばあさん 147
けむりババア 149
五月五日の老婆 155
五時ババ 155
午前二時の美女 156
子育て幽霊 156
五〇〇キロババア 162
米食い女 163
逆さまの女 168
座布団ババア 173

※各怪異下段の数字は『日本現代怪異事典』掲載頁を、太字は本項掲載怪異を示す。

ザリガニばばあ 174
三〇センチババア 177
三時婆 177
三輪車のお婆さん 180
時空うば 183
地獄の女 184
死神ばばあ 189
定規のような顔の女の子 200
女性連続殺人鬼の幽霊 202
白髪のお婆さん 202
シラカバ女 202
白い着物のバイク乗り 203
白いずきんの女の子 204
白い服の女の子 205
隙間女 212
スケボーババア 214
清峰寮の幽霊 216
セーラー服の少女 216
セーラー服のババア 217
背中にしがみ付く老婆 217
千婆さま 219
ターボババア 225
タイコばばあ 225
抱きついてくる老婆 227
ダッシュ女 229

田中さん 231
食べたいババア 233
たまごばばあ 233
タンスにばばあ 235
つぼ姫さま 244
爪切りババ 245
テケテケ 247
手伸びババア 251
トイレの花子さん 254
飛び込みばあさん 262
飛ぶ女 262
トンネルの老婆 265
謎の女 267
生首ばばあ 270
二時ばばあ 272
ぬれ女 278
猫おばさん 279
ネコババア 279
ネズミ女 280
ねずみのバーさん 280
ねずみばばあ 281
バスケばあちゃん 288
八尺様 292
花子さん 293
ババサレ 298

張り付き婆 300
火遊び女 304
ひきこさん 307
引きずり女 309
引き戸ババア 309
ひじババア 312
ヒッチハイクばばあ 314
人喰いおばさん 315
一〇〇円ばばあ 320
ブーメランばばあ 326
プールババア 326
ふた口女 329
二面女 330
ヘリコプターばばあ 338
ベロだしばばあ 338
彷徨少女 340
保健室の眠り姫 341
骨うりババァ 343
骨こぶり 344
魔女カトリーヌ 347
真っ赤なおばさん 349
マツタケバーチャン 350
まりつき少女 356
マンホール少女 359
ミシンの女の子 361

水溜まり女 361
道聞きお婆さん 361
ミッチェル嬢 362
緑婆 365
耳かじり女 365
耳くれババ 365
耳そぎばあさん 366
紫おばさん 371
紫婆 374
メールババア 376
ヤマンバ 385
やみ子さん 387
ゆうれいおばば 393
雪女 395
妖怪給食婆 399
四隅ババア 405
四つ角ばあさん 406
四つん這い女 406
ラーメンの女 410
理科室の老婆 412
ロッカーババア 423

※各怪異下段の数字は『日本現代怪異事典』掲載頁を、太字は本項掲載怪異を示す。

圧倒的に多い女性の怪異

人間に男性と女性があるように、怪異たちにも性別は存在する。しかしそれは生物界の性別と役割が異なり、怪異がもつ特性によって決められていることがほとんどだ。

古来より男性と女性の怪異では女性が圧倒的に多い。特に成人した女性の怪異だとより顕著だ。**口裂け女**、**ターボババア**、**ひきこさん**、**カシマレイコ**、**ババサレ**等々、怪異は度々女性の姿で人間の前に出現する。一方、子どもの姿をした怪異の場合だと、少年の姿をしたものも多少増加する。それでも**トイレの花子さん**に代表される学校のトイレに現れる幽霊は、**太郎くん**などの例はあるものの、圧倒的に女児の姿をしているものが多く、**テケテケ**は女子高生の姿で想像されることが多い。

また幽霊譚《たん》においても、女性の幽霊が現れるという話が男性に比べて圧倒的に多い。女性の怪異が多いことについては、複数の理由が考えられる。まずあげられるのは、古来より女性の姿をした妖怪が多いことが影響しているという点だ。

社会的マイノリティへの不安

日本では、長らく*父系社会が続いていた。つまり男性が社会を動かしているという意識が持たれている時代が続いていた。現代の価値観では差別的な考え方となるが、成人男性以外の者は社会的に*マイノリティである、という時代であった。

＊**父系社会**　父方の系統により所属する親族組織が決定される社会。地位・財産なども父系をたどり継承される場合が多い。父系制度。

「～女」や「～婆」という名前の妖怪が、「～男」や「～爺」に比べ遥かに多かったのには、父系社会が理由のひとつだと推測される。この社会においては、社会の中心の外にいる存在、つまり男性以外の存在が妖怪視されやすかった。これは男性が無意識のうちにそれらを虐げている、という感覚があったゆえに、その反動が何らかの形で返ってくるかもしれない、という不安を抱いていた。その負の感情の一部が、逆に男性を虐げるだけの力を持った女性の怪異、という形で語られるようになったことが考えられる。

雪の夜に男の命を奪う「雪女」、産褥《さんじょく》で死亡した女性が子を抱いてほしいと現れる「産女《うぶめ》」、自分を裏切った男を恨み、儀式により鬼に変貌した「*橋姫」など、女の妖怪の被害に遭うのは男とされる話も多い。

老婆となればなおさらのこと、普通の女性よりも身体能力は弱く、社会への参加も少なくなっていく。それが恐ろしい能力を持って襲ってくるとなると、逆に恐ろしさは増す。『ゲゲゲの鬼太郎』で有名となった「*砂かけ婆」や昔話に頻繁に登場する「*山姥《やまうば》」、「*鬼婆《おにばばぁ》」、鏡を引きずりながら現れる「*白粉婆《おしろいばばぁ》」、人家の納戸に潜む「*納戸婆《なんどばばぁ》」など、人々が妖怪の姿に老婆を連想してきた例は多数ある。

一方、男が妖怪となる場合がなかったかといえば、そうではない。しかし「～男」「～爺」という名の妖怪は「～女」や「～婆」に比べると非常に数が少なく、名称としては「～坊主」、「～小僧」、「～入道」というようなパターンが多い。これは女性が男性中心の社会からマイノリティと見なされたように、宗教者や年少者もまた社会から外れた存在として見なされていたことに因むのだろう。

現代社会ではそういった差別的な思想はほとんどなくなったものの、妖怪が生まれる背景の

＊マイノリティ　少数、少数派。対義語は「マジョリティ」（多数派、過半数）。

＊橋姫　橋を守る女神。特に宇治橋（京都府宇治市）のたもとの橋姫神社にまつられているとされる伝説上の女性。巫子、遊女、愛人などの意味をこめて和歌に多く詠まれた。

＊砂かけ婆　道中の人に砂をかけて驚かすとされる日本の妖怪。奈良県や兵庫県に伝わる。類似のものに「砂ふらし」「砂まき狸」などがある。

＊山姥　伝説や昔話で、奥深い山に住んでいる女の怪物。背が高く髪は長く、口は大きく目は光って鋭い。金時を育てた足柄山の山姥、瓜子姫説話の山姥など。やまんば。やまおんな。

側面だけが残った。つまり、「〜女」、「〜婆」、「〜小僧」という名前が怪異・妖怪の名付けの法則として残ったのではないだろうか。

女性だから、老婆だから、宗教者だから怪異・妖怪視されていたものが、怪異だから、妖怪だからこの名前を付ける、という逆の方向に作用するようになったものと考えられる。また、単純に老婆という普通はか弱いはずの存在が、高速で走ったり怪力を発揮したりという落差が、単純に現代人にはウケが良いのではないだろうか。

●「幽霊といえば女性」の伝統

もう一つの理由として考えられるのは、幽霊には女性が多いという近世以来の伝統だ。江戸時代の幽霊画を見ると、女性の姿をしたものが圧倒的多数なことがわかる。高岡弘幸《ひろゆき》は*『幽霊 近世都市が生み出した化け物』にて、近世の女性の幽霊の元になったのは中世の能楽であり、そこで女性は私的な人間関係の恨みを理由として鬼（般若《はんにゃ》）と化すという描かれ方をしていることを指摘している。一方で男性が怨霊化するのは政争や戦に敗れた結果であると書かれており、公的な理由で出現するとされることも記されている。

同書によれば、中世以前、女性は恨みの末に鬼や蛇と化すと描かれることが多かったが、近世以降はその立場は幽霊へと移行していったという。

近世における貨幣経済の発展や社会の平穏は次第に国家や権力への反抗心を薄れさせ、やがて人間個人同士の恨みや妬みが目立つようになったこと、また近世においても男性に比べれば立場の弱かった女性の恨みの爆発が幽霊の形で表現されたのかもしれない。しかし、近世にお

＊鬼婆　老婆の姿をした鬼。福島県二本松市に伝わる「安達原《あだちがはら》の鬼婆」が有名。

＊白粉婆　日本の妖怪。奈良県と石川県に伝承があり、石川のものは雪の夜に酒を買いに行く雪女の一種とされる。

＊納戸婆　納戸に住むとされる老婆の化け物。奈良、兵庫、香川、岡山、宮崎県など西日本を中心に伝承される。「納戸ばあさ」「納戸ばじょ」などともいう。

＊『幽霊 近世都市が生み出した化け物』　高岡弘幸（福岡大学教授）が吉川弘文館から二〇一六年に出版した書籍。内容紹介は「幽霊はいかにして生まれ、なぜ目に見えるのか。文学、民俗学的資料から、「都市」の生活文化が幽霊の〝怖さ〟を生んだことを考える。」

ける幽霊の多くは男性によって描かれたことから、それが男性の視点で見た女性であったことにも留意しなければならないだろう。

現代は男性も女性も関係なく、個人の人間関係が重視される社会となったが、幽霊となるのは女性であるという風潮はまだ残っており、それが女性の怪異を増やす要因となっている可能性が考えられる。

増える男性怪異

他にも、女性向けの出版物が現代の怪異文化の一端を担ってきた歴史が影響している部分もあるだろう。少女漫画や女性誌、女児向けの雑誌等では、男性向けに比べてオカルトや心霊関係の特集が組まれたり、題材として使われやすい傾向にある。読者のメインとなる女性に合わせ、同性である女性の怪異たちの活躍がピックアップされ、それが広まり、後々にも記録として残りやすくなったと思われる。

このように、女性の怪異が多いことには様々な理由が考えられる。一方で、男性の怪異もまた次第に増えてきている。これには特撮番組等の怪人に「〜男」という名前が使われ、受け入れられやすくなったことや、近世以前ほどに男系社会ではなくなり、男性の地位が女性と平等に扱われるようになったこと、などが理由としてあげられる。

これからはより男性の怪異たちも増えていくことだろう。男性、女性に関わらず、多くの怪異たちが出現し、語られ、そして怪異の世界を盛り上げていってくれることを望むばかりだ。

第2章

出没場所

学校、病院、山、川、屋内、乗り物、異世界……。
怪異たちは様々な場所に出没する。
そして出没場所の違いは、怪異の行動や性質に大きく関わっている。
本章では、怪異が出没する場所を細分化して紹介するとともに、
それぞれの出没場所との関連について考察する。

出没場所

トイレ

トイレの花子さんや赤い紙・青い紙など、トイレやその周辺を出没場所とする幽霊や怪異。

『日本現代怪異事典』に登場するトイレにまつわる怪

青い紙 7
青いハンカチ・赤いハンカチ 8
青い船・赤い船 8
青ぼうず 10
赤い糸・青い糸・白い糸 10
赤い紙・青い紙 10
赤いクツ 11
赤い舌・青い舌 13
赤い世界・青い世界 14
赤いちゃんちゃんこ 14
赤いちゃんちゃんこ・青いちゃんちゃんこ 15
赤いちり紙・白いちり紙 16
赤い手袋 16
赤いドレス 16
赤い布 17
赤いはんてん 17
赤いはんてん・青いはんてん 18
赤い服と白い服 19
赤いボール・青いボール・黄色いボール 20
赤いマント・青いスカーフ・黄色いドレス 22
赤い洋服・青い洋服 23
赤・白・黄色・緑・深緑 24
赤手 25
赤マント 26
赤マント・青マント 27
あかりちゃん 28
色問蝙蝠 52
歌声ユーレイ 57
海坊主 60
エリーゼ 64
エリカさん 64
お岩さん 68
おきくさま 70
おはるさん 76
カシマさん 89
カシマレイコ 95
河童 100
カマキリさん 103
カマババ 104
カマをもった人 104
カミいりますか 104
かみくれおばさん 105
髪を切られた花子さん 105
カミをくれ 106
黄色ばばあ 115
きぬこさま 120
切り子さん 126
きんかんババァ 127
九時おじさん 128
クソカケババ 128
首切りババァ 135
コアラのお化け 151
五時ジジ 155
こっくりさん 157
三時婆 177
三本足のリカちゃん 179
時間の精 183
一二時ババ 198
しらみのおばけ 202
シルクハット 203
白い手・赤い手 205
白いモノ 206
次郎くん 206
竹竹さん 228
たなばたおばさん 231
ダブル 232
たらちゃん 233
太郎くん 234
つぎは何色 241
つぼ姫さま 244
トイレの花子さん 254
時計泥棒 259
ドラキュラの牙 264
なぞかけバッハ 266
二〇センチの人 272
ぬれ頭 278
のっぺらぼう 281
花男くん 293
花子さんのお母さん 294
花子さんのおじいさん 295
花子さんのお婆さん 295
花子さんのハンカチ 295
はばかりさん 298
ピエロ 305
びくまな 310
人喰いおばさん 315
ひとみさん 316
ブキミちゃん 327
ブラック花子さん 332
ヘルプさん 338
便所入道 338
ほうらいさん 341
まちこさま 347
真っ赤なおばさん 349
真ん中の怪 358
みーちゃん 360
みち子さん 362

※各怪異下段の数字は『日本現代怪異事典』掲載頁を、太字は本項掲載怪異を示す。

三つ目さん 363
みな子さん 365
みよちゃん 368
ムナカタ君 370
ムネチカ君 370
紫爺 374
ムラサキの手 374
紫婆 374
もも子さん 383
やみ子さん 387
ゆう子ちゃん 389
ゆうれいおばば 393
ゆみ子さん 398
四次元ババア 401
よし子さん 401
四時ババア 401
四時四四分の怪 402
リョウ子さん 414
リリーさん 415
リンリン便所 417
六時ジジイ 422
ワニまた 426

※各怪異下段の数字は『日本現代怪異事典』掲載頁を、太字は本項掲載怪異を示す。

異類婚姻譚《いるいこんいんたん》の怪異

　異類婚姻譚とは神や妖怪などの異類と人間とが婚姻を結ぶ説話の総称である。古くは記紀神話における山《やま》幸彦《さちひこ》と豊玉姫《とよたまひめ》の婚姻が有名だろう。天照大神《あまてらすおおかみ》の子孫である山幸彦は、海神の娘であり、本来の姿が鮫もしくは龍である豊玉姫との間に子をもうける。この子が鸕葺草葺不合命《うがやふきあえずのみこと》で、後に初代天皇である神武天皇の父となる。

　神武天皇がそうであるように、異類婚の結果生まれた子で普通の人間とは違う特別な存在であると語られることが多い。陰陽師として有名な安倍晴明《あべのせいめい》の出生譚《たん》も、父の安倍保名《あべのやすな》と、白狐《びゃっこ》である母の葛《くず》の葉《は》との間に生まれたという伝説が有名だ。晴明と同時代の人物とされ、多くの妖怪退治を担ったとされる坂田金時《さかたのきんとき》も、山姥《やまうば》と雷神の間にできた子どもという伝説がある。

　一方で、人間と異類との間に子をなさない話も多い。「鶴の恩返し」のモチーフとなった鶴女房の話などはその例だろう。

　現代でもこういった異類婚姻譚は幅広く創作の題材となっており、漫画や映画、小説などで異類と恋に落ちる人間の姿が描かれている。しかし、実際にあった話として異類婚姻譚が語られることは少ない。幼馴染で結婚相手となった女性が実は人間ではなかったという**赤いマフラーの女**があるぐらいだ。

　しかし、婚姻となればおのずと人間と異類がともに過ごす時間は長くなる。危害を加えてくる大方の怪異と違い、瞬間的な遭遇ではなく、継続的な共生であり、生活していく上では人間社会と関わりを持たなければならない。

　そんな物語は、現実の世界を舞台にすると途端にリアリティを失ってしまうのだろう。

　それでも、いつの日かまたそんな話が現代の怪異譚として語られることが普通となる日が来るかもしれない。それを見逃さないよう、アンテナを立てておきたいところだ。

恐怖心を刺激する「トイレ」という空間

トイレに纏《まつ》わる怪談を誰もが一度は聞いたことがあるだろう。特に学校のトイレや公衆トイレには数多くの怪異たちが跋扈《ばっこ》している。住み慣れた自宅のトイレにだって、真夜中に怪異が出現した話がいくつもある。

トイレという場所は、なぜか人の恐怖心と想像力を刺激する。そのドアを開けた向こうに、便器の穴の暗闇に、何者かが潜んでいるのではないかという予感を生じさせる。トイレがこのように不気味な場所と考えられていたのは近現代に特有のことではない。古くから厠《かわや》で怪異に遭遇したという体験談はよく語られている。

河童《かっぱ》が厠の下から手を伸ばして尻を撫《な》でるという話や、大晦日の夜に厠に行くと「*加牟波理《かんばり》入道《にゅうどう》」という入道姿の妖怪が現れ、「加牟波理入道ほととぎす」と唱えると消える、という話は江戸時代の記録にいくつも残っている。

また便所には神がいるという信仰も古くから残されており、「*厠神《かわやがみ》」等と呼ばれ、親しまれていた。このように昔から便所は人ならざるものと遭遇する場所として日本に存在してきた。

戦前に語られるトイレの怪

一方で、ここまで極端にトイレに出る怪異が多くなったのは近代以降の特徴かもしれない。その理由について考えてみたい。

***加牟波理入道**　江戸時代の絵師・鳥山石燕《とりやませきえん》の画集『今《こん》昔《じゃく》画《が》図《ず》続《ぞく》百鬼《ひゃっき》』には、口から鳥を吐きながら厠を覗く、毛むくじゃらの入道姿で描かれている。

***厠神**　便所神、雪隠《せっちん》神ともいう。厠の由来は、川の上に設けた小屋という意味で「川屋」という説が有力。

戦前から多く語られているのは、開かずのトイレの怪談だ。これはあるトイレの個室で自殺や殺人事件があってから、個室のドアが開かなくなったと語られる怪談で、旧制高校等の時代に記録がある。また**赤い紙・青い紙**や**赤マント**等、色の好みを問う怪異も戦前には既に発生していた。

開かずのトイレについては、古くから「開かずの門」といった開けることを不吉としたり、何らかの言い伝えにより開けてはならなくなった門の伝承が各地に残されているため、その系譜を継ぐものとも考えられる。赤い紙・青い紙に関しては、便所に現れる妖怪「カイナデ」を撃退する際の呪文が「赤い紙やろか、白い紙やろか」であったため、それが変質して怪異と化した可能性がある（類似怪異「色問いの怪」も参照）。赤マントについては子どもを攫《さら》ったり、その正体を吸血鬼とされたり、トイレ以外にも現れる話があるなど、不審者を妖怪視したような話が目立つ。トイレで子どもを狙った誘拐や性犯罪は現在に至っても起きており、その犯罪への恐怖が怪異を生み出したとも考えられる。

戦後のトイレの怪の変遷

戦後すぐに出てくるのが、現在においても有名な**トイレの花子さん**だ。この怪談は一九四八年には原型が語られていた。花子さんは多くの派生怪異を生み出しており、数多《あまた》のトイレに現れる幽霊が語られるきっかけにもなった。また、一九五四年には文京区小二女児殺害事件*が発生しており、この事件を境に学校の安全対策が見直された。それ以降、自衛の心得として教師や親からトイレに行くときは気を付けるように、誰かと複数人で行くように、などと言われた

＊**文京区小二女児殺害事件**　文京区の小学校で発生した殺人事件。小学校のトイレが犯行現場であり、犯人が覚せい剤中毒であったことから、覚せい剤取締法の厳罰化のきっかけとなった。

子どもたちは多いだろう。しかし犯罪者はそう滅多にいるわけではなく、トイレに対する恐怖だけが残り、その空白を埋めるように生み出された怪異もいるかもしれない。

他にも近世に語られていた便所から伸びる河童の腕の怪談は、**カミをくれ**というような怪異として生まれ変わった。この怪談はトイレで用を足そうとすると、「カミをくれ～」という声がどこからか聞こえてくるという怪談だが、それに答えて少女がトイレットペーパーを渡そうとすると、「このカミじゃない、このカミだ！」と言って、便器から伸びてきた腕が少女の髪を掴み、便器の中に引きずり込む展開が語られる。

近世に語られた怪談の場合、先述した河童のように基本的に便器の下から腕を伸ばしていたものの正体が語られるが、カミをくれを始めとした現代の怪異は、その正体は明かされない。河童や狸《たぬき》がトイレに潜むことにリアリティがなくなっても、正体不明の怪物が潜む余地は現代のトイレにも残されているのだ。

近代以降、日本は急速な発展を遂げ、電気が通り、夜でも明るく生活する術を手に入れた。無論トイレもその恩恵に預かった場所のひとつだが、トイレは人間が無防備になる場所だ。*常《つね》光徹《みつとおる》はその著書『学校の怪談 口承文芸の展開と諸相』にて、トイレを舞台とした怪談が多い理由を「孤立した空間の中で、陰部《いんぶ》を露出した状態のままかがむという、動物としての人間の弱点をさらけだした姿勢が、絶えず抜き去りがたい不安を誘っている」ことが要因のひとつであると考察している。

怖い話を聞いたり、ホラー作品を見た後に夜中のトイレや風呂場へ行きたくないと思ったことは誰もがあるのではないだろうか。たった一人、無防備な状態になることへの恐怖は、どんな時代になっても拭えないものなのだろう。

***常光徹** 一九四八年生。日本の民俗学者、文筆家。『学校の怪談 口承文芸の展開と諸相』ほか、『折々の民俗学』『学校の怪談』シリーズなど著書多数。

増え続けるトイレの怪のバリエーション

そして一九八〇年代から一九九〇年代には、学校の怪談ブームとともにトイレの花子さんブームが巻き起こった。それに伴い、トイレに登場する怪異もバリエーションを増やした。花子さんの眷属《けんぞく》とも言うべき幽霊たちはもちろんのこと（類似怪異「厠の幽霊の怪」も参照）、バリエーション豊かな怪異たちがトイレを舞台に語られるようになった。

トイレの個室から栄養ドリンクや牛乳を要求したり、誰もいないはずのトイレから飛び出してきて、廊下でトイレットペーパーを投げて遊んでいる子どもたちに「だめじゃないか。だーめじゃないか」と言いながらペーパーを高速で巻き戻しつつ迫ってくる**ムナカタ君**や**ムネチカ君**、カマキリに悪戯《いたずら》してからトイレに入ると出現し、「お前の手が欲しい、足が欲しい、体が欲しい、頭が欲しい」という声に対し一言でも言葉を発するとカマキリにされてしまう**カマキリさん**、トイレの用具入れのドアを三回ノックして開けると上から降りかかってくる**カマをもった人**など、その出現の仕方も行動も様々だ。

トイレに現れる怪異たちの歴史の積み重ねが、トイレは怪異が出やすい場所、という考え方から、怪異だからトイレに出る、という逆転した考えを生み出していった可能性もある。人々が語り継いだトイレの怪談が、トイレを怪異たちの好む場所として認識されるようになったのだろう。

トイレはこれからも進化し、より人が心地よく使えるものへと変わっていく。それでも怪異たちはそこに現れるのである。それを今後も注目していきたい。

出没場所

学校

学校の七不思議から、校庭、体育館、音楽室、理科室の怪など、学校を舞台に語られる怪異。

『日本現代怪異事典』に登場する学校にまつわる怪

エレベーター

Rボタン 6
エレベーターの怪 65
三太郎さん 178

音楽室

カマキリ男爵 103
花男くん 293
花子さん 293

ピアノの怪 304

ベートーベンの怪 335

階段

白い服の女の子 205
耳なしほういち 366
雪女 395

学生寮

道聞きお婆さん 361

学校

青い目の人形 8
赤い服の女 19
赤いマント 22
開かずの間 25
朝の吸血鬼 32
ウサギの呪い 53
エンピツおばけ 66
おきくさま 70
おしんさん 73
カーテンおばけ 80
階段の怪 83
柿の実の怪 86
カツカツさん 98
学校鬼婆 99
学校の七不思議 99
河童 100
ガメラ 107
カラカラ 108
看護婦の幽霊 113
靴下男 133
くびなしこぞう 137
くろづめ 143
黒マント 144
ケケケばあさん 147
けばおいわこ 149
コトコトさん 160
さんぬけぼうず 179
シャコシャコ 194
一三階段 197
ゾンビ看護師 223
つまようじさんとみきようじさん 244
手足のない人形 246
テケテケ 247
トーテムポールの怪 259
二時ばばあ 272
ヌイの亡霊 276
ねずみのバーさん 280
のっぺらぼう 281
呪いの音符 282
花ちゃん 296
光ゆうれい 306
ブキミちゃん 327
ふた口女 329
ブリッジマン 333
ペッタンスー 336
骨うりババァ 343
闇のマリア 387
よさく 400
四次元ババア 401
ロクロ首 423

学校の屋上

青いドレスの女 8
花子さん 293
避雷針の幽霊 322

学校の玄関

花子さん 293

学校の天井裏

あぎょうさん 28

学校のパソコンルーム

AIババア 62

合宿施設

とんぼの間 265

家庭科室

味を見て 35
首なし狐 137
生首の怪 269
四時四四分の怪 402

壁

壁男 102

木

シラカバ女 202
花子さん 293
骨くいじじい 344

寄宿舎

古目玉 333

旧校舎

ヂャーニスさま 237
ネズミ人間 280
人喰いおばさん 315

給食室
パクパク 286
花子さん 293

教員用のトイレ
二郎くん 206

教室
カタカタ 98
学校わらし 100
カミくれオバケ 105
消えない目 115
くびなしきこり 137
ゲームババア 146
黒板じじい 155
相名勝馬 220
血の教室 236
テケテケ 247
テコテコおばけ 250
トコトコさん 260
ベタベタ 336

掲示板
緑の手 364

高校
学校わらし 100
超音速じいさん 240
てけてけぼうず 250
ひじ子さん 312
匍匐前進の幽霊 345
待ってさん 350

公衆電話
テレテレさま 252

校長室
校長先生の怪 153
レイちゃん 421

校庭
赤いバス 17
異次元少年 45
馬人間 57
埋まらない穴の主 58
オカリヤ様 70
クラワラシ 140
黒いもや 142
黒玉 143
校庭の椿 154
三十三太郎 178
爪切りババ 245
テケテケ 247
トーテムポールの怪 259
生首ドリブル 268
生首の怪 269
二宮金次郎像の怪 274
バタバタさん 290
花子さん 293
花子さんのお母さん 294
ヒヨコの化け物 322
ブランコ小僧 333
平和の女神 335
骨くいじじい 344
みどりのチェリー 364

校庭の隅の校舎の壁
コチョコチョお化け 157

校門
うしろよばあさん 56
傘ババア 88
肩たたきババア 98
口裂けババア 132
人面石 208
石像の友達 217

黒板
四次元ババア 401

小使室
水子人形 361

ゴミ箱倉庫
ロクロ首 423

裁縫教室
青い目の人形 8

写真の現像室
地下体育館の幽霊 235

宿舎
風化じいさん 325

宿直室
学校わらし 100

小学校
赤い服の警備員 19
赤ズキン 24
イサルキ 44
胃を返せ 52
学校わらし 100
口裂け女 128
幸せのにんじん 181
小学校の生首 199
たにしの祟り 232
テケテケおじさん 249
トイレおやじ 254
毒のお化け 259
人形使い 275
妖怪給食婆 399
妖怪バタバタ 399
ヨシオくんの木 400
与田惣 406

焼却炉

※各怪異下段の数字は『日本現代怪異事典』掲載頁を、太字は本項掲載怪異を示す。

日本現代怪異事典 副読本

焼却炉の幽霊
- ベタベタ 336

吹奏楽部の部室
- 閉めないでお化け 200

隙間
- 三センチお化け 193

図工室
- 青いもの 178
- 赤いドレスの女 9
- 金曜日の黒猫 17

倉庫
- モナリザの怪 127
- カシマレイコ 382

掃除ロッカー
- 四時四四分の怪 95

体育館
- 赤ちゃんババア 402
- 赤毛ババア 24
- 大目玉 25
- お茶どうぞ 69
- 踊る巨人 73
- 怪人青ジャージ 73
- けむりババア 81
- 校長先生の怪 149
- こっくりさん 153
- 157

中学校
- アオゲジジイ 10
- アメ玉ばあさん 38

地下倉庫
- リリーさん 416
- リンゴゾンビ 357
- やみ子さん 387
- マルタさん 415

地下体育館
- 風神 325
- 人を喰う壺 317

地下体育館の幽霊 235

生首ドリブル
- ピエロ 305
- 花子さん 293
- 花男くん 293
- 生首の怪 269
- テクテク 247
- 地下体育館の幽霊 235
- 千人お化け 218
- 白マント 206
- 上半身の怪 200
- シャカシャカ 193
- 三人の看護婦さん 178

図書館
- オレンジの眼の少女 77
- 図書室の怪 260
- 二宮金次郎像の怪 274
- バラバラキューピー人形 299
- ピエロ 305
- 本の目 346
- 紫鏡 371
- 与田惣 406
- 読んではいけない本 408

電話の下
- 張り付き婆 300

手洗い場
- 足喰いババ 33

調理室
- 血の料理 236
- ぶんぶん 334
- 待ってさん 350
- 花子さんの右手首 295
- ヌシ 277
- せんぬきこぞう 219
- シラカバ女 202
- ゲバチ 149
- 学校わらし 100
- イチョウの霊 47

プール
- 青・赤・黄の手 10
- 海から伸びる手 58
- 背中にしがみ付く老婆 217
- プールのジョー 326
- プールの化け物 326
- プールババア 326
- プール坊主 327
- ベタベタ 336
- 魔の第四コース 352

ベランダ
- シャカシャカ女 193

放送室
- 放送室の幽霊 340

保健室
- おだいじに 73
- 口裂け女 128
- 保健室の眠り姫 341

美術室
- モナリザの怪 382
- リリーさん 415
- 幽霊授業 393
- 窓から振られる手 350

廃校

保健室の化け物 342

窓際

耳長おじさん 366

屋根裏部屋

祟る箱 228

用務員室

妖怪ヤカンおじさん 400

理科室

ガイコツ少女 80
骸骨模型の怪 81
毛羽毛現 146
こっくりさん 157
人体模型の怪 207
セーラー服の少女 216
ヂャーニスさま 237
つめをくれ 245
ぷるぷるさん 333
四分の一の顔 409
理科室の怪 411
理科室の老婆 412

寮

清峰寮の幽霊 216
張り付き婆 300

廊下

マラソン幽霊 355
足喰いババ 33
胃を返せ 52
カタカタ 98
三〇センチの人 177
ダッシュ女 229
てけてけぼうず 250
白線ジジイ 286
はしりんぼう 288
花子さんのお父さん 295
ひじ子さん 312
ピチャピチャ 314
一二〇キロババア 320
まっすぐさん 350
妖怪ゴリゴリ 399
よさく 400

ロッカー

五月五日の老婆 155
たまごばばあ 233
肘かけ女 311
ロッカーの上の少女の霊 423
ロッカーババア 423

※各怪異下段の数字は『日本現代怪異事典』掲載頁を、太字は本項掲載怪異を示す。

column

成長する怪異

基本的に怪異は成長しない。そもそも普通の生物のように生殖によって生まれる怪異は少ない。元は人間や動物である場合もあるが、怪異と化した時点で成長や老化といった現象は起きなくなる。

口裂け女はずっとマスクをつけた若い女のままであり、**花子さん**はずっと女子小学生の姿のままだ。年齢や姿そのものがその怪異の性質の一部であるため、これが変わることは、基本的にあり得ない。

しかし、例外も存在する。

たなばたおばさんは、７月７日にある小学校の１階のトイレの鏡を見ると現れる女性の幽霊だ。元は７月７日に死んだ人間の少女であったが、死後も年を取り続け、現在の姿になったという。

セーラー服のババアという怪異もいる。この老婆はある学校に出現するが、その正体はかつて自殺したその学校の美術部の生徒だった少女で、やはり死後も年を取り続け老婆の姿になった。

これらの怪異は、このまま年を取り続けたらどうなってしまうのだろうか。幽霊として寿命を迎えてしまうのか、そのままおばさんや老婆の怪異のままなのか。そういった点も含め、成長する怪異たちの今後を見守っていきたい。

一大ブームを巻き起こした『学校の怪談』

現代の怪異譚《たん》の中でも、「学校の怪談」と呼ばれる話は数多い。一九九〇年代には学校の怪談が一大ブームを巻き起こし、全国の子どもたちが怪談を共有し、語り合った。三階の女子トイレのドアをノックすれば**トイレの花子さん**が返事をし、夜の理科室では*骸骨模型や人体模型が踊り狂い、音楽室では暗闇に*ピアノの音色が響き、*ベートーベンの目が動く。校庭では*二宮金次郎が走り回ったかと思えば、体育館では自分の*生首をドリブルする幽霊が現れる。

全国の小学校で、子どもたちは自分の学校にあんな怪異がいる、こんなやつが出てくると噂した。それは現在でも繰り返されている光景だろう。

では学校にて語られる怪談はいつからあるのかと言えば、恐らく学校という施設が存在し、そこに子どもたちが通うようになった時代には既に存在していたと考えられる。

『現代民話考 学校』にて学校の怪談を収集し、発表した*松谷みよ子氏は、一九七〇年頃、児童文学研究者である*鳥越信氏により示唆され、学校の怪談の収集を始めたと述べている。そして後に講談社の『学校の怪談』シリーズで学校の怪談ブームを巻き起こす火付け役になった常《つね》光徹《みつとおる》氏は、昔話や伝説の語り手が少なくなっていることを松谷氏に相談した際、「目の前の伝承を見つめてみては」と言われ、当時勤めていた中学校の生徒たちから学校に伝わる怪談を収集するようになったと語っている。

そして九〇年代には、先述した常光氏の『学校の怪談』に加え、常光氏や松谷氏も関わった学校の怪談編集委員会編『学校の怪談』シリーズをきっかけに、学校の怪談ブームが起こる。

＊骸骨模型・人体模型の怪 日本全国の学校で語られる怪異。理科室にある人体模型や骸骨模型が夜中に動き出して、走り回ったり、ピアノの音に合わせて踊ったりするという。人間の首を切ったり、体の一部を奪ったりするという話も伝わる。

＊ピアノの怪 日本全国の学校で語られる怪異。放課後、誰もいない音楽室からピアノの音がする。これは、この学校に通っていた、ピアノが大好きだった少女が事故で亡くなり、その無念から夜な夜なピアノを弾きにくるというオチが定番。

＊ベートーベンの怪 真夜中に音楽室を訪れると、壁に飾られているベートーベンの肖像画の目が光るという怪異。目玉が動く、体の向きが変わる、憤怒の形相になる、涙を

このように、学校の怪談は児童書と関連が深く、現在まで多くの児童書で学校を舞台とした怪談が収集、紹介されてきた。

非日常空間から生み出される怪異

ではなぜ学校という舞台で怪異が多く発生するのか、考えて行きたい。

怪異が発生するのは、非日常的な空間が多い。夜道や廃墟《はいきょ》、夜中のトイレや風呂場など、普段の日常から外れた時間や空間に我々は怪異の存在を想像する。

常光徹氏は『学校の怪談　口承文芸の展開と諸相』にて、学校において怪談が発生しやすいのは音楽室や美術室、理科室などの特別教室であり、それらは子どもたちが日常を過ごす教室に対し、非日常の空間であることを指摘している。また昼間の学校は子どもたちの活気とエネルギーに溢《あふ》れているが、夕方から夜にかけての後者は打って変わって静まり返る、その静寂の暗闇に怪異たちが出現することにも言及している。

実際に学校の怪談として語られる怪異を集めてみると、通常の教室に比べ特別教室に現れる怪異は多く、また夜を舞台とした怪談も多数を占める。一方で視聴覚室や給食室など、生徒の行き来がほかの教室に比べて少ない場所は怪談の数も少ないことも見えてくる。

生徒たちにとって、特別教室は週に一度か二度しか訪れない非日常空間だ。しかし子どもたちにとってそれが非日常として認識されるためには、ある程度なじみが深く、よく知っている場所という条件も満たさねばならないのだろう。知らない場所は怪異の存在を想像するための材料が足りないのだと思われる。

流す、絵から抜け出してピアノを弾く、なども語られる。

＊二宮金次郎像の怪　夜の一二時になると校庭の二宮金次郎の像が動き出すという怪異。本のページがめくれたり、目が光る、涙を流す、校庭を走り回るなどの話も伝わる。人間を襲うなどする例も報告されている。

＊生首ドリブル　体育館のバスケットコートでドリブルをする少年がおり、よくよく見るとボールは少年の生首だったという怪異。校庭で自分の生首をドリブルするサッカー少年の霊というパターンもある。

＊松谷みよ子　一九二六～二〇一五年。児童文学作家。主な共編著に『現代民話考』シリーズほか、『龍の子太郎』『ちいさいモモちゃん』『いないい

理科室、図工室、音楽室、体育館など、学校には、そんな子どもの想像の余地が残るぐらいには馴染み深く、しかし非日常空間を演出してくれる特殊な場所が、数多く存在する。それが学校に怪異が増える理由のひとつと考えられる。

また小学校という場所は、たくさんの子どもたちが情報を共有する場所でもある。そこでは人から聞いた話、テレビで見た話、書籍で読んだ話等、様々な出典を持つ怪異譚が、区別なく実際にあったこととして語られる傾向にある。

これは、媒体に関わらず怪異譚は実際にあったという体裁で語られることが多いことに加え、この年代の子どもたちにとって、現実とフィクションの境界が曖昧であることに起因すると思われる。

子どもの頃、お化けの話を聞いて、それが現実に存在するものと考え、恐ろしくなった人は多いと思う。もちろん大人になってからも同様の経験はあるかと思うが、小学生はよりその割合が高く、必然的に話を聞く相手もまたその話を信じるという連鎖が起きやすい。そして、それが怪異を広める力となる。

●メディアと噂話によって広がる学校の怪談

学校に怪異が増えたもうひとつの理由は、「学校の怪談」が一ジャンルとして成立したことだ。学校で語られる怪談は元来多かったが、先述したように研究や娯楽の対象となったことで、様々な人の手によって数多《あまた》の怪談が拾い上げられ、書籍や映像作品を通して不特定多数の人々に共有されるシステムができあがった。さらに学校の怪談を扱う

いないばあ』『怪談レストラン』シリーズなど。

***鳥越信**　一九二九〜二〇一三年。児童文学研究者。著作に『日本児童文学史研究』『子どもの本のカレンダー』『小さな絵本美術館』など。

書籍を通して、はがきの投稿等により子どもたち自らが自分の知る怪談を投稿する、という流れも確立した。

これにより一部でしか語られていなかった怪談が全国に共有されるという事象も起こるようになり、さらにそれに影響を受けた新たな学校の怪談がどこかで発生するようにもなった。映像化や書籍化に恵まれた学校の怪談は、メディアとの関係が深い現代ならではの発展の仕方をしているとも言える。

学校は、日本人であればほぼ全ての子どもが通う場所であり、施設内の設備の大部分が共通している。トイレ、特殊教室、校庭、屋上、体育館、玄関等、これらが舞台になった怪談は、また別の学校においても舞台となり得る。どの学校にもトイレの花子さんがおり、理科室の人体模型が動き、音楽室のベートーベンの目が光るように、学校の怪談は距離を隔てても共有することができる。それが繰り返され、学校の怪談は増加していった。

一方で、これまでに収集されてきた学校の怪談たちを眺めてみると、他では見られないその学校独自の怪談が生き残っている様子も確認できる。これは代々上級生から下級生へと、伝統として受け継がれてきたものもあるのだろうし、それぞれの時代に子どもたちの間で生まれたものもあるのだろう。子どもたちはそうして怪異たちを時に怖がり、時に楽しみ、そして彼らとともに学校生活を送ってきた。

学校という場所は、メディアによって共有される怪談も、その学校独自の怪談も、どちらも包み込み、子どもたちの力によって共存できる場所なのだ。

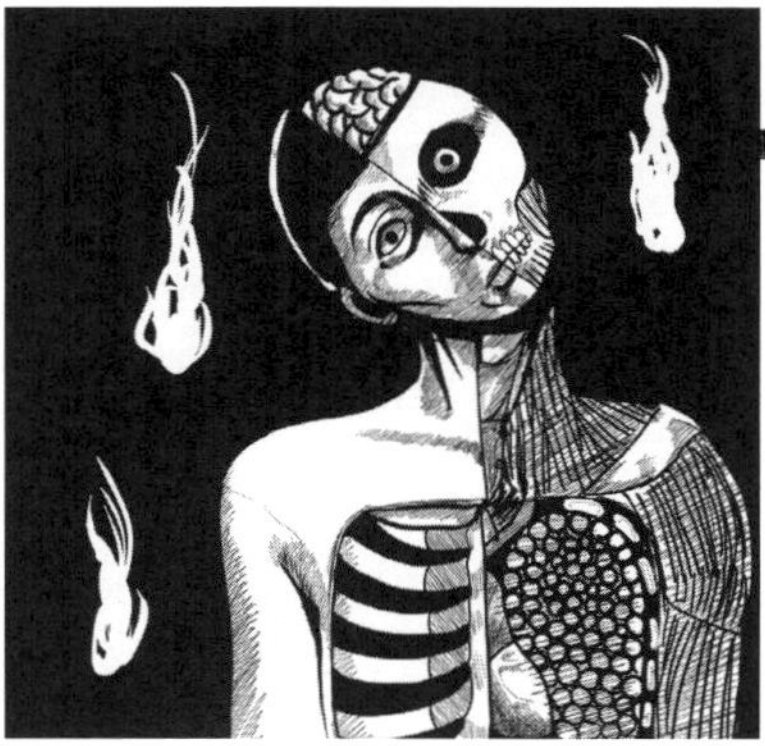

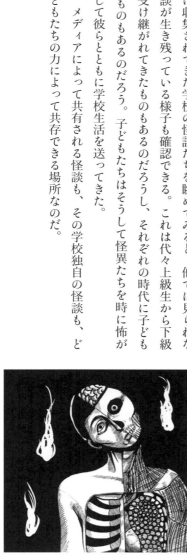

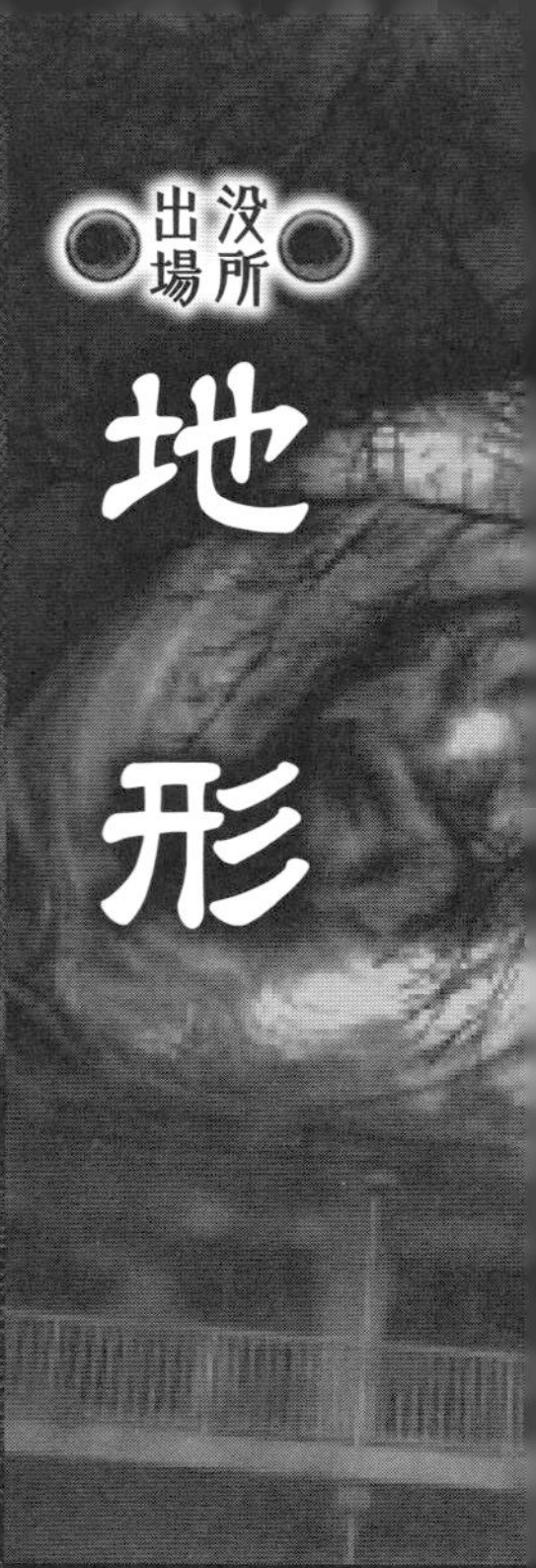

出没場所

地形

海や川など水辺に潜む妖怪や幽霊
山、森、高原、田園に現れる怪異など、
地形に関連して語られる話。

『日本現代怪異事典』に登場する地形にまつわる怪

池
- イケモ様 44
- 海から伸びる手 58
- 今度は落とさないでね 164
- 死の池の幽霊 190
- ぬばさま 277
- ひじかけババァ 311
- 弁当くれ 339
- ラッパを吹く少年 410

海
- あやさん 40
- **海から伸びる手** 58
- 海の上の親子霊 60
- 海坊主 60
- 首を引き抜く老婆 138
- 今度は落とさないでね 164
- 自然霊 186
- 幻の堤防 353

海辺
- **頭と手と足** 37

海岸
- **くねくね** 133
- まるい光 357

海岸沿
- 三輪車のお婆さん 180

崖
- 今度は落とさないでね 164

川
- 海から伸びる手 58
- 河童 100
- 川女 110
- 川ボウズ 111
- 今度は落とさないでね 164
- 背中にしがみ付く老婆 217
- 偽人力車 273
- ブナガヤ 331

高原
- **死ねばよかったのにの悪霊** 189

湖畔
- 赤い車 12

地面
- 足を掴む手 35
- 謎の生き物 267

竹藪
- うさぎババア 54

竹林
- 加代ちゃんのかぐや姫 107
- 竹きりタヌキ 228

田園
- **くねくね** 133

土手
- ぬれ女 278

野原
- 一つ目小僧 316

林
- 赤毛ババア 24
- かるちゃん 109

一〇〇メートルの直線距離
- 一〇〇メートル婆 320

岬
- はなも 296

湖
- 今度は落とさないでね 164
- 背中にしがみ付く老婆 217
- 笑う女 427

森
- 姦姦蛇螺 112
- ミカンばばあ 360

山
- オバリョ山の怪女 75
- オンブスマン 77
- 姦姦蛇螺 112
- キヒサル 120
- 首取り幽霊 136
- ごみこさん 162
- 自然霊 186
- 邪視 194
- 杉沢村 211
- タタタババア 228
- ツチノコ 242
- ネコババ三人組 280
- 八甲田山の亡霊 290
- 真夜中のゴン 354
- **ミッチェル嬢** 362
- メリーさんの館 379
- **やまびこ** 385
- ヤマモモもぎ 385
- 竜宮屋敷 414

※各怪異下段の数字は『日本現代怪異事典』掲載頁を、太字は本項掲載怪異を示す。

様々な場所に怪異は潜む

都市が発展し、人間の住む場所が増えたとしても、自然の景色がこの国から失われたわけではない。そして山や海、池、川、草原、森林など、都市部から離れた場所にも、怪異たちは現れる。

地形にまつわる怪異譚《たん》として特に多いのは、水辺と山だ。その理由を考えてみたい。

水辺にまつわる怪異

川や海、池、沼などに現れる怪異は古くから存在し、日本神話の時代には既に水の神である*「蛟《みずち》」と戦った人間の話や、浦島太郎の原型となった話などが残されている。川や沼では**河童**《かっぱ》が現れて相撲を挑んできたり、*絡新婦《じょろうぐも》という蜘蛛《くも》の妖怪に糸で引きずり込まれそうになったりといった話が全国に残っている。

古代から現代に至るまで、水辺は怪異妖怪たちの棲《す》み処《か》であり、人間と怪異の遭遇する場所として語られ続けている。その理由はいくつか考えられる。

まず水辺が人間にとって身近な境界であるという点だ。川や海は人間の生活に欠かせない資源を与えてくれる場所であるとともに、そこで直接生活のできない、営みの外れにある場所でもあった。怪異妖怪は、生活圏の外、つまり境界の向こうの異界からやってくると考えられていた。

---

*蛟　水中に住む妖怪。蛇に似て、角と四本の足があるという。毒気を吐いて人に害するともいうが、大雨を降らせるなどの伝説から、水神としても祀られる。

*絡新婦　美しい女の姿に化ける蜘蛛の妖怪。女郎蜘蛛とも。男を水の中に引きずり込むという話は各地に伝わり、静岡県伊豆市の浄蓮の滝や、宮城県仙台市の賢淵《かしこぶち》の伝説が有名。

また、水は人の命を繋ぐのに不可欠なものである一方で、簡単に命を奪う危険なものでもある。川や海に落ちて命を失った人間はいつの時代にもいるし、井戸や厠《かわや》、風呂などの生活圏にある水辺でも人の死は引き起こされる。

近世においては幽霊も水辺とともによく描かれた。日本三大怪談の主役として有名な『四谷*怪談』のお岩、『皿屋敷』のお菊、*『累《かさね》ヶ淵《がふち》』のお累《るい》は、すべてその死に水が関わっている。お岩の死体は戸板に打ち付けられて神田川に流され、お菊は井戸に落とされて殺され、お累は鬼怒川《きぬがわ》に突き落とされて殺される。

このように、水と怪異妖怪や死者は結び付けて考えられてきた。現代にもこういった感覚は残されている。

例えば**海から伸びる手**は、ある若者たちが海水浴に行ったところ、一人の男が海に飛び込んだまま帰ってこなかった。そこで彼の飛び込みの瞬間を写した写真を現像したところ、そこには彼を誘い込むように海中から伸びる無数の白い腕が写っていた、という怪談だ。この腕の正体はその海で死んだ者たちの亡霊で、仲間を増やすために人を引きずり込む、などと語られる。また、千葉県の砂浜に現れた、**頭と手と足**と呼ばれる女の怪異は、そこでキャンプをしていた男たちに「頭と手と足」と告げて消える。その夜、大きな波が男たちを飲み込み、翌日、頭と手と足のない死体が三つ、砂浜に打ち上げられたという話が語られる。

ネット上で語られ、有名になった**くねくね**も、現れるのは海辺や田園など、水に関連する場所で語られることが多い。このくねくねを視認して、その正体を知ってしまえば、心が壊されるという。水辺は異界の住人とこの世の住人とを繋ぐ接点となり得る。

科学技術が発展した現代でも、完全に自然に抗うことはできない。毎年多くの人が川や海に

＊四谷怪談　東海道四谷怪談。四世鶴屋南北《つるやなんぼく》作、江戸時代後期の歌舞伎狂言。江戸四谷に住む浪人民谷伊右衛門《たみやいえもん》の女房お岩が、夫の不実に憤死、怨霊となって祟りをなす。伊右衛門に殺され、戸板にはりつけられた小仏小平《こぼとけこへい》とお岩の死体が現れる「砂村隠亡《おんぼう》堀《ぼり》」の場が名高い。

＊累ヶ淵　一六九〇年に出版された『死霊解脱物語聞書』にある。下総国《しもうさのくに》岡田郡羽生《はにゅう》村の百姓与右衛門《よえもん》は、後妻「すぎ」の生まれつき顔が醜い連れ子「助」を疎ましく思い、鬼怒川に投げ捨てて殺してしまう。あくる年、二人は女児をもうけ、累《るい》と名付けるが、累は助に生き写しであった。村人は助の祟りではないかと噂し、「助がかさねて生まれてきたのだ」と、累《かさね》と呼んだ。その後、累の怨霊と祐天上人の除霊の物語が展開する。

命を奪われている。その脅威は昔も今も変わらない。そして海や川のすべてを知ることは我々にはできない。水辺には人間の知識では把握しきれない空白の部分があり、さらにそこに人の死が重なる。

そうした水辺に、人は本能的な恐怖を覚え、やがてその恐怖の一部は死んだ人間や未知の化け物という新たな形を与えられ、怪異として語られるようになるのだと考えられる。

山を舞台にした怪異譚

山に現れる怪異が多いのも、基本的には水辺と同様の理由だと思われる。古来より山は人里の境界にあるものであり、妖怪や怪異が現れる恐ろしいところでもあった。

＊天狗《てんぐ》が人を攫《さら》い、「山姥《やまうば》」が人を食う、そんな昔話は現代の子どもたちにもよく語られる。山は水辺とともに身近な異界であり、神や妖怪の住む場所だった。加えて、山に住む民は里に住む民に異なる世界の住人として捉えられ、時に妖怪視された。

また山は黄泉《よみ》の語源とも考えられ、死んだ人間の魂が山へ昇るという思想は各地に記録が残る。また死者を山へ葬る思想もあり、「山送り」などと呼ばれていた。このように、山は死と関連付けられる場所でもあった。

このように近代以前の人々にとって、山は現代人以上に重要な場所だった。また他の場所へ行くために山を越えなければならない場合が多く、その分、山を舞台にした怪異譚も多く残っている。現代の人々が山へと入ることは昔に比べれば少なくなったが、それ故に我々にとって山はある意味では未知の世界へと変わったとも考えられる。知識として山がどのような場所か

＊天狗　山に住む妖怪。山伏の服装をし、赤い顔で鼻が高く、背に翼があり、手には羽団扇を持ち、高下駄を履く。山中で起こる種々の不思議な現象は、神隠し、天狗倒し、天狗礫など、天狗の仕業だとされることが多い。

を知っていたとしても、自分の目で実際にその世界を見るまでは、何がそこにいるのかはわからない。

加えて、水辺と同じように山は現代でも人の死に関わる場所でもある。遭難や自殺など、山に死者の魂が昇るという思想がなくなったとしても、山や森林自体が人の死をもたらす場所として存在している。

死者の霊に纏《まつ》わる怪異が多いのは、現代の怪異に共通する特徴だ。それは山でも例外ではない。例えば**死ねばよかったのにの悪霊**は、山道に迷い込んだ自動車を狙って現れる。あるカップルが山道で迷っていると、女性の方が道を指示し始める。その通りに進んでいると、突然バックミラーに血だらけの女の姿が映り、慌ててブレーキを掛けると目の前が崖だった。そこであの亡霊は自分を助けてくれたのだと思っていると、「死ねばよかったのに」という声が聞こえた、という怪談に登場する。

一方で正体不明の化け物も生き残っている。**ミッチェル嬢**は頭が握り拳《こぶし》ほどの大きさしかない女の姿をした怪異で、山道を歩いている人間の元に現れ、自分を見て逃げ出した人間を追いかける。**やまびこ**は古くから伝わる山の妖怪で、その名の通り山へ向かって叫んだ声をそのまま返す妖怪だが、現代のやまびこは夜、山に向かって自分に呼び掛けてきた人間の元に現れ、食い殺してしまう。

近代以降の人々にとって、山や海辺などの自然は科学知識の元に解体され、近世以前に比べれば神秘性を失った。それでも自然は未知なる世界を内包し続けている。我々がその未知に怪異たちの存在を想像し続ける限り、彼らは生き続け、生まれ続けるのだろう。

出没場所

道

高速道路で自動車と速さを競う怪異からトンネル、山道、峠に現れる幽霊など、道に関連して語られる話。

『日本現代怪異事典』に登場する道にまつわる怪

田舎道
マラソンおじさん 354

交差点
片足ピンザ 97
四つ角ばあさん 406

高速道路
歩く女 40
カマイタチ 103
棺桶ババア 112
コツコツババァ 159
上半身の怪 200
人面犬 208
一〇〇〇キロババア 218
蕎麦屋のおっちゃん 222
ターボババア 225
ダッシュババア 229
超足がはやい人 240
猫人間 279
のっぺらぼう 281
バスケばあちゃん 288
八〇キロばあちゃん 290
ヒッチハイクばばあ 314

一二〇キロババア 320
一〇〇キロで走る車と並走する自転車に乗ったまじめなサラリーマン風おじさん 321

坂道
カシマキイロさん 88
毛糸ババァ 146
スーツの怪人 211
四つん這い女 406

十字路
猿壁十字路の幽霊 170

首都高
Uターンジジイ 390

田んぼ道
藻でおおわれた人 382

通学路
足売りババア 32
アメおばーさん 38
影の怪人 87
口裂け女 128
テケテケ 247
ネコおじさん 279
ベロだしばばあ 338
彷徨少女 340

マンダムじじい 357

T字路
道路の守護霊 259

峠
首なしライダー 137
黒のバイク 144
K峠の山姥様 146
半身のもの 301
ヒモジイ様 319
一〇〇キロババア 321
仏崎の女 343

道路
馬ばあさん 58
霧の中の少女 127
コツコツババァ 159
ゴリラの幽霊 163
白い着物のバイク乗り 203
真夜中の霊柩車 354
まりつき少女 356

トンネル
あたご 37
奥多摩の幽霊ライダー 72
傘の女 87
車にしがみ付く霊 141
ゲタに注意 148

侍トンネル 173
自転車幽霊 187
死ねばよかったのにの悪霊 189
ジャンピングばばあ 196
一七人のお坊さん 198
スキップ少年 212
抱きついてくる老婆 227
テズルズル 250
トンネルの老婆 265
内臓ババア 266
ノビアガリ 282
走るバァさん 288
パタパタさん 290
人喰いランドセル 315
一〇〇キロジジイ 321
リヤカーおばさん 413

道
赤いピアスの女 18
アシオルカ 33
骸骨ライダー 81
カランコロン 108
黄色い車 115
消える老婆 116
クロカミサマ 142
ケケケ 146

※各怪異下段の数字は『日本現代怪異事典』掲載頁を、太字は本項掲載怪異を示す。

コツコツババァ 159
食べたいババア 233
ドンドン 264
七曲の怪女 268
餅じじい 381

山道

油すまし 37
牛女 55
逆さまの女 168
死ねばよかったのにの悪霊 189
白いスカイライン 204
白いソアラ 204
ピョンピョンババア 322
ホッピングばあちゃん 343
ミッチェル嬢 362
ヤマノケ 384
四つん這い女 406

夜道

小豆ババ 35
追いかけて来る人魂 66
顔が半分ない人 84
首ちょうちん 135
のっぺらぼう 281
包帯おじさん 340
もういいかい 380

column

現代の怪異とあの世

人間は、死後の世界について様々な想像を巡らせてきた。日本神話における黄泉国《よみのくに》、仏教における地獄と極楽、キリスト教における地獄と天国など、宗教や特定の思想によって定められた死後の世界は、現代人の想像する死後の世界にも影響を与えているだろう。

しかし、特定の宗教に帰属する意識が希薄な現代の日本においては、多くの人々にとって明確な死後の世界というものは存在しない。そもそも死んだ後は何もないと考えている人の方が多いだろう。

その一方で、現代の怪異譚《たん》には頻《ひん》繁《ぱん》に死後の世界が登場する。「あの世」などと表現される怪異の死後の世界とは、どのようなものなのだろうか。

例えば**ＡＩババア**は４月４日午前４時44分に、ある学校のパソコン教室にある特定のパソコンを起動した人間をあの世へと連れて行く。**さとるくん**は自分を呼び出した人間が質問をしなかったり、振り返ってさとるくんの姿を見ると、あの世へと連れ去ってしまう。ここからわかるように、現代の怪異譚におけるあの世は、怪異たちが行き来する世界として捉えられている。連れ去る怪異の正体は、死んだ人間であることもあれば、全く不明の場合もある。

怪異譚でのあの世は、宗教で語られる死後の世界と違い、その内情が語られることはほぼない。

現代の怪異譚におけるあの世は、漠然とした死後の世界だ。連れ去られれば二度と戻れぬことを予想させ、人ならざる恐ろしい存在がいることだけが示される。そしてその具体性のなさが、逆に恐怖を増すのではないだろうか。

特定の宗教を持たない人にとって、閻魔大王が裁判する地獄や、神が君臨する天国など死後の世界は想像しがたいだろう。しかし、ただあの世いう曖昧な情報が示されたとき、現代人は各々が思う死後の世界を想像する。それが、現代の怪異譚においてあの世の存在が示されても、その具体的な内容が示されない理由なのではないだろうか。

今後も、あの世からやってきて、あの世へと連れ去る怪異は語られていく。現代人にとってのあの世が、どのように変質していくのか、観察したいところだ。

※各怪異下段の数字は『日本現代怪異事典』掲載頁を、太字は本項掲載怪異を示す。

道は異界に繋がっている

この世界にはたくさんの道がある。車道、歩道、獣道、線路や海路だって道のひとつだ。人は自分たちが進むために道を作り、生活の場を広げてきた。

そして怪異たちもまた、人が作る道に現れてきた。夜道を行く人が怪異に遭遇したという話は古くから事欠かず、現代においても多くの怪談が道を舞台に語られている。

道とは場所と場所とを繋ぐものだ。しかし道の向こうにあるのが人の世界とは限らない。時には怪異の潜む異界へと繋がってしまうこともある。ここでは、そんな道に纏《まつ》わる怪の話を紹介し、考察して行こう。

車を追う高速道路の怪異たち

まず最も怪異の出現が多いのは高速道路だ。ここに出現するのは、主に車を追跡し、並走し、追い抜かして行く怪異だ。

この類《たぐい》の怪異は多岐に渡る。最も有名なものは老婆の姿をした怪異で、**ジェットババア**や**ターボババア**、**一〇〇キロババア**などと呼ばれる（類似怪異「高速老婆の怪」も参照）。彼女らは主に走っている車の後ろから現れ、生身の姿でとんでもない速さで走ってくる。そしてこれに追い越されると、事故を起こすなどしてその車を運転していた人間の身に危険が及ぶとされる。

人面犬*も高速道路に現れる怪異だ。普段はレストランのごみを漁って咎《とが》められると「ほっといてくれよ」と言うなど、無気力な印象がある怪異だが、高速道路を舞台とすると一変する。自動車に負けぬ速度で走り抜け、これに追い抜かされるとやはり事故に遭《あ》うなどしてしまうという。また、人面犬とは逆に体が人間で顔が猫という**猫人間**も高速道路に現れ、自動車を追い抜いていく。ただしこちらは追い抜かされても事故に遭うという話はない。

自転車で高速道路に出現する怪異もいる。**蕎麦《そば》屋のおっちゃん**は文字通り蕎麦屋の出前*に向かうバイクに乗った男性、という様相でバイクを追い抜かして行くし、**一〇〇キロで走る車と並走する自転車に乗ったまじめなサラリーマン風おじさん**も高速道路に現れ、名前の通り自動車と並走する。

このように、高速道路には自動車を追いかけたり、並走したり、追い抜かしたりする多数の怪異が現れる。その理由としては以下のようなことが考えられる。

まず通常の道路よりも上の速度で自動車を走らせる場所にもかかわらず、それ以上のスピードで走ってくるという恐ろしさだ。しかも彼らは生身や自転車であり、自動車や飛行機等は使わない。加えて高速道路は普通の道路と同じように一時停止や道を変えるということが基本的にできず、動きが制限される。それにより必然的に怪異と競争をし続けなければならない状況が作り出される。その上高速道路は事故を起こすとより甚大な被害を受けやすい。実際に事故を誘発させる怪異は多い。それがさらなる恐怖を煽《あお》ることとなる。

また、高速道路は普段徒歩で立ち入ることができない隔離された空間だ。自動車しか入ることのできない高架の世界はある意味で地上とは異世界となる。

高速道路はこうした要因により、怪異の出現を想像し易い空間なのかもしれない。

＊人面犬　一九八八～八九年にブームになった怪異。「ほっといてくれよ」のほか、「うるせえんだよ」といった言葉を投げかけることもある。筑波大学で遺伝子操作によって犬と人間が混じり合って生まれた、口裂け女の飼い犬だといった話もある。

＊出前　飲食店が注文をした人の家に料理を届けること。蕎麦屋の出前は、バイクに岡持ちを積んだスタイルが一般的。岡持ちを積む装置は出前品運搬機といい、サスペンションにより料理がこぼれないよう工夫されている。

異界に繋がるトンネル

次に多いのはトンネルだ。トンネルを走る車に向かって伸びてきて、後ろから引っ張り進行を妨害する**テズルズル**、トンネルを走る車をジャンプしながら追いかけ、追いかけられた車は事故に遭うという**ジャンピングばばあ**など、自動車を襲う怪異が多い。他にも雨の夜にトンネルの前に立っている白い和服に唐傘《からかさ》の女性で、人が通りかかると傘に入らないかと提案し、これに同意するとトンネルの中で消えてしまう**傘の女**、今は使用されていないトンネルの中にある侍《さむらい》の絵を見に行くと、トンネルから出てきた際に全身切り傷だらけになって倒れてしまう**侍トンネル***など、歩行者を対象とした怪異もいる。

ではなぜトンネルが怪異の出やすい場所なのか、その理由を考えたい。

まずトンネルは山岳等の向こう側とこちら側を繋ぐ役割を果たすものであり、一種の境界と考えられる。加えてトンネルは入口と出口までの間に一定の空間がトンネルにより設けられている上、昼間であれば明るい外の空間と違い、トンネルの中は常に一定の暗さを保つ。さらに前方と後方以外を塞がれた狭い空間でもある。そしてトンネルの向こうは、確認するまでは本当に現実世界と繋がっているかはわからない。人は見えない、知らないものに恐怖を覚える。この前と後ろ以外の視界を塞がれた場所は、怪異が発生する土壌として適しているのかもしれない。

また近年でも落盤事故が発生し、多くの犠牲者が生じていたり、北海道の常紋《じょうもん》トンネルでは、実際に人骨が発掘されて、都市伝説とされていた現代の人柱伝説が事実であったという事件が起きている。こういったトンネル特有の事故や事件があり、死を色濃く連想させる場所で

***侍トンネル**　神奈川県鎌倉市の山奥にある、今は使われていないトンネル。トンネルになぜ侍の絵が描かれているかは不明だが、このトンネルを人が通り抜けるたびに侍の絵に色がついていくという。

あることも、トンネルの怪異性を高める要因となっているのかもしれない。

峠、山道、坂道…道があるところに怪異は潜む

高速道路やトンネルの他にも峠道には首のないライダーが自動車やバイクを追いかけ、事故に遭《あ》わせる***首なしライダー**が現れる。また山道には、一見すれば普通の女だが、侮辱《ぶじょく》すると四つん這いになってものすごい速さでバイクや自動車を追う**四つん這い女**、首から上が牛で体が女であり、やはりバイクや自動車を追う話が多い***牛女**などの怪異が語られている。もちろん、何の変哲もない夜道や交差点にだって怪異は現れる。

道というものは人がどこかへ行き、帰ってくるために作り出した人のための空間だ。しかし夜になれば暗闇に覆われ、事故や事件により人が命を落とすことはいつの時代でも変わらずに起きている。人が利用し、歩き、走る場所だからこそ、人はその場所に現れる怪異に遭遇し、それについて互いに語り合う。坂道や峠道、辻道などは古くは自分たちの生活圏内とそれ以降を分ける境界であり、怪異・妖怪が出現しやすい場所と考えられてきた。現代ではかつてほど自分の生活圏とその外に対する意識に差はなくなったが、そういった境界に怪異が現れるという思想は残っている。

加えて高速道路やトンネルなど、現代に現れた新しい道もまた現代の怪異たちにとっては絶好の出現場所となっている。

人がいる場所には、どんな時代、どんな場所にも怪異は現れるのだろう。そんな怪異の歩んでいく道を観察して行きたい。

＊首なしライダー　東京都の奥多摩に現れると語られることが多い。首なしライダーは何らかの事故で首を刎ねられた人間と語られることが多く、交通事故というものから、道路に張られたピアノ線で首を切り飛ばされたというもの、道路に向かって折れ曲がった道路標識に首を切られたというものなど多岐に渡る。また、走り続けている理由も、首を刎ねる原因となった犯人や首そのものを探しているなど多様である。

出没場所

街

病院や墓場、幽霊屋敷となった廃墟
不可解なことが多発する線路、踏切など、
街を出没場所とする怪異や幽霊。

『日本現代怪異事典』に登場する街にまつわる怪

海辺の町
海からやって来るモノ 59

温泉旅館
鬼ばば 74

会社のオフィス
オフィスわらし 76

会社の保養所
オフィスわらし 76

火事場
消防士の幽霊 202

春日神社境内
化物の木 286

木
木次郎さん 119
ケンムン 150
ジャンケンおじさん 196
天狗 252
細手 342

キャンプ場
金縛りババア 102

漁港
ケイコさん 145

銀行
牛一頭 54

草むら
信也くん 209

公園
うわさのマキオ 61
くちばし女 133
首さがし 135
サイクリング婆ちゃん 167
心霊自販機 209
殴る霊 266
謎の女 267
生首の怪 269
パソコン通信の怪 289
町のキヲツケお化け 348

高速道路の高架下
三つの生首 363

古寺
リョウメンスクナ 414

ゴミ集積所
あわない 41

コンビニ
あおいさん 7

山村
骨こぶり 344

自動販売機
影女 86
一〇〇円ばばあ 320

少年向け公共施設
首狩り婆 135

神社
丑女 54
カキタさま 86
ヌナガワヒメ 277

水産会社の事務所
ケイコさん 145

スーパー
笑い女 426

スキー場
赤いヤッケの女 23

スナック
オフィスわらし 76

線路
コツコツババア 159
偽汽車 273
幻の電車 353
幽霊電車 394

空
大目玉 69
ブーメランばばあ 326
ペロペロピー 338

団地
紫鏡 371
オレンジババア 77
カマ幽霊 104

中古車販売店
白いソアラ 204
相名勝馬 220

鉄橋
生首ばばあ 270

寺
死人の集まる日 189
狸 232

電柱
ケタケタ幽霊 148
注射男 239
手伸びババア 251

展望台
首折れ女 134

電話ボックス
河童 100

都会
オンブスマン 77

二階建ての中古物件
一三階段 197

廃墟
旧ホテル展望閣 124
サリーさんの館 174
自殺電波塔 185
新潟ホワイトハウス 271
幽霊屋敷 394
幽霊ラーメン 395
わたし 425

廃村
巨頭オ 124
ジェイソン村 182

廃病院
おあずかりしています 66
旧朝里病院の怪 122
窓から振られる手 350

墓場
赤墓 25
ジャンピングジジイ 196
女性連続殺人鬼の幽霊 202
信也くん 209
タクシー幽霊 227
ぬりかべ 278
火遊び女 304
ヘリコプターばばあ 338
マリちゃんの像 355

橋の上
しずく 186
狸 232

ビデオショップ・ビデオ店
一〇〇円のビデオ 319
見てはいけないビデオ 364

病院
大高先生をおそったほんものの亡霊 68
ゾンビ看護師 223
血を吸う目玉 240
真っ黒なモノ 349

福祉施設
きらきらさん 125

踏切
首さがし 135
車を押す老婆 141
コツコツババァ 159
テケテケ 247
テケテケばあさん 249
生首の怪 269
冬の踏切事故伝説 332

保育園
ねずみばばあ 281

街中
影の怪人 87
耳そぎばあさん 366
腕章の少年 427

マンホール
マンホール少女 359
ラッキーオバケ 410

屋敷
二面女 330

野戦病院
上半身の怪 200

山小屋
四隅の怪 405

幼稚園
U先生 390

旅館
一寸婆 48
押し入れ婆 73
座敷わらし 169
引き戸ババア 309
四隅ババア 405

※各怪異下段の数字は『日本現代怪異事典』掲載頁を、太字は本項掲載怪異を示す。

死の気配を感じさせる病院、墓場

我々が住む街には、近世以前とは比べられないほど多くの施設が作られ、たくさんの人に利用されている。そして人間が生きている場所には必ず怪異が現れる。ここではそれら街中に現れる怪異について考えたい。

街中で怪異の出現が語られやすいのは、病院や墓場といった死の気配が濃く感じられる場所だ。

夜の病院は怪異譚《たん》の宝庫だ。医師や看護師、入院患者などが病院内で幽霊を目撃した、などの体験談は後を絶たない。これはその病院で死んだ患者が成仏できずにさ迷っていると説明されることが多い。

他にも台車を押す青白い顔の看護師が患者を見つけると猛スピードで追いかけてくる**ゾンビ看護師**の怪談をよく見かける。またトイレに入ると「カミをくれ」と要求し、紙を渡すと「この紙じゃない、この髪だ！」と人間の髪を掴み、便器の中に引きずり込む**カミをくれ**の怪談もある。これらは学校の怪談と共通した怪談だ。

人間は古くから死を忌避《きひ》し、怨霊や人魂など、人の死後に怪異を見出してきた。特に現代においては動物や植物が正体とされる怪異や、正体不明の怪異と比べ、人間が死後に変化する怪異が増えている。

病院は、無意識のうちに死を意識してしまう場所であり、それが怪異という形を伴って、語られるようになることが、怪異の増加に繋がっているものと思われる。

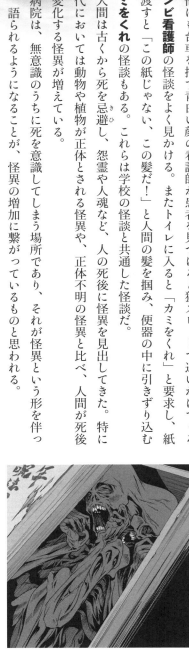

これと同様に街中で死の匂いが色濃い場所といえば、墓場がある。有名なものは東京の青山*霊園に現れ、タクシーを呼び止める**タクシー幽霊**がある。他にもかつて何人もの人を殺害した女性殺人鬼が現れ、「次はお前の番だ」とささやく**女性連続殺人鬼の幽霊**、夜の墓場で自分の髪や体に火を纏《まと》って遊んでいる**火遊び女**など、様々な怪異が出現する場所として語られている。

墓場は死者を葬《ほうむ》る場所だ。もちろん墓に眠る人々はきちんと埋葬、供養されている。しかし現代人はどうしてもそこに死者の気配を感じ、怪異の影を見る。これは近代以前に比べ、死が身近なものでなくなったからこそ、こういった死に直接かかわる場所に、より大きな死の気配を感じてしまうようになったためなのかもしれない。

怪異が彷徨《さまよ》う廃墟《はいきょ》

廃墟もまた死を連想させやすい場所だ。病院や商業施設、民家など、誰も利用しなくなったまま放置されている施設は多い。そこが使われなくなった理由は様々で、単に引っ越しや経営不振の結果、ということが多い。だが人は寂れた廃墟を見ると、特にそれが人気のない場所にあると、そこに人の死を関与させた想像をしてしまうことがある。

廃墟が心霊スポットとして扱われる例は多い。全国的に有名な話では、**幽霊屋敷**がある。これは近所で心霊スポットとして有名な「幽霊屋敷」と呼ばれる廃墟を少年たちが探検する怪談だ。少年たちはビデオカメラを回しながら廃墟の中で指輪を拾い、帰ってくるが、後でビデオを再生すると、少年たちの会話に応答するように謎の声が入っている。そして指輪を拾った場

***青山霊園** 東京都港区南青山二丁目にある霊園。一八七二年、美濃郡上藩藩主・青山家の下屋敷跡に開設。約二六万平方メートルの面積を誇る広大な霊園内には、大久保利通、犬養毅《いぬかいつよし》、北里柴三郎、市川團十郎、上野英三郎と忠犬ハチ公（碑）など、数多くの有名人が葬られている。

面で「ちょっと待て」という低い声が混入し、ビデオが終わった直後「指輪を返してほしいのですが」とビデオに紛れ込んでいた声と同じ声で電話がかかってくるという内容で、民家の廃墟であればどこでも舞台にできる構成になっている。加えて、持って帰るものが*カルテに変わるなどして廃病院を舞台にすることもある。

この場合、実際に廃墟に死者が発生したかは関係なく、死者が発生したと語るに足る不気味さを持っているか否かが怪談の舞台として語られる条件になる。むしろ実在するかどうかわからない、どこかにある廃墟という舞台設定で語られることも多い。

怪異が多発する線路、踏切

線路や踏切も同様に怪異が多発する場所だが、ここでも多くの場合人間の霊が怪異の正体として語られる。汽車が走り始めた明治頃には***偽汽車**と呼ばれる狐狸《こり》が化けた汽車の話がよく語られていたが、現在はほとんどない。多いのは、鉄道事故で体の一部を失ったため、その一部を探す亡霊の怪談だ。

有名なものは**テケテケ**で、踏切事故で足や下半身を失った少女が新たな足や下半身を探して現れる、などと語られる。他にも鉄道事故で首が飛び、見つからなかったため、それを探して首無しの幽霊が現れる**首さがし**という怪異もいる。

事故は街中であればどこでも起きる可能性があり、実際に交通事故の被害者が怪異となる***スケボーババア**や***道路の守護霊**といった怪異もいるが、踏切は事故が起きる場所として固定されているため、より怪談の舞台となりやすい。

***カルテ**　医師が患者の病状や処置、経過などを記録した文書。カルテにまつわる怪異は、北海道小樽市朝里《あさり》の「旧朝里病院の怪」が知られる。

***偽汽車**　汽車が日本を走り始めた頃、夜の品川の海岸沿いを汽車が走っていると、反対側から別の汽車が走ってくる怪事が続いた。ある夜、機関士が構わず突っ走ったところ、衝突することなく走ることができた。一夜明け、その汽車が現れた付近に大きな狸が死んでいたという。

***スケボーババア**　正月の朝、酒に酔った若者の車にはねられ死亡した老婆の怪異。なぜかスケボーに乗り、飲酒運転をする人間を見つけると魂を抜き取ってしまう。

***道路の守護霊**　栃木県のあるT字路に現れる怪異。ここ

人と怪異が共存する場所

これら死の匂いを感じさせる場所は、街中という日常世界の中にありながら、日常とは異なる世界として認識されている。墓場や病院は、それらを取り壊した跡地に学校を建てたため怪異が発生するという、学校の怪談の説得力を補強する役割を担うこともある。

そういった日常世界から外れた場所に、人は怪異の出現を想像しやすい。特に現代は狐狸《こり》が化かすといった、人ならざるものが出現する話よりも、人間の死者が何らかの形で現れる話の方がリアリティを持って受け入れられる。特に街中は自然が少なく、人工物が集中しているため、より人が怪異と化した存在が出やすい傾向にあるのだと考えられる。

ただし、幽霊に比べれば数は少ないものの、狐《きつね》や狸《たぬき》、蛇《へび》などが街中で怪異を起こした話は今でも語られている。影のような姿をしていて人の影を襲う* **影の怪人**、マンホールから出現し、見ると名前に反して不幸になってしまう* **ラッキーオバケ**など、人知を超えた存在もまた、現代の街中に出現している。

闇を払拭《ふっしょく》し、自然を乗り越え、人々は街を発展させてきた。街は人々の歴史の積み重ねの証であり、近現代の文化や技術の発展は迷信や怪異・妖怪たちの存在を否定してきたような印象を持たれることもある。しかし実際はそうではない。街が発展すればそれに合わせて怪異は出現し、人々はその存在を信じて語り継いできた。街は人と怪異が決別する場所ではなく、共存する場所なのだ。これまでも、そしてきっとこれからも。

で事故に遭った女性の霊で、T字路で事故を起こしそうになる人に声をかけて助けてくれるという。

＊影の怪人　青森県に現れた怪異。ある小学生の少女が下校途中「苦しい」という声が聞こえてきた。その声の主は自分の影で、もう一つの男の形をした影がその首を絞めている。少女が棒でその影を叩いたところ、影は逃げていった。少女が帰って鏡を見ると、首の周りに血が滲んでいたという。

＊ラッキーオバケ　マンホールの中に潜《ひそ》む怪異。午後七時七分七秒に現れ、これに遭遇すると逆に不幸になってしまうという。

出没場所

屋内・室内

部屋の隙間にひそんでいたり
窓や戸を通じて戸外から現れる怪異。
階段やエレベーターで出会うことも。

『日本現代怪異事典』に登場する屋内・室内にまつわる怪

アパート
- 寂しがり屋の幽霊 172
- 一三階段 197

家
- 赤いクレヨン 12
- 赤い爺さん 13
- 開かずの間 25
- おとろし 74
- オレンジのマット 77
- カシマおばけ 88
- カシマさん 89
- カシマユウコさん 95
- カシマレイコ 95
- カン、カン 111
- 切り取りミシン 126
- 座布団ババア 173
- 一三階段 197
- ネズミ女 280
- 星の王子さま 342
- 紫鏡 371

家の裏
- わらい男 426

エレベーター
- Rボタン 6
- エレベーターの怪 65
- エレベーターの女 64

屋上
- 紫鏡 371

呪われた部屋
- 三太郎さん 178
- 地獄の女 184
- おいでおいでおばさん 67
- 押し入れ 283

押し入れ
- 押し入れ小僧 72
- 押し入れの妖怪 72
- 倉ぼっこ 140
- 上半身の怪 200

階段
- 上半身の怪 200

カーテン
- カーテンの中 173

壁
- 座布団ババア 173
- 壁からバーサン 103

玄関
- カシマレイコ 95
- きもちの悪いものシバレボッコ 191
- 笑うゴリラ 427
- 121

隙間
- 隙間男 212
- 隙間女 212
- 隙間の目 214

箪笥
- タンスにばばあ 235
- 紫鏡 371
- ヒラノ 322

天井
- ケケケおばけ 147
- 天井なめ 253
- りかばそう 413

戸や窓の向こう
- ババサレ 298

引き戸
- 引き戸ババア 309

布団の上
- カタカタ 98

古井戸
- 闇夜の井戸 387

風呂・風呂場
- おふろ坊主 76
- カシマさん 89

部屋
- 生首の怪 310
- ひくひく 269
- カシマさん 89
- うばよ去れ 57
- 足をください 34
- エツ子さん 63
- カシマさん 89
- 黒いモヤ 142

ベランダ
- 黒いコートの女 141
- カシマさん 89
- カシマレイコ 95
- キジマさん 117
- サッちゃん 171
- 四隅ババア 405
- バッサリ 291
- バーサル 284
- スケアー 284
- すきまさん 214
- 時空うば 213
- コロポックル 183
- 会いに来る目玉 6
- コンドルのような怪鳥 166

窓の怪
- 屋根に現れた顔 384

屋根
- たまごばばあ 233

廊下
- ミシンの女の子 361

枕元
- カシマさん 89
- カシマレイコ 95
- キジマさん 117
- サッちゃん 171

窓の外
- 会いに来る目玉 6
- コンドルのような怪鳥 166

※各怪異下段の数字は『日本現代怪異事典』掲載頁を、太字は本項掲載怪異を示す。

部屋の隙間の至るところに…

自分の家、そして部屋、それは基本的に安全で、居心地の良い場所であるはずだ。しかし時に怪異たちは容赦なく、そんなプライベートな空間にも侵入してくる。

話を聞いた人間の元に現れるという、場所を問わずに現れる怪異はもちろんのこと、部屋の中には様々な怪異が潜む。

その中でも多いのは、隙間に潜む怪異だ。ある男性が会社を無断欠勤するようになり、心配した同僚が様子を見に行くと、焦点の定まらない目で部屋の隅の方を見つめる男性がいた。男性に声を掛けてみると、「女が見ているから部屋を出られない」などと言う。しかしどこにも女の姿などないため、どこにいるのかと問うと部屋の隅にある箪笥《たんす》と壁の隙間を指さす。そこでその隙間を覗《のぞ》いてみると、厚さ3センチほどの隙間に女が立っていて、こちらを見つめていた。**隙間女**と呼ばれるこの怪談は全国に広く流布しており、出現するのは主に誰かの部屋の中にある細い隙間とされている。類似のものでは会社に来なくなった男性そのものが隙間に挟まり、怪異と化してしまう**隙間男**の怪談もある。また死んだ女友達の声がして、探してみると生前いつももたれかかっていた部屋の箪笥と箪笥の間の三ミリほどの隙間に目だけがあったという**隙間の目**という怪異など、部屋の隙間を出現場所とする怪異は多い。

変わったものではカーテンと窓の隙間から現れる**座布団ババア**という怪異がいる。これは座布団に座ったまま宙に浮く老婆の怪で、*糸車《いとぐるま》を引きながらひたすらまとわりついてくると言われている。

窓や戸、天井から現れる

窓といえばこんな怪談も有名だろう。少年が部屋で勉強していると、窓を叩く音がする。そこで窓を見ると女の人がこちらを見ていて、すぐに行ってしまった。しかし少年は気付いてしまった。自分の部屋は二階であり、普通の人間が部屋を覗けるはずがないことに。

窓の怪と呼ばれるこの怪談も全国で流布しており、窓から覗くのは子どもだったり中年男性だったりするが、窓の位置が二階以上であることは共通する。「タバコ屋はどこ？」、「勉強頑張ってね」といったように、窓の外から声をかけてくるパターンもある。

このように窓や戸から部屋を覗く、侵入してくる怪異も多い。特に**ババサレ**系統の怪異は話を聞いたら現れるという特性のほか、戸や窓を叩くという段階を踏むことがほとんどだ（類似怪異「ババサレの怪」も参照）。

他にもある旅館の引き戸を開けると、そこに老婆が座っているという**引き戸ババア**、箪笥から物音がするため、引き出しを開けると出現する**タンスにばばあ**など、家の中にある物のどこかを開けると現れる怪異も多い。

天井から現れる例もいくつか確認されており、夜に天井を見ていると現れる少女の姿の怪で、「ケケケ、髪の毛一本おくれ」と言うが、それに答えるとハゲになるという**ケケケおばけ**等がいる。

＊**糸車**　車の回転を利用して、綿花やまゆから糸を紡ぎ出したり、また、紡いだ糸をより合わせたりする道具。糸《いと》縒《よ》り車。

生活の外からの来訪者

その生活空間で死んだ人間の霊が外部から訪ねてくる話もある。具体例としてはかつてあるアパートの部屋で自殺した女性の霊が、廊下を徘徊《はいかい》して自分の住んでいた部屋のドアを開け、侵入してくる**寂しがり屋の幽霊**。両親に叱られ、部屋から追い出された後に一三階から落ちて死んだ少年の霊が、その部屋に住む人間を無差別に襲うようになったという**呪われた部屋**の話等がある。

これらに共通するのは、家や部屋から見ると、ある意味では異空間となる場所からやってくるという点だ。隙間に出現する怪異の場合、部屋という空間の中で普段は注意して見ない隙間が出現場所となっている。窓や戸の向こうは部屋そのものとは隔たれた空間であり、窓や戸を開けることが怪異の被害に遭う条件となっていることが多い。引き戸やタンスは、開けてみなければ中に何があるのか視認できない閉じられた空間だ。天井もまたその裏に何が潜んでいるかわからない場所であり、怪異はその向こう側からやってくる。

いわば彼らは部屋や家に出現する怪異ではありながら、生活空間の外部からの来訪者なのだ。そのためか、彼らは人間の死者である場合もあれば、正体不明である場合もある。一方で、人間の死者の場合、生活空間に突然出現する話も多い。その部屋で自殺や殺人等により人が死んだ物件で、幽霊が現れて怪異を成す怪談は誰もが一度は聞いたことがあるだろう。これは元来が人間であり、元々そこに住んでいた者、という過去が、生活空間に直接現れることへの違和感をなくしているのかもしれない。

身の回りにあふれる異界との通路

また、マンションやアパートでは、この生活空間と外部の空間の中間にあたるものにエレベーターや階段がある。これらにも怪異は多く出現し、その正体も様々だ。

あるマンションのエレベーターの中に突然出現し、笑いながら去っていく**エレベーターの女**、あるホテルで、黒い服の女とともにエレベーターに乗った人間は、エレベーターの落下により死んでしまう**地獄の女**の話はその例だ。

さらにエレベーターそのものが怪異と化す場合もあり、**Rボタン**と呼ばれる怪談ではエレベーターのRボタンを押すと異世界に連れていかれてしまい、エレベーターを出てそのまま扉が閉じてしまうと、二度と元の世界に戻れなくなると語られている。

エレベーターは動く密室であり、一度入れば次にドアが開くまではでることができず、もしかしたら自分が全く別の世界に連れていかれてもわからない、そんな空間だ。そのため、その扉の向こうに怪異の出現を容認する傾向にあるのかもしれない。

人間が生を営む空間には、外であろうと屋内であろうと怪異が溢《あふ》れている。例え人間が完璧に支配していると考えている空間にも、異界に繋がる空間はたくさんある。あなたがふと上を向いたり、後ろを向いたりしたとき、そこにあるのは見慣れた部屋の景色ではなく、別の世界から来訪した怪異の姿かもしれない。彼らの潜む見えない世界は、あなたが思うよりも身近に存在しているのだ。

没出場所

物

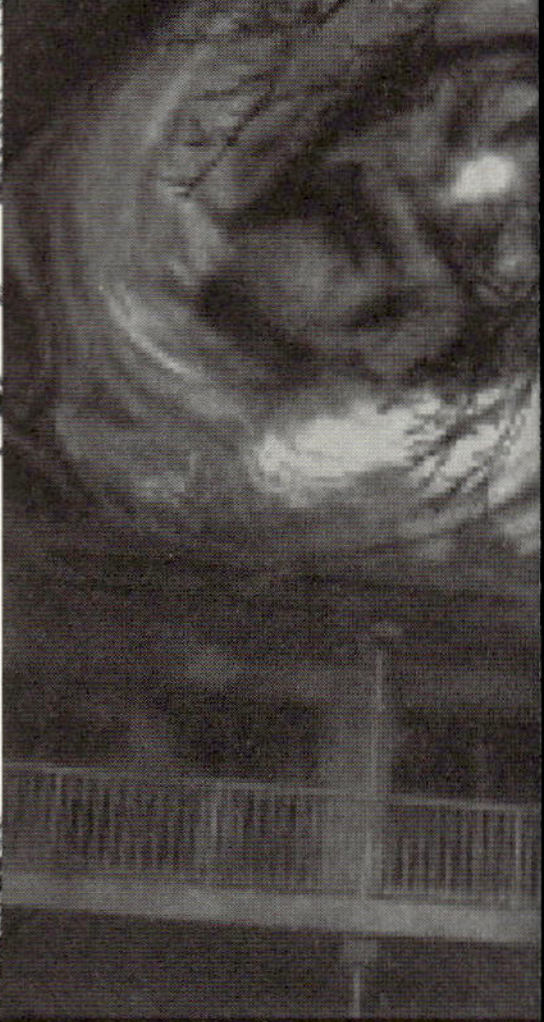

鏡や写真だけでなくテレビやパソコンのモニターなど、怪異はどんな物を通しても現れる。

『日本現代怪異事典』に登場する物にまつわる怪

合せ鏡
合せ鏡の悪魔 41
インターネット
赤い部屋 19
ウェブサービス「Twitter」上

鏡
海馬市蘭 83
鏡の怪 84
鏡の中の怪物 84
鏡の中のナナちゃん 85
鏡の中の美女 85
鏡の中の老女 86
ギロス 127
校長先生の怪 153

鏡の中から「私、きれい？」

鏡やテレビ、電話やパソコン、写真や携帯電話など、誰もが一度は使ったことがある身近な物も、時に怪異をこちらの世界に呼び寄せる入口となる。

物の中でも特に多いのは鏡だ。日本神話の八咫鏡《やたのかがみ》*や、卑弥呼《ひみこ》が使った銅鏡《どうきょう》等、古くから鏡は特殊な力を持った呪物*として扱われてきた。

現代では鏡はそこまで神聖視はされなくなり、量産されて誰もが使える日常用品となった。一方で鏡の向こう側の世界は変わらず不可思議な存在を内包する世界であり続けており、鏡面を通して様々な怪異が出現すると語られる。

例えば**合せ鏡の悪魔**という怪談が有名だ。これは特定の時間に合わせ鏡をすると鏡に映る悪魔で、小瓶で捕まえると願いを叶えてくれるとか、合わせ鏡をした者の未来の姿を鏡に映し出すようになり、最後は老衰死させてしまう、などと言われている。

このように鏡の中に怪異が潜んでいるという話はいくつもある。**鏡の中の怪物**はその名の通り、あるホテルの鏡の中に住み着いている怪物で、真夜中に鏡を抜け出して人を連れ去り、食ってしまうと語られる。**鏡の中の美女**は夜一二時に鏡の中に出現し、「わたしって綺麗でしょ」と尋ねる。これに「綺麗じゃない」と答えると、その人間は鏡の中に引きずり込まれてしまう。

田中さん 231
たなばたおばさん 231
ピエロ 305
人を食う鏡 317
紫鏡 371
霊魂さん 420

携帯電話
怪人アンサー 82

コインロッカー
赤ん坊幽霊 28
コインロッカーベイビー 151

三面鏡
死に顔を映す鏡 188

写真
アステカの祭壇 36
心霊写真 209

テレビ
NNN臨時放送 63
おばけテレビ 75
ファミコンの怪 324

電話
足いりますか電話 32
イルカノアシイル 52
エツ子さん 63
お経電話 72

※各怪異下段の数字は『日本現代怪異事典』掲載頁を、太字は本項掲載怪異を示す。

現実を反射する別世界から…

このように、鏡の向こうに別の世界があり、鏡の世界に住む怪異によってその世界に引きずり込まれるという話は多数見られる。まるでロイス・キャロルの*『鏡の国のアリス』のようだが、この類《たぐい》の怪談において鏡の世界で大冒険が始まることはなく、ただ現実世界に帰れなくなったと語られるだけのことが多い。

「屋内・室内」関連の怪異でも考察したが、生活空間に現れる怪異は、どこか外の世界からやって来るとされることが多い。鏡もその例外ではない。

そこにもし現実以外の景色が映っていたら、という想像をしてしまえば、途端に鏡の向こうは現実とは異なる世界と化す。鏡の向こうを別の世界とみなす思想は古来より世界中にあるが、それは現代日本でもある程度の説得力を持って受け入れられている。

また、鏡の中から怪異が現れるのではなく、鏡そのものが怪異と化している場合もある。有名なものは**紫鏡**だろう。これは、「紫鏡」という言葉を一定の年齢まで覚えていると呪われるという怪談だが、場合によっては紫鏡が怪異と化した経緯が語られることもある。他にも骨董屋で鏡を買った新婚夫婦が、その鏡に食われてしまった**人を食う鏡**という怪異もある。

見えない怪異を映すものたち

近代以降は写真もその役割を担ってきた。**心霊写真**は「幽霊写真」という名前で明治時代に

＊八咫鏡 三種の神器の一つ。天照大神《あまてらすおおかみ》の霊代《みたましろ》として伊勢神宮にまつられる。『日本書紀』では岩屋戸隠れのとき、石凝姥命《いしこりどめのみこと》の作ったものとされる。

＊呪物 特別な霊力が宿ると信じられている物。それをもっていると災厄が近づかず、幸運がもたらされると信じられている。寺社の護符のほか、刀剣、杓子、楊枝、絵

は既に存在しており、カメラがどんなに進化しようとそれに合わせて出現し続けた。一九七〇年代以降は心霊写真自体が霊を呼び寄せる、祟《たた》りを起こすという話も広まり、写真そのものが怪異として語られるようになった。

　鏡や写真は、現実世界の一部を切り取り、見えない怪異たちの姿を映し出すと考えられていた。しかしこれらは次第にそれ自体が怪異の棲《す》み処《か》と化し、そのものが怪異となっていった。

　そして、テレビやパソコンといった電化製品においても、同様の現象が起きている。

　おばけテレビは真夜中にテレビを一三チャンネルに合わせると後ろを向いた少女が映る。それを見つめていると後ろからお化けに押され、テレビに吸い込まれてしまうという怪談だ。

　ファミコンの怪はその名の通りテレビゲームの*ファミリーコンピュータに纏《まつ》わる怪異だ。深夜二時にファミコンをしているとテレビから血が流れてきて、テレビ画面に青い顔をした女性が映る。この女性は「あなたは今から寝ると朝になったらギタギタに切り裂かれて死ぬ」と言い、その通り寝てしまうと、その人間は朝には切り裂かれて死んでいるという。

　NNN臨時放送は近年ネットで広まった怪談だが、登場するのはテレビ画面とされている。真夜中にテレビを見ていると、突然ゴミ収集所の光景が映し出され、「NNN臨時放送」というテロップが浮かび上がる。その後人の名前が上から下に向かって流れていき、最後に「明日の犠牲者はこの方々です」といった文言が映し出されるという。

　このように、現代の怪異たちはテレビを利用して被害者に働きかけ、時にはテレビ画面を通して人を異なる世界へ連れて行く。

　パソコンや携帯電話も例外ではない。**A―ババア**はある小学校にて四月四日四時四四分にパソコンルームのパソコンを起動すると画面に現れ、子どもをあの世に連れて行ってしまう。**怪**

馬、縁起物、招き猫など豊富な種類がある。

＊鏡の国のアリス　イギリスの作家、ルイス・キャロル（一八三二〜九八）が一八七一年に発表した童話。原題は*Through the Looking-Glass and What Alice Found There.*「不思議の国のアリス」（一八六五年）の続編。鏡を通り抜けた少女アリスが、チェスをモチーフとした世界でさまざまな出来事に出会う。

＊ファミリーコンピュータ　任天堂が開発したテレビゲーム用のコンピュータの商標名。一九八三年に発売された。しばしばファミコンと略称される。二〇〇三年に製造中止。

人アンサーは一定の手順を踏むと現れる怪異で、一〇人のうち九人まではどんな質問にも答えてくれるが、最後のひとりには逆に質問をし、答えられないと液晶画面から伸びる腕で体の一部を奪い取ってしまう。この怪人は、元は個人の創作から生まれたものだが、現在では広く受け入れられ、実在する怪人と思われていることも多いようだ。

鏡や写真と違い、テレビやパソコン、携帯電話等は人が作り出した映像や画像を表示する。しかしそこにも怪異が入り込む余地はあり、人と怪異の世界を繋ぐものとして機能する。

どんな新技術にも怪異は宿る

さらに言えば、視覚を通さない電話にさえも怪異は現れる。「足いりますか」と電話をかけ、これに「いる」と答えると翌朝足が三本に、「いらない」と答えると足が一本になっているという**足いりますか電話**の怪談がその例だ。他にもある特定の電話番号にかけると、怪異の世界に繋がってしまう**冥土《めいど》の電話**や**お化け電話**といった怪談もある。電話やインターネットの発展は、離れた場所へと瞬時に繋がり、連絡を取り合うことを可能にした。しかしそれらの技術は、どこか知らない世界へと繋がる恐怖心も人々の中に生み出したのかもしれない。

どんな時代にも、人々は生活を豊かにするために様々な物を開発し、発展させてきた。しかしそれがどんなに高度な物となっても、怪異たちはその隙間に潜り込み、我々の目の前に現れるのだ。

出没場所

乗り物

自動車やバスだけでなく
船、飛行機、電車など、
あらゆる乗り物に怪異は出現する。

『日本現代怪異事典』に登場する乗り物にまつわる怪

車
足を掴む手 35
死ねばよかったのにの悪霊 189
車窓の目 194
タクシー幽霊 000
中古車の怪 000
のっぺらぼう 281
マツタケバーチャン 350

自転車
生首の怪 269

電車
アケミちゃん 30
あまがたき駅 30
携帯ばばあ 145
電車幽霊 253
隣の女 261
ひろちゃん 323

※各怪異下段の数字は『日本現代怪異事典』掲載頁を、太字は本項掲載怪異を示す。

いつの間にか消える乗客

人間は、移動するための手段を様々に発展させてきた。馬に乗り、牛に車を引かせ、＊駕籠《かご》を担いで人が走り、やがて石炭を燃やして走る汽車が生まれ、ガソリンを燃やして走る自動車が日常で当たり前に見られるようになった。

そして怪異もまた、人の移動手段に合わせて出現してきた。平安時代には、馬に乗れば一緒に乗せてほしいと頼む怪異が現れた。その正体は鬼だったり狐《きつね》だったりするが、女性の姿で現れ、一人では心細いから同伴してくれないか、と頼むパターンの話が多い。

江戸時代になると駕籠に乗る幽霊の話が語られるようになる。これは現代でいう**タクシー幽霊**の前身となった可能性がある怪異で、目的の場所に連れて行ったところ実は駕籠に乗っていた女が死んでいたという展開が語られる（類似怪異「乗り物幽霊の怪」も参照）。

現代では先述したタクシー幽霊が有名だ。これは墓場の前等で拾った客がいつの間にかタクシーの後部座席から消えており、座席がびっしょりと濡れている、といった怪談だ。また、駕籠の幽霊と同じく、目的地まで連れて行った結果、その家の人間に乗せてきた客は既に死んでいると告げられる話もある。

この他にもバスに乗っていた客がいつの間にか消えており、座席が濡れている**バス幽霊**、電車に乗った客がいつも決まった場所で消えてしまうため、調べるとそこに無縁仏《むえんぼとけ》があったという**電車幽霊**など、この類《たぐい》の怪異は数多《あまた》に語られている。

バス
バス幽霊 288
飛行機の窓
飛ぶ女 262
フェリーの上
今度は落とさないでね 164
船
ケイコさん 145
今度は落とさないでね 164
中古船の怪 239
窓の外
荷物運びババ 275

＊駕籠 乗り物の一種。竹製または木製。人の乗る部分を一本の長い柄につるし、前後から担いで運ぶもの。古くから使われたが、江戸時代に広く普及した。

死の現場である乗り物への執着

また、乗り物に関連して現れる死者が地上にのみ出現するかと言えばそうではなく、海上や空中でも当たり前のように出現する。

ある中古船では、殺人事件があったためにその被害者の幽霊が出現し、船の番人を任された人間をひたすら怖がらせたという話がある（**中古船の怪**）。このパターンは自動車でも同様のものがあり、**中古車の怪**では自動車事故で死んだ人間が、修理された中古自動車に取り憑《つ》いて事故を引き起こさせようとする。

また飛行機においては、窓の向こうから女が覗《のぞ》いているという**飛ぶ女**の怪談がある。この女は、元はその飛行機に搭乗していた客室乗務員の同僚で、殺人事件で殺害されていたと語られている。

乗り物に現れる死者の霊の多くは自分で移動ができないようだ。そのため乗り物を利用して目的の場所まで辿り着こうとすることを繰り返したり、自分が死んだときに乗っていた乗り物に取り憑き、新しく持ち主になった人間に危害を加えようとする。

自分の死を受け入れられず、一定の場所に留り、同じことを繰り返す死者は現在では**地《じ》縛《ばく》霊**として語られることが多いが、乗り物に現れる死者たちの特徴は、その乗り物の移動に合わせて動くことだ。タクシー幽霊や電車幽霊などは、自分が埋葬された場所や生前の自宅を目指して乗り物への乗車を繰り返す。また中古車や中古船に取り付く幽霊は、その乗り物自体に執着しているのか、乗り物の中だけに現れ、新たな犠牲者を生み出そうとする。飛ぶ女は少し特殊だが、これについては元々その死んだはずの客室乗務員が搭乗する予定だった飛行機に現れたこと、及び彼女はその新しいジェット機に乗ることを楽しみにしていたことが語られているため、他の幽霊たちと同じく、生前の執着を死後も持ち続けていたのだと考えられる。

現代の乗り物系怪異たち

ここまで現代に限らず乗り物には死者が現れることを見てきた。では正体が人間ではない場合はどうなのかと言うと、彼らもまた人間の作り出した文明の利器に我が物顔で現れる。

足を掴《つか》む手は全国で普遍的に語られる自動車に現れる怪異だ。ある友人グループが車で心霊スポットに赴いた際、運転手の男が突然友人たちに向かって「俺たち、友達だよな」と尋ねる。そこで友人たちが「あたり前だろ」と答えると、運転手が自分の足元を指さす。するとそこには、彼の足首をがっちりと掴む青白い腕があり、友人たちは思わず逃げ出してしまう、という怪談だ。その後の展開は、戻ってみると自動車や運転手が消えていたり、運転手が正気を失っていたりするが、いずれにせよ気持ちの良いオチは待っていない。

のっぺらぼうがタクシーに乗ってくる話もある。この話では運転手が「この辺には化け物が出て、美しい女だと思っていると実は目も鼻も口もないのっぺらぼうなんだ」と言うと、乗客が目も鼻も口もない顔を運転手に見せ、「こんな顔か」と言う話が語られる。この類の話は小泉八雲《やくも》の*『貉《むじな》』でのっぺらぼうが見せる行動とそっくりであり、同様の展開は古くは四世紀の中国の小説*『捜神記《そうじんき》』まで遡ると考えられている。現代ののっぺらぼうの話は、タクシーという乗り物を利用しながら、伝統的な怪異が生き残っている怪談と言える。

***『貉』** ラフカディオ・ヘルン著・本多孝一 訳註『妖怪奇談集』（一九一一年、秀文館）に収録。町田宗七編『百物語』（一八九四年、扶桑堂）の第33席が種本といわれる。

***捜神記** 中国、六朝時代の短編小説集。三〇巻。東晋の歴史家・干宝《かんぽう》の著。四世紀に成立。現存は二〇巻。神仙、方士、異物異聞、妖怪などに関する四七〇編の説話を集める。盤古《ばんこ》説話、羽衣《はごろも》説話などがある。後世の小説に多くの素材を提供した。

電車においては、車内で携帯電話を使い話し続ける女子高生を叱るため、携帯電話そのものが変形して**携帯ばばあ**が出現する。また**隣の女**は電車の中で特定の人間にしか見えない髪の長い女で、突然現れたかと思えばどこかの駅で降り、消えてしまう。

また近年では、電車が**異界駅**へと迷い込んだ話がインターネット上を中心に多数語られているが、その中には全車両の乗客が消え、車掌の肌が白粉を塗ったように真っ白に変わる**あまがたき駅**のように、電車の中においても怪異が発生する話もある。

電車でいつも見かけたあの人は…

乗り物は、現代人にとって生活に不可欠なものとなった。しかし人が日常的に利用するものには必ずといって良いほど怪異の出現は語られる。人を乗せて移動する乗り物は基本的に動く密室であり、簡単にそこから逃れることができない。その空間に人は無意識のうちに恐怖を覚えるのだろう。

また、乗り物には事故がつきものであり、時には死を運ぶ存在ともなり得る。特に中古車や中古船に現れる怪異は、その背景を色濃く反映している。

逆に言えば、現代人は死してなお乗り物という便利な機械に依存しているのかもしれない。それ故に死者は乗り物に現れ、死者ではない怪異は生者を求めて乗り物に現れる。それは乗り物が我々現代人の日常に欠かせなくなったことの証左《しょうさ》でもあろう。

もし彼らに出会いたければ、あなたが毎日電車で見る誰かの中で、どこかでふと消えてしまう人はいないか、確認してみると良いだろう。

出没場所

異界・別次元

思わぬところから現れる、話を聞いた人の元に突然現れるなど別世界、別次元に生息する怪異。

『日本現代怪異事典』に登場する異界・別次元にまつわる怪

あの世

- **さとるくん** 172

異界

- あまがたき駅 38
- **異界駅** 42
- お狐さんの駅 72
- かたす駅 98
- かむ…駅 107
- 齋驛來藤駅 167
- G駅 181
- 時空のおっさん 183
- 白い駅 203
- 新麻布駅 206
- すざく駅 215
- すたか駅 215
- 高九奈駅・敷草谷駅 225
- 谷木尾上駅 232
- 月の宮駅 241
- とこわ駅 260
- はいじま駅 286
- ひつか駅 314
- 人を喰う壺 317
- ひるが駅 322
- 藤迫駅 329
- べっぴ駅 336
- やみ駅 386
- 夢の川 398
- 読めない駅 407

行ったこともない場所

- 彷徨少女 340

この話を聞いた人間の元に現れる

- 化神魔サマ 89
- **カシマさん** 89
- カシマレイコ 95
- カヤマさん 107
- 火竜そば 109
- 皮はぎあきちゃん 111
- キジマさん 117
- 首取り幽霊 136
- 黒いモヤ 142
- 原爆少女 150
- **サッちゃん** 171
- **殺人ピーターパン** 188
- 死神 188
- シャカシャカ 193
- 白いずきんの女の子 204
- ソウシナハノコ 219
- そうはれこ 221
- **太古の動物** 225
- タレサマダ 233
- **テケテケ** 247
- ナタデナタ 267
- バーサラ 284
- バーサレ 284
- バーニシャル 285
- バーバラさん 285
- バサレさん 287
- バハーサル 297
- **ババサレ** 298
- バラバラ殺人事件の怪 300
- 左手をなくした男 313
- 真っ赤なリンゴ 349
- メラタデブンゼ 377
- ユミコさん 397

この世とあの世の中間

- デスタウン 250

地獄

- **地獄の女** 250

どこからともなく

- 足取りジジイ 33

炎

- 自然霊 186

夢

- 赤いワンピースの女の子 24
- 足取り美奈子さん 33
- 腕をくれ 57
- カシマさん 89
- 黄色いミイラ 115
- 首いるか 134
- 転んだら死んでしまう村 164
- **サッちゃん** 171
- 猿夢 174
- 死仮魔 182
- **死神ばばあ** 189
- そうぶんぜ 221
- **太古の動物** 225
- 田中君 230
- テケテケ 247
- ばりばり 300
- ブキミちゃん 327
- 目のない人 377
- 火傷幽霊 384
- 夢と違う 398
- 夢のダルマ 398
- Yさん 424

四次元

- **四次元ババア** 401

臨死体験

- 臨死体験に現れる女 416

※各怪異下段の数字は『日本現代怪異事典』掲載頁を、太字は本項掲載怪異を示す。

どこで遭遇するかわからない

これまで、現実世界において怪異がどのような場所に出現するのかを考察してきた。ここでは、出現が場所によらない怪異や、現実世界ではない場所に出現する怪異について考えていこう。

大正時代、日本では欧州から**幸福の手紙**というチェーンレターの一種が日本に流入してきたことは既に記した（類似怪異「チェーンメールの怪」参照）。この手紙は同じ内容の手紙を一定の人数に転送すれば、転送した人間に幸福が訪れるが、しなければ不幸が訪れるというものだった。これはやがて幸福になる、という部分が削られ、不幸になることのみが記された**不幸の手紙**に変化し、それはやがて話を聞くと出現する怪異へと変質した。

具体的に言えば、ある怪異の噂を聞いた人間が、それと同じ内容を一定人数に話さなければその人間の元に噂の怪異がやってくる、という話だ。その幽霊は**カシマさん**、**テケテケ**、**サッちゃん**といったものが代表的だが、それ以外にも多くの例がある（類似怪異「カシマの怪」、「上半身の怪」も参照）。

彼らが出現する場所は様々だ。数日後に場所を問わず話を聞いた人間の元に現れるとされることもあれば、枕元等場所を指定してくることもある。共通しているのは、物理的な因果関係を経ずに話を聞いたというだけでその人間の元に現れる点だ。

幸福の手紙や不幸の手紙は、その名前のとおり幸福や不幸といった形のない概念がその人間の元に生じるとされていたため、出現の経過を辿る必要がなかった。しかしその幸福や不幸が悪霊や化け物に置き換わったとき、彼らは確固たる存在として人の元に現れるようになった。

話を聞いたあなたの元へやってくる

この類《たぐい》の怪異は次第に数を増やしていき、電子メールやSNSを巻き込んで現在ではかなりの種類が存在する。彼らが話を聞いた人間の元に現れる理由も様々だ。

太古の動物は遥《はる》か昔、人間の祖先にあたる種族により絶滅させられた醜《みにく》い姿の動物とされる。彼らは現在の暦でいう二月一四日に最後の一体が殺されたので、この話を聞いた人間の夢の中に二月一四日に現れる。そしてその人間に何かとてつもない恐怖を味わわせ、時には精神を壊してしまうとされる。

ババサレ系統の怪異は話を聞いた人間の元にいつの間にか現れたり、決まった日数の後に現れたりする老婆の怪異だ（類似怪異「ババサレの怪」も参照）。多くの場合、窓や戸の向こうに現れるため、窓や戸を開けると命を奪われてしまう。

殺人ピーターパンはチェーンメールの一種で、自分の存在を信じない者を殺して回っており、メールを転送しない人間を信じていないと見なして殺害しにやってくる。

このように、近頃は同じ話を人にすることで怪異を回避できる要素もなくなり、ただ話を聞いた者の元に現れるという要素だけが残ったものも多い。一方でチェーンメールでは転送を求める文言が付属することが多い。そのため手紙やメールという拡散するための媒体がなくなった怪異だと、純粋に話を聞いた人間の元に現れることが特徴となる場合もあるようだ。

夢の中に生息する怪異

また、太古の動物がそうであるように、これらの怪異が現れる場所は夢の中とされることもある。この夢もまた、怪異が現れる特殊な世界のひとつだ。

古くから夢は特別な意味を持つものとして、世界中で*占術《せんじゅつ》や*宣託《せんたく》、*呪詛《じゅそ》等に使われてきた。現在では睡眠中に脳が情報処理をする際に発生する幻覚と考えられているが、今も夢に特別な意味があるものと考える人は多いだろう。

そんな夢の中に現れる怪異は、その人間の外部からやってくる異物として夢に侵入する。彼らは夢の中で様々な行動を行い、その結果、夢を見ている人間の肉体に直接影響を及ぼす。

先にあげたカシマさんやテケテケは現実世界に現れる他、夢の中に現れるものも有名で、多くの場合は夢を見ている人間に対し問いかけを行う。この問いに正しく答えられない人間は、脚部等体の一部を奪われ、現実世界でもその部位を失ってしまうなどと語られる。

死神ばばあは夢の中でわざわざ「今何時？」と尋ねてくるが、これに答えると老婆が死神に変わり、鎌で首を切られる。すると現実世界でも死んでしまうという。

人は夢の中でどんな悲惨な目があっても、現実世界に戻ればいつもの日常に戻ることができる。夢は夢でしかないからだ。しかし夢に出現する怪異たちは、その常識を覆《くつがえ》す。加えて、人は夢の中では現実世界以上に無防備で、誰を頼ることもできない。それがより怪異への恐怖を増長させ、多くの人々が夢にまつわる怪異を語る。要因になったのかもしれない。

異界、異次元、死後の世界…

最後に、現実世界とは全く別の世界に現れる怪異たちを見てみよう。

今世紀に入ってから語られるようになった怪異に**異界駅**がある。これらは電車がいつの間にか現実世界とは別の世界に入り込んでしまう等の展開が語られる。異界駅はその不可思議な世界に存在する、あるはずのない駅の総称だ。これらの異界駅に迷い込んだ結果引き起こされる怪異は、その駅ごとに様々に語られる（類似怪異「異界駅の怪」も参照）。

また、異次元からやってくる怪異も多い。**四次元ババア**はその名の通り四次元からやってくる老婆の怪異で、子どもを四次元の世界へ連れ去るなどしてしまう。**彷徨《ほうこう》少女**はある学校の下校道に現れるセーラー服姿の真っ青な顔の少女だ。彼女に追いかけられるとどこか知らない場所に迷い込み、永遠にそこをさ迷うこととなるとされる。

出没場所「物」で考察した鏡やテレビ画面、パソコン画面などから現れる怪異も、別世界からやってくる怪異の例であろう。

死後の世界からやってくる怪異もいる。**地獄の女**は文字通り地獄からの使者として、人を地獄へ連れて行く。公衆電話を使って呼び出す**さとるくん**は、どんな質問にも一度だけ答えてくれるが、その姿を見てしまうとあの世へ連れて行かれてしまうという。

現代人は様々な場所に怪異の姿を見てきた。そして怪異たちは物理的な因果関係や現実世界を飛び越え、様々な方法で我々の元へと来訪するようになった。怪異はいつどこからやってくるか予想がつかない。私たちも常々注意しておかねばならないだろう。

出没場所

時間・時刻

朝方から日中にかけて、あるいは夕暮時から深夜にかけてなど、特定の時刻や日時に出現する怪異。

『日本現代怪異事典』に登場する時間・時刻にまつわる怪

朝
朝の吸血鬼 32

昼
光ゆうれい 306
こっくりさん 157
トイレの花子さん 254

夕方
青いドレスの女 8
赤マント 26
口裂け女 128
テケテケ 247
ランニングベイビー 410

夜・夜中
ＮＮＮ臨時放送 63
骸骨模型の怪 81
化神魔サマ 89
時間の精 183
人体模型の怪 207
タクシー幽霊 227
ダッシュ女 229
ダブル 232
幽霊電車 394
ラッパを吹く少年 410

丑三つ時
足いりますか電話 32
味を見て 35
うばよ去れ 57
鏡の怪 84
クロカミサマ 142
午前二時の美女 156
時空うば 183
ファミコンの怪 324
布団の怪 330
幻の電車 353
四隅ババア 405

特定の日時
青・赤・黄の手 10
赤いバス 17
赤いはんてん 17
赤いマント 22
合せ鏡の悪魔 41
馬人間 57
海からやって来るモノ 59
うりこひめ 60
ＡＩババア 62
追いかけて来る人魂 66
おしんさん 73
帰れない砂漠 84
鏡の中の老女 86
かごめかごめ 87
カミくれオバケ 105
九時おじさん 128
黒いもや 142
くろづめ 143
五月五日の老婆 155
五時ジジ 155
五時ババ 155
三時婆 177
一二時ババ 198
白い壁 203
二時ばばあ 272
ヒヨコの化け物 322
ピラピラさん 322
風神 325
ベートーベンの怪 335
マラソン幽霊 355
ゆうれいおばば 393
雪女 395
四時ババア 401
四時四四分の怪 402
ヨダソ 405
ラッキーオバケ 410
六時ジジイ 422

※各怪異下段の数字は『日本現代怪異事典』掲載頁を、太字は本項掲載怪異を示す。

日中現れる怪異は少数派

怪異たちには出現する場所以外に、出現する時間が決まっているものも多い。日本民俗学の開拓者、柳田国男《やなぎたくにお》が『*妖怪談義《だんぎ》』にて幽霊は丑三《うしみ》つ時《どき》に、お化け（妖怪）は黄昏時《たそがれどき》に現れると書いたことは有名だが、異論も多く出ており、現代の怪異もこれらの時間に固定して現れる訳ではない。

しかし、現代の怪異が出現する時間帯を拾ってみると、かつて*逢魔刻《おうまがとき》とも呼ばれた黄昏の空の下と、草木も眠る丑三つ時のような深夜帯が多いのは確かだ。

早朝を出現時間とする怪異は少ない。**朝の吸血鬼**はその名の通り朝の通学路に出現する珍しい怪異だ。黒いマントを羽織った怪人で、「君、黒が好きかい?」と尋ね、「嫌い」と答えるとそのまま殺され、「好き」と答えると二年間付きまとわれた上で殺されてしまう。これは**赤マント**系統の色を問う怪異に加え、黒いマントから吸血鬼を連想して生まれたものと思われるが、吸血鬼にも関わらず朝が平気とされている。

このような例外がないことはないが、朝に限定して出現する怪異はほとんどいない。昼間についてはその限りではなく、学校の怪談を始めとしてそれなりに語られる。教室で**こっくりさん**をする、女子トイレで**トイレの花子さん**を呼び出す、などがその例だ。

しかし、それでも夕方や深夜に現れる、と時間を指定している怪異に比べれば数は少ない。**光ゆうれい**は昼間に出る幽霊で、太陽の動きに同期して光を放つとされている。この幽霊は珍しく昼間にしか見えない、と説明されていることから、少なくとも幽霊は昼間には出ないも

＊**逢魔刻** 暮方の薄暗い時刻。たそがれ。逢魔時、大禍《おおまが》時《とき》とも。

の、という感覚が我々の中にあることが伺える。実際、昼間から出る幽霊の怪談は夕暮れから夜にかけて現れる話に比べれば少ないはずだ。

黄昏時＝子どもたちの下校時間

また黄昏時は、学校へ通う子どもたちにとっては下校時間に重なる。子どもたちはそれぞれの家の帰路につき、学校に残っていたとしても人の姿は閑散としてくる。そのためこの時間帯の帰り道や校内を舞台として語られる学校の怪談は多い。

口裂け女は赤く染まった空の下で道行く小学生に向かって「わたしきれい？」と問いかける。**テケテケ**は放課後、部活動をしている少年に向かって、窓から声を掛ける。**青いドレスの女**は放課後の校舎の屋上に現れ、それを見た人間に原因不明の熱病*を引き起こす。

かつて黄昏が怪異・妖怪と遭遇する時間と言われたのは、辺りが薄闇に包まれ、人と人ならざるものの区別がつかなくなるためだった。現代では外でも街灯の明かりで遠くにいる人間でも見分けが付く。それでも薄闇は人を不安にさせる。加えて授業や部活等から解放され、自由となった子どもたちは、家につくまで大人の目を離れた無防備の状態になる。その不安が怪異たちを呼び寄せるのだろう。

一人になる真夜中を狙って…

次に深夜に現れる怪異に目を向けてみよう。夕方に現れる怪異に比べても、深夜は圧倒的に

＊**熱病**　体温が異常に高くなる病気の総称。腸チフス・肺炎・敗血症・発疹チフス・天然痘など。

数が多い。

真夜中の学校で骸骨模型はダンスを踊り、人体模型は犠牲者を求めてさ迷い歩く。廊下では**ダッシュ女**が時速一〇〇キロ以上で駆け抜ける。鉄道では死者を乗せた**幽霊電車**が走り抜け、目撃した人間をあの世へと引きずり込む。墓場では**タクシー幽霊**がタクシーを呼び止め、トイレでは**ダブル**と呼ばれる自分と同じ姿の人間がうずくまり、目撃した人間は三日以内に死んでしまう。テレビからは**NNN臨時放送**が流れ、明日の犠牲者を伝える。**幽霊**たちも昔と同じくこの時間には元気になり、様々な心霊現象を引き起こす。

夕暮れが昼と夜の狭間の時間であるならば、真夜中は最も昼間から遠い時間だ。

夜の世界が明るく照らされるようになった現代でも、多くの人にとって夜と昼は別世界だ。夜は多数の人が眠りにつく時間であり、夜が更けるほどに人の気配は少なくなる。

現代は近代以前に比べれば人口が桁違いに増えている。その人々の群れの中に出て来る怪異の数は少ない。彼らが出てくるのは、基本的にはその人間が一人になったときか、少人数のグループでいるときだ。

夜になれば子どもはもちろんのこと、多くの大人も仕事から解放され、会社等の組織を抜けて一個人に戻る。そういう意味でも夜という時間帯は怪異にとって好都合なのだろう。夜道を歩く人にせよ、家で過ごす人にせよ、眠りにつく人にせよ、昼間に比べ、夜は少人数や一人でいる人が多い。真夜中となればなおさらだ。加えて太陽の明るい昼間に比べ、夜は人の不安を増大させる。いくら照明が普及しても、人間が本能的な恐怖を完全に払しょくすることは難しいのだろう。その恐怖に怪異たちは付け込んでくるのだ。

特定の時刻が出現条件のものも

ここまでは、夕方や深夜など、広い時間帯に関わる怪異の傾向を見てきた。では次に、具体的な時間が指定されている例を見てみよう。すると多いのは午前、午後に関わらず四時四四分、午前一二時、午前二時の三パターンであることがわかる。

四時四四分が「死」の並ぶ時間であり、不吉だと考えられていることは既に述べた（類似怪異「四時四四分の怪」も参照）。午前二時は丑三つ時に当たり、古くから怪異がよく発生し、幽霊が出現するとされてきた時間帯だ。そして午前一二時は日付が変わる時間に当たる。それは一日の境となる時間と考えられ、昨日、今日、明日が同時に発生し得る時間帯でもある。そんな不安定な時間だからこそ、怪異が現れやすいのかもしれない。

また、**ベートーベンの怪**を始めとした音楽室の肖像画に纏《まつ》わる怪異は、どうしてか夜一二時に発生すると語られることが多い。**ヒヨコの化け物**は一二時になると出現する巨大な大きなヒヨコの怪異で、校庭に生えたクスノキの周りを走りまわる。校庭では他にも二宮金次郎像が動き回るのは一二時とされていることが多い。このように、夜中一二時は学校の怪談において頻出する時間でもある。これは子どもたちにとっての真夜中が、夜の一二時以降を指していることが多い、という可能性も考えられる。

以上のように、時間は時代を問わず怪異たちが現れるための条件として、重要な役割を担ってきた。この世に時間の概念がある限り、怪異たちは自分たちの住み良い時間を見つけて、我々の前に現れることだろう。

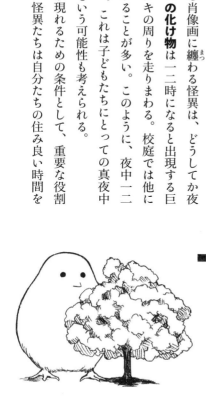

出没場所

機会

怪異出現のタイミングは
こちらから呼び出す場合に加え、
天候や特別な条件を満たすことで成立する。

『日本現代怪異事典』に登場する機会にまつわる怪

呼び出す

愛の女神様 6
歌声ユーレイ 57
エンジェルさま 65
仮死魔殺子 88
鬼門を開ける方法 122
キューピットさん 123
キラキラガールさま 125
切り子さん 126
グリーン様 140
こっくりさん 157
権現様 164
座敷わらし 169
さとるくん 172
守護霊さま 199
たかこさん 226
太郎くん 234

人間が呼び出すと現れる

ここまでは怪異たちが出現する場所、そして時間帯の傾向を見てきた。最後は、怪異の出現に関わる重要な要素のひとつ、出現の条件やタイミングについて考察していきたい。

まず条件として語られることが多いのは、人間が自ら怪異を呼び出す、というパターンだろう。これはトイレのドアを三回ノックして名前を呼ぶ**トイレの花子さん**や、複数人が集まり、規定の道具を用意して決まった儀式を行い、降霊する**こっくりさん**の類《たぐい》などが代表的だ。これらは任意のタイミングで出現させられる怪異ということにもなる。

霊を呼び出す行為は、現代になって始まったものではない。特殊な能力を持つ霊能者や宗教者でなくとも気軽に霊を呼び出す方法が近頃は数多《あまた》に語られている。これは心霊主義における*降霊術《こうれいじゅつ》の方法が民間に伝わった影響が大きい。

特に先述したこっくりさんの系統は数が多く、こっくりさんよりも安全な霊を呼び出すなどと言われる**エンジェルさま**や**キューピットさん**が有名だろう。他にも自分の守護霊を呼び出して質問に答えてもらう**守護霊さま**、友人関係を占う際に使われる**グリーン様**等もある。これらは子どもの遊びのひとつとして語られるが、どれも霊を呼び出した結果、その霊に憑《つ》かれる、殺されるなど恐ろしいことが起きたという話があるため、油断は禁物だ。

この占いの類の他にも怪異を呼び出す方法は多い。

先述した花子さんと同様、トイレのドアをノックし、名前を呼びかけることで呼び出すことができる怪異も数多く確認されている。代表的なのは呼び出した子どもを闇の中に連れ去るな

チャーリーゲーム 238
手のおばけ 251
トイレの花子さん 254
トックリさん 261
花男くん 293
ブラック花子さん 332
ブランコ小僧 333
分身様 333
星の王子さま 342
ポックリさん 343
ホワイト様 346
やみ子さん 387
四隅ババア 405
ラッキーオバケ 410
ラブさま 410
霊魂さん 420
レモンちゃん 421

特殊な条件

馬ばあさん 58
お茶どうぞ 73
カーテンおばけ 80
柿の実の怪 86
一〇〇円ばばあ 320
一〇〇キロで走る車と並走する自転車に乗った

※各怪異下段の数字は『日本現代怪異事典』掲載頁を、太字は本項掲載怪異を示す。

どする**やみ子さん**や、男子トイレに現れる**太郎くん**だ（類似怪異「厠《かわや》の幽霊の怪」も参照）。

手のおばけは「肩がこる」と五回言うことが出現条件になっている怪異で、「揉みましょうか」と言いながら現れる。その後殺された、傷つけられた、という話はないため、単に親切なのかもしれない。

歌声ユーレイはある学校の二階のトイレに歌を歌いながら入って行くと一緒に歌ってくれるという怪異。この時途中で歌をやめると、「歌わせて……」と悲しい声がするという。

近年では、特定の旅館に宿泊することで現れる**座敷わらし**も有名だろう。これに出会うと幸福になるという噂さから、多くの人々が座敷わらしの出る宿を訪れている。

雨が降ると現れる

また、天候が出現条件となっている怪異もいる。

特に多いのが雨の日というものだ。二一世紀初頭にインターネット上で語られ、やがて学校の怪談にもなった**ひきこさん**という怪異がいる。彼女は壮絶ないじめと両親からの虐待により顔を傷つけられ、自宅にひきこもった少女、森妃姫子《ひきこ》の成れの果てだ。家から出ることなく怨念を膨らませ、やがて怪異と化した彼女は、両親を殺害した後、雨の日にだけ外を徘徊するようになった。そして小学生を見つけるとその体の一部を掴み、肉塊になるまで引きずり続けるという。そして雨の日にだけ現れるのは、目と口が裂けた醜い顔を見られないよう、皆が傘をさしている日を狙うからだと説明される。

傘の女は名前の通り傘を持った怪異で、*唐傘《からかさ》に白い着物の若い女という様相をしている。こ

まじめなサラリーマン風おじさん 321
一〇〇キロババア 321
臨死体験に現れる女 416

天候
あるき水 40
傘の女 87
傘ババア 88
黒いモヤ 142
ケケケ 146
ひきこさん 307
水溜まり女 361

三人が並ぶ
赤いボール・青いボール・黄色いボール 20
頭と手と足 37
人が消える歩道橋 314
真夜中のゴン 354
真ん中の怪 358

※各怪異下段の数字は『日本現代怪異事典』掲載頁を、太字は本項掲載怪異を示す。

の怪異も雨の日の深夜にのみ現れ、火葬場近くのトンネルで、傘を持っていない人に声を掛ける。この時女の誘いに乗ってその傘の下に入り、歩き始めると、やがて女とともに消えてしまうという。

あるき水も雨の中にのみ現れる怪異で、文字通り水の塊のようなものが歩いてくるという。

このように、雨を出現条件としている怪異は多岐にわたる。雨の日は空が雲に覆われ、大地は水に覆われる。晴れの日とは全く違う景色がそこに現れる。そんな景色は、快晴の空の下よりもずっと怪異の姿が似合うのだろう。

三人並ぶと現れる

これらに加えて、明治時代から伝わる怪異の出現条件に、三人の人間が並ぶというものがある。古くは写真に纏《まつ》わる怪異で、三人並んで写真に写ると、その三人、もしくは真ん中の一人が早死にする、などと言われていた。

この三人並ぶと怪異が起こる、という怪談は現在では様々に派生して語られている。

写真の他に多いのは鏡の前で三人が並んだ場合で、真ん中の人間が映らない、霊と入れ替わる、などの話がある。他にも、ある学校の白い熊の像に三人で乗ると真ん中の人間が消えるという話や、ある歩道橋で三人並んで歩くと右端か左端の人間が消えてしまう、という話もある。

元々写真に三人で写ると真ん中の人間が早死にするという話は、写真を撮られると魂を抜かれるという迷信から派生したものだったようだ。三人の人間が並んだ場合、カメ

＊降霊術　霊媒師《れいばいし》などが霊を呼び寄せる方法。霊を通じて意中の思いをかなえたり、予言や警告を語らせたり、さまざまの奇跡を起こさせるのに用いられる。

＊唐傘　洋傘に対する和傘の総称。柄がついているところから柄傘《からかさ》ともいわれる。唐の文字をあてるのは唐茄子《とうなす》、唐《とう》辛子《がらし》と同様に、外国からの舶来品であることを示す。

ラは真ん中にいる人間にピントを合わせる。そのために真ん中の人間が最も魂を盗まれる量が多く、寿命が縮む、と噂されたことが原因だったという。現代はそんな迷信を信じる人間はほとんどいないが、三人で並んで何かしらの行動をすると怪異が起きる、という認識だけは残っており、そのため様々な怪異譚《たん》が語られるようになったものと考えられる。

フラグは日常の至るところに

これらの他にも、特殊な条件下で現れる怪異がいる。その中でも面白い条件やタイミングで現れる怪異たちを紹介しよう。

一〇〇円ババアはある県道沿いの自販機で飲み物を買おうとするといつの間にか現れる老婆の怪異で、「それはわしの一〇〇円じゃないかね」としつこく聞いてくる。一〇〇円を渡すと老婆の姿は消えてしまうという。

臨死《りんし》体験に現れる女は、その名の通り臨死体験*をした際、花畑や川の向こうに現れる。この女に手招きされ、それについていくと、死んでしまうという。

このように、現代の怪異たちは様々な条件やタイミングの元に現れる。もしかしたら、日常何気なく行っていることが、怪異を呼び覚ますきっかけとなる、ということがあるかもしれない。

怪異たちと出会いたくないならば、そして、もし出会ってしまったときのために、彼らのことを良く知り、その出現の条件や対処法を学んでおくことが、重要になるだろう。

＊**臨死体験**　死に直面し、生と死の境をさまようこと。また、一度死んだとみなされた後、再び生き返ること。英語では a near-death experience.

第3章 使用凶器

現代の怪異たちは様々な手段で人に危害を加えようとする。
その手口は、呪いや憑依、連れ去りなど特殊能力のほか、
鎌やナイフなど刃物や鈍器、素手による攻撃、
さらにはどこの家庭にでもある日用品さえも凶器にする。
本章では、そうした怪異が用いる「凶器」について考察する。

凶器使用

呪い

時には死をもたらし
時には精神や肉体を破壊する、
呪いを凶器とする怪異。

『日本現代怪異事典』に登場する呪いにまつわる怪

あおいさん 7
青いドレスの女 8
青い船・赤い船 8
青いもの 9
赤い糸・青い糸・白い糸 10
赤い紙・青い紙 10
赤い車 12
赤いセーターの祟り 13
赤いチョッキ 16
赤い沼 17
赤いはんてん 17
赤い服と白い服 19
赤い服の警備員 19
赤いマント 22
赤ズキン 24
開かずの間 25
赤墓 25
アクロバティックサラサラ 29
足取り美奈子さん 33
足を出しての老婆 35
頭と手と足 37
油すまし 37

あめふり 39
ありささん 40
合せ鏡の悪魔 41
生き人形 42
石女 45
イチョウの祟り 46
命を削る人形 50
イルカ島 51
イルカノアシイル 52
ウサギの呪い 53
牛女 55
渦人形 56
腕をくれ 57
海からやって来るモノ 59
エツ子さん 63
お岩さん 68
大渕小僧 69
大目玉 69
おかむろ 70
オカリヤ様 70
お菊ちゃん 70
おだいじに 73
オバリヨ山の怪女 75
オフィスわらし 76
カールマイヤー 80

骸骨模型の怪 81
鏡の中のナナちゃん 85
かごめかごめ 87
仮死魔殺子 88
化神魔サマ 89
カシマさん 89
鹿島さん 94
片足ピンザ 97
学校の七不思議 99
金縛り 102
金縛りババア 102
カマキリさん 103
神隠し 105
髪を切られた花子さん 105
火竜そば 109
川女 110
カン、カン 111
姦姦蛇螺 112
黄色い車 115
黄色いミイラ 115
黄色のハンカチ 115
キジマさん 117
銀色のナイフ 127
くねくね 133
首ちょうちん 135

首なしライダー 137
首はいりますか電話 138
黒いもや 142
黒い霊 142
クロカミサマ 142
ケケケおばけ 147
ゲバチ 149
後悔の木箱 152
幸福の手紙 154
ゴールデン鏡 155
黒板じじい 155
午前二時の美女 156
こっくりさん 157
コツコツババァ 159
コトリバコ 160
小指の話 163
転んだら死んでしまう村 164
採桑老 167
座敷わらし 169
さるのつめ 174
三本足のリカちゃん 179
幸せのにんじん 181
ジェットババア 182
支笏ライダー 185
自殺電波塔 185

※各怪異下段の数字は『日本現代怪異事典』掲載頁を、太字は本項掲載怪異を示す。

七人坊主 186
シナバ草 187
死神 188
死人茶屋 192
邪視 194
ジャンピングばばあ 196
上半身の怪 200
白髪のお婆さん 202
白いソアラ 204
次郎くん 206
人体模型の怪 207
人面石 208
人面犬 208
心霊写真 209
隙間女 212
ターボババア 225
太古の動物 225
たかこさん 226
祟る箱 228
田中河内介の最期 229
田中君 230
田中さん 231
たにしの祟り 232
ダブル 232
血の教室 236

血まみれのコックさん 237
血を吸う桜 240
ツチノコ 242
ツナカユリコ 244
つぼ姫さま 244
手振り地蔵 251
図書室のヴァンパイヤ 260
図書室の怪 260
どっぺちゃん 261
ドッペルゲンガー 261
トミノの地獄 262
ドラキュラの牙 264
トンネルの老婆 265
とんぼの間 265
生首の怪 269
二二号ロッカーの怪 272
偽人力車 273
二宮金次郎像の怪 274
荷物運びババ 275
ニンジンの怪 276
呪いの音符 282
呪われた校歌 283
バーニシャル 285
バス幽霊 288
八尺様 292

はなも 296
ババアトイレ 298
はばかりさん 298
ババヤン 299
禁后／パンドラ 301
ヒカルさん 306
引きずり女 309
びくまな 310
ひじかけババァ 311
左足のないバレリーナ 313
左手塚の怪 313
ヒッチハイクばばあ 314
人が消える歩道橋 314
一声呼び 316
ひとりかくれんぼ 316
一〇〇キロババア 321
ピョンピョンババァ 322
フィンガーさん 324
プール坊主 327
ブキミちゃん 327
不幸の手紙 329
布団の怪 330
浮遊霊 331
平和な日々に 334
ベートーベンの怪 335

蛇 337
便所入道 338
放送室の幽霊 340
棒の手紙 340
仏崎の女 343
まっかっかさん 348
まな板の怪 351
魔の第三コーナー 352
真夜中のゴン 354
マラソンおじさん 354
マラソンマン 355
マリちゃんの像 355
真ん中の怪 358
水神様 361
みち子さん 362
紫鏡 371
紫の亀 374
紫のブランコ 374
メールババア 376
目のない人 377
メリーちゃん人形の怪 380
もっと速く 382
やみ子さん 387
遺言ビデオ 388
幽霊自動車 393

幽霊電車 394
雪虫の祟り 397
指数え 397
ユミコさん 397
ゆみ子さん 398
夢のダルマ 398
四時ババア 401
四つん這い女 406
ラッキーオバケ 410
ラブさま 410
竜宮屋敷 414
リョウ子さん 414
リョウメンスクナ 414
リリーさん 415
リンフォン 417
リンリン便所 417
霊団 420
ロア 421
ロッカーの上の少女の霊 423
わたしにもきかせて 425
笑い女 426

※各怪異下段の数字は『日本現代怪異事典』掲載頁を、太字は本項掲載怪異を示す。

column

怪異の世界に導く『ゲゲゲの鬼太郎』

日本人で『ゲゲゲの鬼太郎』と、その主人公である幽霊族の少年「鬼太郎」のことを知らない人はいないだろう。

紙芝居作品として生まれた鬼太郎は、後に貸本業界に移行した水木しげるにより、漫画『墓場鬼太郎』に生まれ変わり、その後『月刊少年マガジン』で子ども向けに『墓場の鬼太郎』として連載される。『墓場の鬼太郎』は後にアニメ化するにあたって『ゲゲゲの鬼太郎』と改題され、やがて国民的妖怪アニメとなって、キャラクターとしての「妖怪」を人々の間に普及させた。

この『ゲゲゲの鬼太郎』や、同じく水木しげるが著した『日本妖怪大全』をはじめとした妖怪図鑑は、日本人が持つ妖怪観に大きな影響を与えた。またこの水木作品の影響下で作られた作品も数多《あまた》にある。小説や漫画、映画、アニメ等、数々の作品の中で妖怪たちが登場し、活躍するようになったのは、『ゲゲゲの鬼太郎』をはじめとした水木作品の影響なしには語ることはできないだろう。

そしてこの影響は、何も創作作品にのみ及んだ訳ではない。『ゲゲゲの鬼太郎』は、現実の人々にも大きな影響を与えた。

私もその影響を受けた一人だ。私は子どもの頃、アニメとして放映していた『ゲゲゲの鬼太郎』（第四期）を見て、初めて妖怪の世界を知った。鬼太郎は1960年代から2010年代まで、それぞれ一度ずつアニメ化を果たしている。私のように、鬼太郎で初めて妖怪に興味を持った、という子どもは少なくないのではないだろうか。

『ゲゲゲの鬼太郎』は、子どもや大人を怪異・妖怪の世界へ導いてくれる作品である。そして私のように、この作品をきっかけに、現代怪異に興味を持つ人間もいるはずだ。

2019年5月現在、『ゲゲゲの鬼太郎』は第6作目のアニメを放映している。このアニメをきっかけに、どんな人たちが怪異・妖怪の世界へ興味を持ち、そしてその世界にはまっていくのか、見守っていきたいところだ。

様々な災厄を与える呪いの恐怖

呪いとは、特定の対象に対し物理的な因果関係を経ずに病や怪我、時には死などの災厄を与える手段の総称として使われる言葉だ。

その歴史は古く、世界中で人類が行ってきた記録が残されている。日本においても神話の時代には既に数多くの呪詛《じゅそ》の例を見ることができる。現代でも*丑《うし》の刻参《こくまい》りの方法などは広く伝わっている。さらにネットや書籍を覗《のぞ》けば憎い相手を呪うための様々な情報が散見され、時には呪いを代行している業者まで出てくる。現代社会においても、呪いという概念は未だ生きている。

『日本現代怪異事典』では、物理的な因果関係を経ずに他者に被害を与える怪異たちの能力を、「呪い」という言葉でまとめた。本来の語義からは外れるものもあると思われるが、本書においても便宜的に「呪い」という言葉を使わせて頂ければ幸いである。

死をもたらす呪いの怪異たち

現代怪異たちがもたらす呪いの中で、最も多くに見られるのは死をもたらすものだ。具体的な例としては、**紫鏡**という言葉を二〇歳まで覚えていると死ぬ。**トミノの地獄**という詩を音読すると死亡する。**ドッペルゲンガー**と遭遇《そうぐう》すると数日のうちに死んでしまうなどの話が有名だろう。

この他にも**黄色い車**という怪談では、三人の女性を乗せた黄色の車と遭遇し、乗って

***丑の刻参り**　丑の刻（午前一時から三時頃）に、神社の御神木《ごしんぼく》に呪う相手に見立てた藁《わら》人形に釘を打ち込む呪術。白装束をまとい、頭に五徳《ごとく》（鉄輪）に灯したロウソクを突き立てた姿で行う。七日目で満願《まんがん》となり、呪う相手は死ぬが、儀式を他人に見られると効力が失せるという。

いる女性に「乗っていきませんか」と声を掛けられる。これを拒否すると翌日に自動車事故で死んでしまうと語られている。ノートや天井など、四角い物の四隅に「木に春は椿」と書くと背後に現れる**黒い霊**は、振り返ってそれを見るだけで死んでしまう。

このように、覚えているだけ、遭遇するだけで死をもたらす怪異は数多《あまた》に語られている。これは現代に限ったことではない。鎌倉時代の説話集《せつわしゅう》『*古今著聞集《ここんちょもんじゅう》』では、首に赤紐《あかひも》を掛けた巨人を目撃した後、病に倒れ間もなく亡くなってしまったと記されている。江戸時代の奇譚《きたん》集《しゅう》『*老媼茶話《ろうおうさわ》』では、島原城《しまばらじょう》に口の裂けた大女が現れ、これに微笑みかけられた人間が即死したという話が語られている。

これらの例に限らず、怪異や妖怪、神の類《たぐい》が物理的な攻撃をせずに人を死に至らしめる話は数多く、近世以前は死をもたらす呪いや祟《たた》りは当たり前にあるものとして受け入れられていた。

しかし文明が発展し、生命の死が科学的に解明されるようになった近代以降でも、呪いは死をもたらすものとして存在し続けた。それは、呪いが死をもたらす原理が科学的に解明できないことが、より恐怖を増長させるからなのだろう。

また、他によく見るのが、「不幸になる」などの概念的な災厄を起こす呪いだ。代表的なものは**不幸の手紙**だろう。これは文面に記された一定の人数に同じ文章を送らないと不幸になる、とされる手紙だが、大正時代には**幸福の手紙**として同様の手紙が日本に流入したことが確認されている。また先述した紫鏡やトミノの地獄などでは「死ぬ」ではなく「不幸をもたらす」とされる場合の方が古く、不幸の概念が具体的に死に変換される怪談も多い。

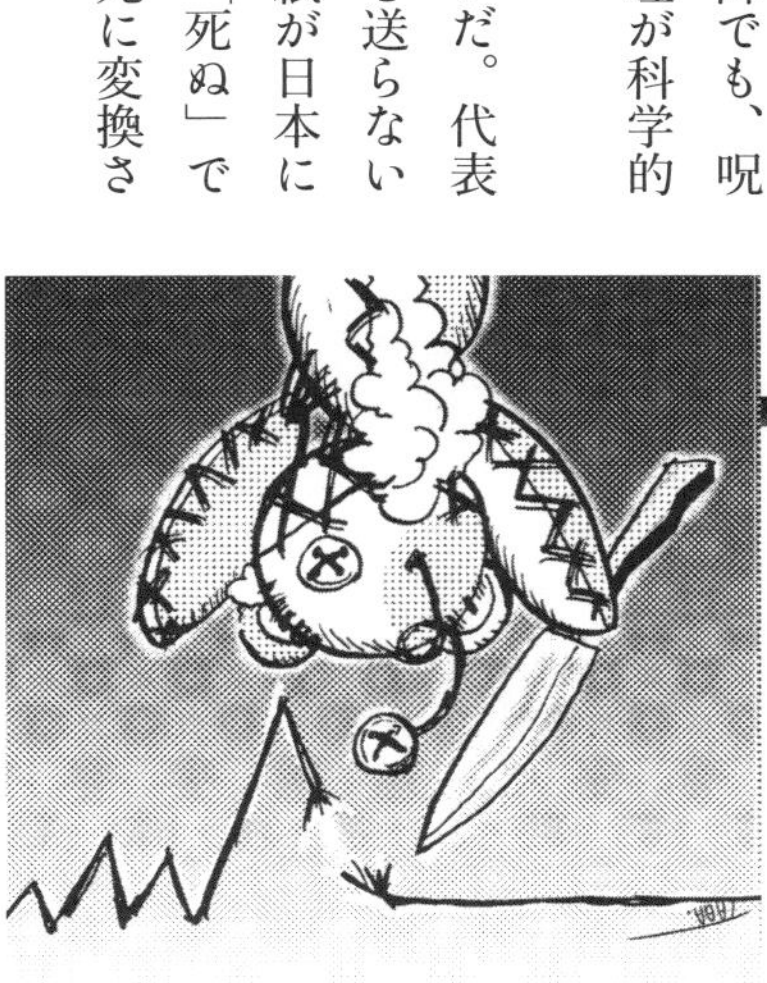

＊古今著聞集　橘 成季《たちばなのなりすえ》編の鎌倉時代の説話集。一二五四年成立。二〇巻。平安中期から鎌倉初期までの日本の説話約七〇〇話を、神祇《じんぎ》、釈教《しゃっきょう》、政道公事《くじ》、文学、和歌など三〇編に分けて収める。

＊老媼茶話　一七四二年刊行。会津浪人三坂春編《はるよし》による、会津地方を主とした奇談集。幽霊や妖怪に纏《まつ》わる話が多く収められている。

呪いは形のない概念だからこそ、不幸という概念をもたらすことが許される。これは他の凶器にはない、呪いの特徴だと言えよう。

呪いで精神と肉体を破壊する

さらに、近年インターネット上でよく見られるのが、精神を破壊するパターンだ。**くねくね**はその代表的なものだろう。この怪異は田園や海辺に現れ、遠方からは体をくねらせて動く白い人間のように見える。しかしその動きは人間の関節の構造上ありえない動きで、双眼鏡等でその姿を見て、それがなんであるかを理解すると精神を壊されてしまうと語られる。

怪談投稿サイト「ホラーテラー」では**禁后**と表記される怪異が語られた。これはある呪術を使う一家に生まれた女性の隠し名で、読み方は語られていない。しかし、この女性とその娘が生前使っていた鏡台にしまわれた、この名前が記された紙を見た人間は気が狂ってしまう。そして自分の髪を食べ始めるなどの奇行をするという。

これらについては、どのようにして精神が破壊されるのかは語られない。ただタブーを犯してしまったことが原因と語られるのみだ。神や妖怪の禁忌《きんき》を侵《おか》したことで祟《たた》られる人間の話は古くからあるが、それが現代にも生き残っているようである。

精神への攻撃は、身体への攻撃以上に対処法がなく、治癒《ちゆ》するか否かもわかり難い。何より自分が自分でなくなってしまう不可逆なダメージを引き起こすことに、人は恐怖を覚えるのだろう。

一方、精神ではなく肉体を攻撃する呪いもある。多いのは病を引き起こすものだ。これも古

くから神や妖怪の祟りとして語られており、正体不明の化け物と出会ったことで病みついた、という怪談は古典の中にも散見される。そして現在でも遭遇《そうぐう》しただけで人を病気にさせる怪異は多い。

青いドレスの女はある学校の屋上に夕方現れるという怪異で、火を持った少女の姿をしているが、これを見た女生徒はその後高熱を出して寝込んだという。戦前からから出現が確認されている**仏崎《ほとけざき》の女**は、*仏崎という峠に現れる美しい女の怪異だ。船でこの近くを通ったとき、この女に「乗せて下さい」などと声を掛けられた船乗りは、その後高熱を出したという。

病は身近で、時に人の命を脅かすものだ。刃物や鈍器等の凶器を使って襲ってくる怪異に比べれば数は少ないが、人に危害を加えるという点は変わらない。特に細菌やウイルスを操ると語られるのではなく、出会っただけで病に倒れる、という点が、多くの病気の原因が解明された現代においても不気味さを保ち続ける要因となっている。

他に現代特有の呪いとしては、自動車を事故に遭わせるというものがある。**ターボババア**や**首なしライダー**、**幽霊自動車**等が有名だが、これについては類似怪異「高速老婆の怪」や出没場所「道」で紹介しているので、参照してほしい。

このように、現代の怪異は様々な呪いを人間に危害を加える凶器として振るい、様々な災厄を与えてくる。もし怪異と遭遇したとき、その時点では体に何の異変がなくとも、その後に呪いが発現するかもしれない。用心することだ。

***仏崎**　愛媛県新居浜《にいはま》市にあったといわれる。峠は一九五五年頃に埋め立てられたが、今度は同じ美女が自動車に乗せてほしいと頼むようになったと伝わる。

使用凶器

連れ去り

古来「神隠し」と呼ばれ
現代では異次元や四次元、
死後の世界へと連れ去る怪異。

『日本現代怪異事典』に登場する連れ去りにまつわる怪

赤い紙・青い紙 10
赤い爺さん 13
赤いワンピースの女の子 24
アクロバティックサラサラ 29
味を見て 35
イケモ様 44
異次元少年 45
うばよ去れ 57
海坊主 60
うわさのマキオ 61
AIババア 62
えみこちゃん 64
おあずかりしています 66
お狐さんの駅 72
おしんさん 73
おばけテレビ 75
帰れない砂漠 84
鏡の怪 84
鏡の中の美女 85
鏡の中の老女 86
カキタさま 86
かごめかごめ 87

傘の女 87
カシマさん 89
カシマユウコさん 95
カマキリさん 103
カランコロン 108
木次郎さん 119
九〇センチの老婆 123
切り取りミシマ 126
ごしょう駅 156
さかさま君 168
サッちゃん 171
さとるくん 172
三時婆 177
さんぬけぼうず 179
三本足のリカちゃん 179
時間の精 183
時空うば 183
ジャンケンおじさん 196
一七人のお坊さん 198
白い壁 203
次郎くん 206
隙間女 212
ダッシュ女 229
田中さん 231
太郎くん 234

ヂャーニスさま 237
つぼ姫さま 244
テケテケおじさん 249
トイレの花子さん 254
図書室の怪 260
泣き首 266
謎の女 267
ナタデナタ 267
縄跳び小僧 270
二〇センチの人 272
人形使い 275
にんげん呪文 275
ヌナガワヒメ 277
バスケットゴールの下の穴 288
花子さん 293
はなも 296
ピエロ 305
人を食う鏡 317
人を吸い込む木 318
ひろしまの幽霊 323
ファミコンの怪 324
ブラック花子さん 332
ブランコ小僧 333
彷徨少女 340
マンホール少女 359

見てはいけないビデオ 364
みどりガッパ 364
緑の手 364
紫おばさん 371
紫鏡 371
ムラサキの手 374
紫婆 374
やみ子さん 387
四次元ババア 401
四時ババア 401
四時四四分の怪 402
四隅ババア 405
四つ角ばあさん 406
読んではいけない本 408
臨死体験に現れる女 416
リンリン便所 417

※各怪異下段の数字は『日本現代怪異事典』掲載頁を、太字は本項掲載怪異を示す。

古くから伝わる連れ去り「神隠し」

誘拐という行為は現代では立派な犯罪であり、法によって裁かれるものだ。しかしその犯人が人ならざるものであったらどうであろう。そんな話は、古くから伝わっている。

「神隠《かみかく》し」は神や妖怪が人を連れ去ることを指し、多くは**天狗**《てんぐ》の仕業とされ、「天狗隠し」という言葉もある。これは何の前触れもなく人が失踪することを意味し、現代でも比喩表現として使われている。

近代以前においても、神隠しにあった人間は必ずしも帰ってこない訳ではなく、時には無事に人々の前に現れた。江戸時代に*平田篤胤《ひらたあつたね》が、天狗にさらわれ神隠しにあったという少年、寅吉に取材した内容をまとめた*『仙境異聞《せんきょういぶん》』は、最近話題になったこともあり有名だろう。

一方、死体で見つかる例もある。これは殺人や事故によって放置された死体が見つかったものとも考えられるが、当時の人々はこれを神や妖怪の仕業と考えることで、もう帰ってこない命を諦《あきら》めていたのかもしれない。

現代社会においても、人をどこかへ連れ去ってしまう人ならざる存在は数多く噂されている。ここではそれらについて考えていきたい。

異次元・異界に連れ去る怪異

まず見られるのは、別の世界へと連れ去ろうとする怪異だ。これは異次元や四次元、鏡の世

＊平田篤胤　一七七六～一八四三年。江戸時代後期の国学者。出羽国《でわのくに》（秋田県）久保田藩藩士大和田祚胤《としたね》の子。著書に『古史成文』『古史徴《こしちょう》』『古史伝』『古道大意《こどうたいい》』『歌道《かどう》大意』『霊能御柱《たまのみはしら》』など。

＊仙境異聞　平田篤胤の神道書。一八二二年刊行。全二巻。別名『寅吉《とらきち》物語』。神隠しに遭って行方不明者となり、その間、神仙界《しんせんかい》で暮らし天狗のもとで修行していたという、少年寅吉からの聞き書きをまとめたもの。

界などがあげられる。

四次元ババアはその名の通り四次元から出現し、子どもを四次元へと連れ去ろうとする。**異次元少年**はサッカーの試合中に大怪我をして死んでしまった少年の成れの果てだが、なぜかこの少年を見ると異次元へ飛ばされ、二度と戻って来られなくなる。**ダッシュ女**は兵庫県丹波《たんば》市のある学校に出現する怪異だ。この女は放課後、廊下を走る子どもの後ろからついてきて、振り返ると異次元へ連れ去ってしまうという。

異次元以外にも不可思議な世界に連れて行かれる例がある。

愛知県岡崎市のある小学校では、夜になると窓の外が昼の景色になるという不可思議な現象が起きる。その時にトイレに行くと、**時間の精**という怪異が現れ、どこか別の世界に連れていかれてしまうとされる。

真夜中の一二時にテレビを点けていると現れる**おばけテレビ**は、テレビ画面に映った少女を見ていると、後ろからおばけに押されてテレビの中に吸い込まれてしまう。

彼らは人間が住む世界ではない、別の世界の住人たちだ。にもかかわらず、気まぐれに人間界に出現しては人を襲い、己の世界へと引きずり込む。その目的が語られることはなく、ただ全く未知の世界へと連れ去られるという恐怖だけが残ることとなる。

生きたまま何も知らない世界へと連れ去られる。それは死以上の恐怖かもしれない。ゆえに人々はその行為を行う怪異を恐怖とともに想像してしまうのだろう。

また、特定の条件下で体験者が自ら不可思議な世界に迷い込んでしまう場合もある。これは出没場所「異界・別次元」においての考察とも重なる。しかし「連れ去り」に分類するのは、迷い込めば容易には帰っては来られぬ、片道切符の異界だ。

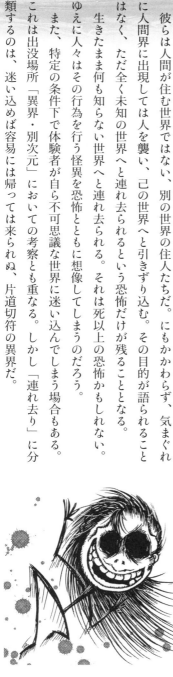

帰れない砂漠は、ある学校で四時四四分に四階の廊下を走るとワープする世界で、一生をその中で過ごさねばならないという。**白い壁***は一二月一二日一二時一二分に白い色の壁に触れると引きずり込まれる世界で、その世界にいるシマウマに乗らなければ帰って来られないなどといわれる。

これらは自分が気を付ければ回避できる分安心感はあるが、日常から不意に別世界に迷い込んでしまう恐ろしさは変わらない。

死後の世界に連れ去る怪異

ここまで見てきたのは人間を異次元や不可思議な世界に連れ去る怪異たちだったが、連れ去り先としてはもうひとつ、有名な場所がある。それが死後の世界だ。

切り取りミシマは土曜日の夜に一人で寝ていると現れる怪異で、三つの質問をしてくる。最初の質問は「手、いる？」で、これに「いらない」と答えると両腕を肩から切り取られ、そこに星を付けられる。次の質問は「足、いる？」でこれに「いらない」と答えると、両膝を切り取られて二個目の星を付けられる。最後の質問は「いま、ひま？」で、これに「ひま」と答えると三つ目の星を付けられ、地獄へ連れて行かれてしまう。

泣き首は夏の夜に肝試しをしていると現れる怪異で、これに遭遇するとあの世へ連れて行かれてしまう。

ある山奥のトンネルに現れる**一七人のお坊さん**は普段はトンネルに入ってきた人間をただ見ているが、一七人のうち一人でも性格が似た人間がいるとその人間に取り付き、霊界に引っ張

＊白い壁　類似の話として、パジャマを裏返しに着て寝た後、夜一〇時から二時の間に起きて、家の白い壁に触れると異世界へ吸い込まれる、六月六日六時六分六秒に白い壁のトイレにいると壁に吸い込まれる、四月四日四時四四分四四秒に白い壁に寄りかかると異世界にすり抜けるという話などがある。

り込んでしまうという。

地獄、あの世、霊界と言葉は違うが、これらはどれも死後の世界を表す言葉だ。しかし極楽や天国と言った死者が救われる世界へと導いてくれる存在はほぼ語られていない。霊界は心霊主義においては地上界よりも高位の世界とされているが、現在ではただ死んだ後に行く世界、という捉え方をされていることが大多数だろう。無論そこに極楽浄土のような良いイメージは持たれていない。

ただ殺害するのではなく、生きたまま人がより恐ろしいと考える死後の世界へと連れ去る、それがこの怪異たちの特徴だ。死後の世界があるかは明らかではない。しかし人は文明が始まった原初から死の世界を想像してきた。そして罪を犯した人間は、怪物たちの跋扈《ばっこ》する地獄で罪を裁かれることとなった。無論それはこの世の規律を守るために生み出された、戒《いまし》め的な存在だ。しかし現代日本ではそういった信仰は薄れ、地獄やあの世は漠然とした恐ろしい世界のように捉えられていることが多い。

故に彼らに死後の世界へ連れ去られた後にどうなるのかは語られない。怪異に捕まり、死後の世界へ連れ去られた時点で、その人間は終わりなのだ。

このように、現代怪異による連れ去りの多くは人間の世界から消えてしまうことを意味している。消えてしまった人々のその後は、帰って来られないこと以外はほとんど語られない。それは死をもたらす怪異とは別種の恐怖を我々にもたらすのだろう。

使用凶器

憑《ひょう》依《い》

ブキミちゃん、リアルの悪霊など、取り憑くことによって人に災いをもたらす怪異。

『日本現代怪異事典』に登場する憑依にまつわる怪

油すまし 37
生き人形 42
ウサギの霊 54
骸骨模型の怪 81
カシマさん 89
禍垂 97
金縛り 102
川崎のサトシ君 110
キヒサル 120
こっくりさん 157
地縛霊 190
一五の話 197
ダル 233
チャーリーゲーム 238
テケテケ 247
電気おばけ 252
天狗 252

※各怪異下段の数字は『日本現代怪異事典』掲載頁を、太字は本項掲載怪異を示す。

人に取り憑《つ》く死者の霊

憑依とは、霊的存在が人に取り憑くことをいう。元は学術用語として西洋から導入された訳語だが、日本においても「憑きもの」や「神降ろし」、「神懸《かみがか》り」など、人ならざる存在が人に取り憑き、何かを告げる、災厄をもたらす例は数多《あまた》に記録されてきた。

その正体は様々だ。神が人に道を示すために人に取り憑くこともあれば、動物の霊や妖怪、時に人の*生霊《いきりょう》や死者の霊が人に害を与えるために取り憑くこともある。

現代でも人に取り憑き、何らかの害を与える怪異の話はよく語られるが、その正体として特に多いのは、死者の霊だ。

憑依《ひょうい》霊という言葉がある。これはそのまま人や動物に取り憑いた霊のことを指すが、元は心霊主義で使われている言葉だ。心霊主義においては悪意を持った潜在意識を助長するために憑依する霊で、日本では**動物霊**や人霊、自然霊（妖怪や妖精等）が多いとされる。これは現在一般的に広まっている憑依霊の概念とあまり相違ないが、先述したように人間の霊が多いのが通俗的な憑依霊の特徴だ。

現代では、自然に存在する妖怪の類《たぐい》よりも、死者の方が実在するものとして受け入れられやすい傾向にある。そのため、人間は死後何らかの未練や執着からこの世に留まっており、意識的か無意識かに関わらず何らかの形でその霊の近くにやってきたり、呼びかけるなどをした場合、その人間に取り憑いて害をなすという話がよく語られる。これは心霊スポットを訪れた人間に取り憑く霊などの話が典型的で、よく書籍や心霊を扱ったバラエティ番組でも題材にされ

動物霊 258
においのお化け 272
バーサル 284
背後霊 285
ババヤン 299
ヒサユキ 310
ヒモジイ様 319
憑依霊 322
ブキミちゃん 327
浮遊霊 331
ヤマノケ 384
リアルの悪霊 411

***生霊**　生きている人の霊魂が体外に抜け出し、自由に動き回る霊のこと。祟りをなす怨霊ともされ、古典文学『源氏物語』において、六条御《ろくじょうのみ》息所《やすんどころ》の生霊が源氏の子を身《み》籠《ごも》った葵の上を悩ます話がよく知られる。

る。また、これらの霊によって引き起こされる何らかの障害のことは、*霊障《れいしょう》と呼ばれることが多い。

霊障という言葉は元来心霊科学にはなく、近世以前の文献にも見受けられないため、恐らく近年になって生まれた言葉だと考えられる。これを引き起こすのは、現世に恨みを持った死者とされることが多いが、動物霊の仕業と考えられることもある。

人の霊の場合、**地縛《じばく》霊**や**浮遊《ふゆう》霊**といった死者たちが憑依しているとされることも多い。このように、現代では何かと憑依による災厄《さいやく》の犯人を死者に求めることが多い。

憑依を凶器とする怪異たち

では、死者の霊ではない怪異が人に取り憑く話がないのかといえば、そうではない。人の霊に比べれば数は少ないが、様々な怪異が人々に取り憑き、悩ませている。

もしあなたが子どもの頃、**こっくりさん**が流行《はや》っていたならば、この占いをしていた生徒が呼び出した霊に取り憑かれた、という話を聞いたことがあるかもしれない。この場合の霊も死者や死んだ獣の霊であることがほとんどだが、たまにお稲荷《いなり》様を呼び出し、怒らせてしまったなどと語られることもある。

トイレの花子さんの妹などとされる**ブキミちゃん**にも人に取り憑くという話がある。この怪異に取り憑かれた人間は油断していると心身を乗っ取られるとされる。そして乗っ取られた人間は、血を見たくなり、そのために人を事故に合わせたり、自殺に追い込もうとする。しかし二人以上の人間を殺害すると、取り憑かれた人間も何らかの要因

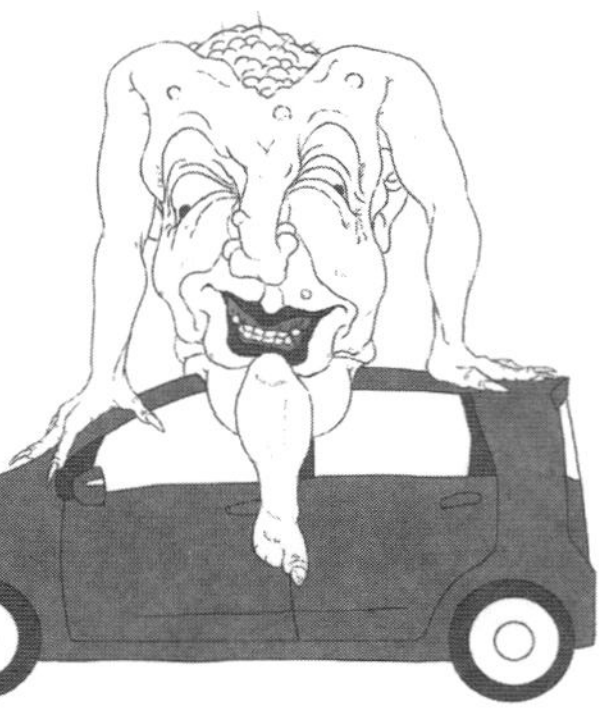

＊**霊障**　霊に取り憑かれることによって引き起こされる障害。怪我や病気、不運が続くなどの災いがもたらされるといわれる。

により死んでしまうという。

人に取り憑いて急激な飢餓《きが》感を覚えさせる怪異もいる。これは昔から「餓鬼《がき》憑き」などと呼ばれ、餓死した人の亡霊が餓鬼*と化して人に取り憑くものと考えられていた。この類《たぐい》の怪異は現在も伝承されており、**ダル**や**ヒモジイ様**といった怪異の出現例が現代でも確認できる。これらの怪異は何か食べ物を食べたり、手のひらに米と書いて舐めると追い出すことができるという。

ネット上で語られる憑依の怪異

また、近頃はインターネット上でも人に憑依する怪異と遭遇した体験談が語られている。有名なものとしては**ヤマノケ**がある。この怪異は白い肌に首から上がない片足の人間のような姿をしており、胸の部分に目鼻がある、といった姿で語られるように実体を持って現れる。そして「テン……ソウ……メツ……」と謎の言葉を発しながら両手をめちゃくちゃに動かし、体全体を震わせながら片足で跳んでくるという。ヤマノケは女性に取り憑く性質を持ち、この怪異が出現した際、女性が居合わせると、ヤマノケの姿が消えると同時に取り憑かれた女性の口から「はいれたはいれたはいれた」、「テン……ソウ……メツ……」といった言葉が発せられるようになる。また顔も不気味に変化し、この状態になると四九日以内にヤマノケを追い出さねば正気に戻ることができなくなるとされる。

リアルの悪霊《あくりょう》は通称「リアル」と題される、ネット上で語られる怪談に登場する怪異だ。ある鏡の前である儀式を行うと呼び出してしまうとされる怪異で、一六〇センチほ

＊餓鬼　仏教の六道《ろくどう》の一つ「餓鬼道」に落ちた亡者。生前の悪行の報いとされ、腹は出て体はやせ細り、喉は細く、また、手にとった食物を口に入れようとすると炎になってしまうため、常に飢えに苦しんでいるとされる。

どの身長の人間の姿をしている。その髪は無造作《むぞうさ》に腰まで伸び、顔には御札《おふだ》が何枚も貼られ、*経《きょう》帷子《かたびら》を着た姿をしており、小刻みに左右に揺れるという特徴がある。

取り憑かれた人間はこの怪異が見えるようになり、「どおして」という声が繰り返し聞こえるようになる。また首回りに太さ一センチほどの発疹ができ、膿《うみ》が溜まるなどの体調の異変も起きる。この悪霊は人を長い期間苦しめるのを好み、その苦痛から逃れるためには自ら命を絶つしかないとされる。

このように、ネット上で語られる怪異の憑依はかなり凶悪な性質を持つことが多い。ネットでは文章で怪異が語られる都合上、口伝えよりも詳細な性質が語られるせいもあるのだろう。いずれにせよ、できれば出会いたくないものたちばかりだ。

物に取り憑く怪異

変わり種では、生き物ではなく物に取り憑く怪異もいる。これは人形に複数の霊が取り憑き、様々な怪異をなしたという**生き人形**を始めとした、人形に人の霊が取り憑く話が多い。また、電化製品に取り憑いては壊していく**電気おばけ**といった、嫌がらせのようなことをする怪異もいる。

憑依する怪異たちは、少なくとも取り憑いている間はわからない。気付かないだけで、もしかしたら恐ろしい何かがすでに取り憑き、あなたの体や、心を狙っているかもしれない。

***経帷子**　仏式《ぶっしき》で死者を葬《ほうむ》る際に着せる死装束《しにしょうぞく》。白麻などで作り、名号《みょうごう》・経文《きょうもん》・題目《だいもく》などを記す。

使用
凶器

刃物

包丁や鎌、カッター、ハサミなど、身近な刃物が怪異の手を借りてあなたに襲いかかる……。

『日本現代怪異事典』に登場する刃物にまつわる怪

斧
かごめかごめ 87
口裂け女 128
サッちゃん 171
死仮魔 182
テケテケ 247
二宮金次郎像の怪 274
ババサレ 298
よさく 400

鏡の欠片
紫鏡 371

刀
二宮金次郎像の怪 274

カッター
吸血カッター 123

鎌
アシオルカ 33

※各怪異下段の数字は『日本現代怪異事典』掲載頁を、太字は本項掲載怪異を示す。

足喰いババ 33
足をください 34
うしろよばあさん 56
カシマさん 89
カシマレイコ 95
カマババ 104
カマ幽霊 104
カマをもった人 104
キジマさん 117
口裂け女 128
首切りババア 135
黒いもや 142
死神 188
死神ばばあ 189
邪視 194
テケテケ 247
バーサル 284
パタパタ 289
バッサリ 291
ババサレ 298
バファーサル 299
骨くいじじい 344
まっすぐさん 350
マンダムじじい 357
ミカンばばあ 360

四時ババア 401
与田惣 406

剃刀

口裂け女 128
耳そぎばあさん 366
未来の結婚相手 368
紫鏡 371

ガラス片

一寸婆 48

牛刀

赤いマント売り 22

中華包丁

アケミちゃん 30

ナイフ

赤い紙・青い紙 10
赤い布 17
赤いはんてん 17
赤マント 26
赤マント・青マント 27
口裂け女 128
テケテケ 247
二宮金次郎像の怪 274
ペラペラボー 338
包帯おじさん 340
ヨダソ 405

鉈

口裂け女 128
新潟ジェイソン村 271

日本刀

トンカラトン 264
新潟ジェイソン村 271

鋸

よさく 400

ハサミ

赤い靴の怪 12
肩たたきババア 98
口裂け女 128
テケテケ 247
ハサミ男 287
ハサミの怪 287
パタパタ 289

刃物

赤いマント売り 22
猿夢 174
ピエロ 305
メリーさんの電話 378

包丁

赤いちゃんちゃんこ 14
赤いマント売り 22
赤マント 26

赤マント・青マント 27
鬼ばば 74
九時おじさん 128
口裂け女 128
けばおいわこ 149
猿夢 174
三本足のリカちゃん 179
千婆さま 219
血の料理 236
トイレの花子さん 254
ピエロ 305
マラソン幽霊 355
みどりのチェリー 364
未来の結婚相手 368
理科室の怪 411
リカちゃんの電話 412

マサカリ

一寸婆 48

メス

看護婦の幽霊 113
口裂け女 128

刃

侍トンネル 173

※各怪異下段の数字は『日本現代怪異事典』掲載頁を、太字は本項掲載怪異を示す。

身近な刃物の代表例＝包丁

刃物は、現代の人々にとって身近な凶器だろう。料理や庭いじり、日曜大工に使うような日用品は、ホームセンターやスーパーで手軽に買えるし、どの家にもひとつ、ふたつはあるだろう。

刀や槍《やり》、銃などの武器が身近な存在ではなくなった現代、怪異たちが振るう凶器もまたそういった日常で使用される道具が多くなった。その中でも多いのはやはり刃物だ。**トンカラトン**や**二宮金次郎**の刀など、日本刀を凶器とする怪異もいるが、数は少ない。現代ではもっぱら包丁、鎌、ナイフ、鉈《なた》、斧《おの》、カッター、ハサミなど、様々な料理器具や農具、文房具が、怪異により人を傷つける恐ろしい凶器と化す。

包丁はその中でも使われる頻度が高い刃物だ。**赤マント**がトイレで「赤いマントはいらんかね」と問いかけてきたとき、「いる」と答えれば上から包丁が降ってきて、その背中を血で赤く染められる。**赤マント・青マント**で「赤が好き？　青が好き？」と尋ねられた際、「赤」と答えたときに降ってくるとされるものも、包丁であることが多い。

赤マントから派生して生まれたと思われる**赤いマント売り**は人間の男性の姿をしているが、その手に握る凶器は*牛刀《ぎゅうとう》だ。「赤いマントはいりませんか」という問いかけに「ほしい」と答えてしまった人間は牛刀で背中を切り裂かれ、背中に血のマントを背負わされる。ただし、この怪異の場合、話によっては「いらない」と答えた人間が追いかけられて背中を切りつけられるともされている。

*牛刀　牛を料理するのに用いる大きな包丁。

けばおいわこはある学校に遅くまで残っていると、帰り道に出現する怪異だ。雨音のような音を発しながら近づいてきて、「誰？」と問うと「けばおいわこじゃ！　覚悟！」と叫び、目に包丁を突き立ててくる。

血の料理も学校の怪談のひとつだ。夜にある学校の調理室に入ると、一人の女性が料理をしている。この女性に対し「それって血の料理じゃない？」と尋ねると、「そ……う……よ……、わ……た……し……のりょ……う……り……よ。た……べる……？」と途切れ途切れに聞いてくる。これに「食べる」と答えるとこの女性に食われてしまうが、「いらない」と答えると包丁を投げつけてくるという。

包丁は料理をするのに必要な、最も身近な刃物だ。現代人にとっては、刀や槍を振り回されるより、すぐ手元にありながら簡単に人の命を奪うことができる包丁の方が、よりその死が想像しやすい分、恐怖を与えられるのだろう。

しかし、そんな包丁よりも使われる頻度が高い刃物がある。それが鎌だ。

怪異との相性抜群＝鎌

鎌といえば、死神が持つような大鎌と、片手で扱える*草刈鎌《くさかりがま》のような小さな鎌がある。現代の怪異は、そのどちらも使用する。

代表的な鎌を使う現代怪異は、**口裂け女**だろう。彼女は「わたしきれい？」の問いかけに対し、醜いなどと答えた人間には容赦なくその鎌を振るい、殺害するかその口を裂いてしまう。

ただし、口裂け女の場合は使用する凶器は多岐に渡り、包丁、ハサミ、ナイフ、斧、時には釜

＊**草刈鎌**　草を刈るのに用いる鎌。刃が薄く、峰幅が狭い。

や櫛《くし》など、人を殺害できる機能がある日用品であれば、何でも扱えてしまう凶器のデパートのような怪異であることも特徴のひとつだ。

他にも**カシマさん**や**テケテケ**といった足を奪う怪異も、その足の切断に鎌を使うとされることが多い。彼女らの場合は、小鎌である場合と大鎌である場合の両方がある。

死神や**死神ばばあ**と言った怪異の場合、使う凶器は基本的に大鎌だ。これは西洋における死神のイメージの影響が強いものと思われる。

カマ幽霊というそのままの名前の怪異もいる。これはかつてある団地で一人の通り魔により鎌で惨殺された人々の霊とされる。彼らは自分を殺した凶器である鎌を手に、その事件現場となった道を訪れた人々を襲うのだという。

では、鎌はなぜ怪異の凶器として使われるのだろう。民俗的に*呪具《じゅぐ》として鎌が使われてきたため、という説もあるが、鎌を使った怪異が多く出現するようになるのは一九七〇年代以降の子どもの間で語られた怪談においてであり、その頃にそういった風習が身近だった子どもは少数だと思われる。

理由として考えられるのは、鎌が包丁と同じく身近な刃物であるということだろう。斧や鉈などに比べ、鎌は雑草を刈るのに必要とされる分、一般家庭にも普及している。庭の草刈りのために鎌を使った子どももいただろうし、逆に触るなと注意された子どももいただろう。そのどちらも共通して、鎌は危険な物である、と教えられたことは想像できる。

実際、鎌による自傷事故は多いし、鎌を使った殺人や傷害事件は昔から幾つも発生している。近世以前には、刀を持たない農民の武器として使われた歴史もある。

加えて、近年の創作作品においては鎌を武器として使うキャラクターが何人も登場してい

＊呪具 呪術的行為の媒体となるもの。呪文や呪符、呪薬、祭祀《さいし》具など多くの種類がある。

る。さらに先述したように死神は大鎌で人の命を奪うというイメージもある。それらが合わさり、怪異が人を傷つける凶器として鎌が使われるようになっていったのだろう。無論、多くの怪異が鎌を使ったことにより、怪異は鎌を使う、という印象そのものが出来上がり、その後に生まれた怪異たちの凶器として選ばれるようになったことも考えられる。

文房具も立派な凶器に

ナイフもまた同様に、武器や凶器として創作作品の中で使われたり、実際の事件の凶器となる道具だが、やはりこれを使用する怪異は多い。先述の口裂け女や赤マントの他、**包帯おじさん**という怪異が人を殺害するのに使用したりする。

文房具であるハサミやカッターも凶器となる。ハサミはハサミそのものが怪異と化し、ひとりでに動いて人を襲う**ハサミの怪**がいる。他にも枝切りバサミのような巨大なハサミを凶器とする**ハサミ男**、**赤い靴の怪**といったものたちもいる。また**赤いちゃんちゃんこ**の中にはカッターを凶器として使う話が存在する。

このように、刃物は怪異たちの扱う凶器として一般的だ。それは人を傷つけ、殺害するという意味では現代日本において最も想像しやすい道具であるからだろう。人の使う道具が誰かを傷つけることに使われる限り、それは怪異たちの凶器にもなり得るのだ。

凶器使用

鈍《どん》器《き》

古くは金棒や杖などの鈍器は
現代怪異ではほとんど使用されない。
鈍器が怪異に顧みられない理由とは？

『日本現代怪異事典』に登場する鈍器にまつわる怪

凶器	怪異	頁
警棒	**腕章の少年**	427
五〇〇キログラムの荷物	五〇〇キロババア	162
スコップ	スコップおばさん	214
壺	今何時ババア	51
ハンマー	**紫鏡**	371
分銅	コシマレイコ	155
棒	猿夢	174
骨	**骨うりババァ**	343

※各怪異下段の数字は『日本現代怪異事典』掲載頁を、太字は本項掲載怪異を示す。

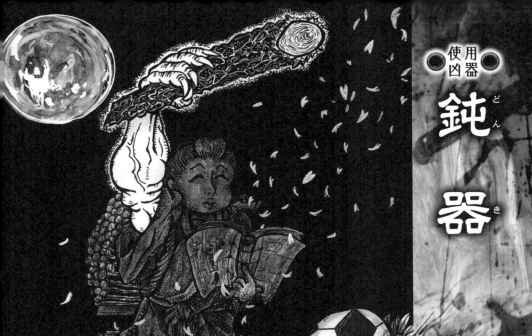

鈍器を駆使する怪異たち

日常にある物は、多くの場合鈍器となり得る。野球バットやハンマーはもちろんのこと、灰皿や辞書、ビール瓶やバールなど、持ち上げることができる形状、大きさのものであれば、それは鈍器となる可能性を持っている。実際の殺人事件や傷害事件に使用されることも多々ある。

しかし、怪異の世界を見てみると、案外鈍器を使うものは少ない。その例を見つつ、理由を考察していきたい。

鈍器としては代表的なハンマーを使う怪異には、**紫鏡**がある。この言葉を二〇歳になるまで覚えていると、死ぬ、もしくは呪われる、という怪談だ。その中には二〇歳になるとハンマーを持った男が現れ、撲殺《ぼくさつ》されるというパターンになっているものがある。この男がどこから来るのか、その正体は不明だ。

学校の怪談として語られる**二宮金次郎像の怪**も鈍器を使用することがある。彼の場合は背中に背負っている薪《まき》で、同じ校庭にある、ナイフを使う希望の像と戦うという。

骨うりババアは前者二人に比べると、かなり特殊な鈍器を使う怪異であり、骨を凶器とする。この老婆はある学校に深夜一時から二時の間に現れ、出会った人間に「骨いりませんか？」と尋ねる。これに対し「いる」と答えると全身の骨を抜かれて殺され、「いらない」と答えると秒速三〇メートルの速さで追いかけてきて骨で頭を殴られて殺害されてしまうという。

ネット上で語られた**腕章の少年**は、ナチスの腕章を付けた片足が義足の少年の姿をしている

薪
二宮金次郎像の怪
274

が、警棒を凶器として襲い掛かってくる。三匹から五匹の犬を連れており、目が合った人間を追いかけるという。主に運動が得意な子どもを狙うが、動物を連れていると襲われない、という傾向にあるようだ。

視覚的な地味さがネック

このように、一口に鈍器と言っても怪異が使う鈍器には様々な種類がある。そもそも殴り殺すことができる物体であればすなわち鈍器となり得るため、それが何かを殴打することを目的として作られた物でなくても凶器になってしまうのだ。

鈍器の種類はあげればキリがなさそうであるが、刃物に比べると怪異の凶器となっている例はかなり少ない。これは、いざ人に危害を加えようとした際の、凶器としてのわかり難さが原因だと考えられる。

歴史的に見て武器としての鈍器は、棒や槌《つち》、杖《つえ》などがあり、石器や棍棒《こんぼう》は最も原始的な凶器でもある。

一方でこれらは刃物に比べ殺傷力は低い。そのため、戦いでは槍《やり》や刀、弓矢など、相手を斬る、刺すなどで簡単に致命傷を与えられる武器が主流となった。同様に怪異たちも、その多くは人間を傷つけるために襲ってくる。刃物は人体を切り裂き、血を噴出させ、体の一部を切断するなど、その被害も派手でわかりやすい。しかし殴られた場合はどこかが折れる、砕けるなどとなり、体の内部に甚大な被害を受けるものが多く、視覚的な面で地味になりやすい。

加えて、ただ殴《なぐ》るだけであれば、鈍器など使わなくとも己の屈強な肉体があればそれで良い、という怪異も多い。それらの理由から、鈍器は採用されづらくなっているものと思われる。現代の怪異は、被害者の受ける傷が視覚的に印象に残りやすい凶器か、自身の特殊な能力を発揮することで人間に危害を加えることを好む傾向にある。鈍器はそのどちらにも当てはまらない微妙な立ち位置にいることも原因だろう。

忘れさられた鈍器＝金棒

では、怪異や妖怪が古くから鈍器を使わなかったのかと言えば、そうではない。例えば鬼の金棒が有名だろう。金棒は、元は金砕棒《かなさいぼう》と呼ばれる武器で、*南北朝時代に現れたものと考えられる。これは合戦の際、鎧兜を纏《まと》った相手を防具ごと叩き砕くための武器であった。これが近世の頃に「鬼に金棒」という言葉が生まれ、鬼の武器といえば金棒という認識が生まれたようだ。

しかし現代の怪異で金棒を使うものはほぼ見ない。そもそも鬼自体が現代の怪異として現れることが少ない。京都府の*深泥池《みぞろがいけ》の近くで車を走らせた際、車体に鬼がしがみついていた、という話があるくらいで、明確に鬼が現れた、とされる話はほとんど見かけない。

これは鬼があまりにキャラクター化された存在として認知されすぎてしまい、実在する怪異として認識されにくくなったことが理由として考えられる。鬼はいるかいないかわからないものではなく、創作の世界の向こう側に存在するキャラクターになった。また、かつては人が恨みや怒りを抱いて死ぬと鬼になる、とされることもあったが、現在ではこのような存在は幽霊や個別の怪異として扱われることが多く、より鬼の出番が少なくなっている。

金棒は現代ではとんと見かけない武器であり、セットで語られていた鬼が姿を消したことも

＊南北朝時代　一四世紀、京都に持明院《じみょういん》統の北朝と、吉野に大覚寺統の南朝との二つの朝廷が対立した時代。後醍《ごだい》醐《ご》天皇が京都から吉野へ移ってから（一三三六年）、後亀山天皇が京都へ帰るまで（一三九二年）を指す。荘園制の衰退など、大きな社会的変動が続いた。

＊深泥池　「みどろがいけ」ともいい、美度呂池、御菩薩池とも書く。京都市北区上賀茂にある池。周囲約一キロメートル。松ヶ崎丘陵の南側にある。地名の由来となった水底の泥土層は四メートルに及び、深泥池生物群集は一九二七年に天然記念物に指定。ジュンサイが特産。自然観察のスポットとして親しまれているほか、幽霊が出る池として紹介されることもある。

あって、使われることがないのだろう。

同様に**天狗**《てんぐ》が使う*錫杖《しゃくじょう》や*鉄杖《てつじょう》もまた、現代では凶器としては語られない。これは本来、*遊《ゆ》行僧《ぎょうそう》が携帯する道具で、上部の輪に*遊環が通された金属製の杖だ。僧侶が使う道具であるため、武器として作られたものではないが、魔を退ける法具であったと伝えられている。また天狗は山伏《やまぶし》のイメージと重ねられたり、僧侶や修験者《しゅけんじゃ》が死後変化するものと考えられていた影響で、錫杖を持った姿で語られたり、描かれたりすることが多い。また、錫杖は現代の創作作品では鈍器として使用されている様子が見られる。

鬼と違い、現代でも天狗が出現した話はいくつも語られている。しかし錫杖を使って人を打つような話はない。

鈍器が主流となる日も？

我々は錫杖や金棒の存在は知っていても、漫画や小説、映画やテレビ番組の向こうに登場するもので、実際に持っている人間は少ないだろう。しかし、現代の怪異が使う凶器は身近な物品であることが多い。そのため馴染《なじ》みの薄い金棒や錫杖は採用されにくい。またバットやバールなどの身近な鈍器も、先述したように刃物に比べれば被害が視覚的に地味なこともあり、怪異の凶器としては採用されにくいようだ。

しかし、何かしらのきっかけがあれば、これから鈍器を使う怪異が主流になる可能性は十分に考えられる。撲殺という手段を手に入れた怪異は、切傷による被害を与えてくる怪異とは、また別の恐怖をもたらす存在となるだろう。

＊錫杖　僧や修験者が持つ杖。頭部についている環に、さらにいくつかの小環《しょうかん》（遊《ゆう》環《かん》）をつけたもの。僧が常に持っている一八の法具の一つで、身を守ったり、自分の存在を知らせたり、経を読むときに調子をとったりするのに用いる。

＊鉄杖　鉄で作った杖。鉄の棒。

＊遊行僧　修行または教化のために諸国をめぐり歩いている僧。

＊遊環　「錫杖」の項を参照。

使用凶器

生身

人を超えた能力を持つ怪異は
腕力、爪、牙、咀嚼力などを駆使し
獲物を捉えて逃がさない。

『日本現代怪異事典』に登場する生身にまつわる怪

髪

かんひも 113
寂しがり屋の幽霊 172
タクシー幽霊 227
魔の第四コース 352
りかばそう 413

舌

赤い紙・青い紙 10
あぎょうさん 28
トイレ小僧 254
生首の怪 269

素手

青・赤・黄の手 10
赤い紙・青い紙 10
赤い洋服・青い洋服 23
足売りババア 32
足ひきじじい 34
足を掴む手 35
アメおばーさん 38
あやさん 40
胃を返せ 52
海から伸びる手 58
大渕小僧 69
押し入れ小僧 72
押し入れの妖怪 72
怪人アンサー 82
影の怪人 87
カミくれオバケ 105
カミをくれ 106
カラカラ 108
ガラスの館 108
川ボウズ 111
棺桶ババア 112
口裂け女 128
首しめの手 135
首を引き抜く老婆 138
車を押す老婆 141
さかさま君 168
サングラスのおかま 177
シャカシャカ 193
焼却炉の幽霊 200
シルクハット 203
白い手・赤い手 205
隙間女 212
背中にしがみ付く老婆 217
つぎは何色 241
テケテケおじさん 249
テズルズル 250
手伸びババア 251
殴る霊 266
二宮金次郎像の怪 274
ぬばさま 277
化物の木 286
花子さんのお母さん 294
ひきこさん 307
プールのジョー 326
プールの化け物 326
プールババア 326
細手 342
魔の第四コース 352
まるい光 357
ミミをくれ 366
ムシ 370
メケメケ 376
もういいかい 380
モナリザの怪 382

爪

赤マント 26
ピエロ 305

生身

おんぶおばけ 77
オンブスマン 77
カーテンおばけ 80
車にしがみ付く霊 141
逆さまの女 168
背中にしがみ付く老婆 217
ターボババア 225
抱きついてくる老婆 227
布団の怪 330
冬の踏切事故伝説 332
四つん這い婆 407

歯・牙

あぎょうさん 28
大渕小僧 69
口裂け女 128
携帯ばばあ 145
三〇センチババア 177
シャカシャカ 193
人面犬 208
テケテケ 247
毒のお化け 259
生首の怪 269
耳かじり女 365

表面に鋭く固い毛

シシノケ 185

捕食

アメ玉ばあさん 38

※各怪異下段の数字は『日本現代怪異事典』掲載頁を、太字は本項掲載怪異を示す。

石女 45
骸骨模型の怪 81
鏡の中の怪物 84
キヒサル 120
口裂け女 128
口裂けババア 132
サッちゃん 171
シャカシャカ 193
食べたいババア 233
太郎くん 234
血の料理 236
テケテケ 247
トイレの花子さん 254
なぞかけバッハ 266
ねし 280
バーサレ 284
パクパク 286
はしりんぼう 288
ばりばり 300
人喰い雛人形 315
人喰いランドセル 315
人を喰う壺 317
一〇〇メートル婆 320
ふた口女 329
ベタベタ 336

便所ばばあ 339
骨こぶり 344
真っ赤なリンゴ 349
みな子さん 365
モナリザの怪 382
やまびこ 385
やみ子さん 387
妖怪バタバタ 399
四時ババア 401
ワニまた 426

※各怪異下段の数字は『日本現代怪異事典』掲載頁を、太字は本項掲載怪異を示す。

怪異の驚異的な身体能力

人を含めた動物や昆虫、時には植物も、自分の身を守ったり、他者を攻撃するために己の体を武器とする。これは攻撃手段としては最も原始的なものであるとともに、最も身近なものであろう。

時代に関わらず、怪異・妖怪と呼ばれる類《たぐい》のものたちは、その体を凶器として使うものも多かった。それは人と同じく手足を利用したものであることもあれば、獣のように鋭い爪や牙、角であったり、時には既存の生き物が持ちえぬ器官を使用するものもあった。

もちろんそれは、現代においても続いている。彼らは普通の人間や動物にはない驚異的な身体能力を使い、命を奪おうとしてくる。

ここでは、そんな徒手の怪異たちの恐ろしさに迫っていこう。

引きずり込む、引き千切る、首を絞《し》める…

まず多いのは、腕を使って危害を加えてくる場合だ。これは水中などへ引きずり込む、体の一部を引き千切る、首を絞めるなど、怪力が活かされるものが多い。

引きずり込む例としては、海から伸びた無数の白い腕が海に飛び込んだ人間を海中へ引きずり込む**海から伸びる手**。押し入れに背を向けて座っている子どもを押し入れに引き込んでしまう**押し入れ小僧**、などがある。また対象を人間ではなく自動車とした**テズルズル**は腕だけの怪異がトンネルを走る自動車を後ろから掴み、止めてしまう。

また引き千切るものとしては、**ミミをくれ**がある。パンの耳が好きだった息子の墓場から「ミミをくれ」という声が聞こえてきたため、パンの耳を供えると、「そのミミじゃない、お前の耳だ！」という声が聞こえ、墓場から腕が伸びてきて耳を引き千切られるというものだ。これは先に記載した、トイレに現れる**カミをくれ**から派生した怪異と考えられる。このほかにも海で首のない死体として見つかった男がいた。男の交際相手が、彼が海に飛び込む瞬間を撮った写真を現像すると、そこには彼の首を引き抜く老婆の姿が写っていたという**首を引き抜く老婆**の怪談もある。

首を絞めるものとしてはそのままの名前の**首しめの手**という怪異がある。これはある小学校の壁にある六本指の掌《てのひら》の跡を七回見ると、夜にその手が首を絞めにやってくる、というものだ。また影しかない怪人が人の影の首を絞める**影の怪人**という怪異もいる。

これらの多くは人間と同じ形をした腕を凶器として使うものたちだ。しかしその力は人間を遥かに超え、簡単に人体を破壊することもできる。ただし、殺意がない場合もあり、例えば**殴《なぐ》る霊**は突然自分が殴られたことによる仕返しとして、その殴ってきた人間を殴り返し、昏倒させる怪異として語られている。

人にはない、発達した部位で攻撃

また、人間の手にはない鋭い爪を凶器とする場合もある。これまでに何度か紹介してきた**赤マント**の怪談のひとつには、トイレで熊のような手が垂れ下がってきて、その爪で背中を切り裂かれるというパターンがある。

同じように学校の怪談に登場する**ピエロ**の中には、女の道化師*の姿をしていて、鋭い爪で襲い掛かってくるというものもいる。

これらは人間ではない、いわば肉食獣のように体の一部を凶器に特化させた怪物たちだ。これに類する者には、歯や牙《きば》を使って人間に危害を加えるものたちがいる。

この怪異は、大きく二つに分けられる。ひとつは噛みつき、噛み砕きを行うが、目的が相手を殺傷するのみのもの、もうひとつは捕食を目的として行うものだ。

前者として有名なのは**耳かじり女**だろう。これはピアスの穴をあけた際にそこに通っていた視神経*が露出してしまい、誤ってそれを引き千切ってしまったという**ピアスの穴の白い糸**の都市伝説から派生した怪異だ。この事故により失明してしまった少女が、渋谷で道行く人に「ピアスをしていますか?」と尋ね、していると答えた人間の耳を噛《か》み千切るようになったという。また、かつてメディアを騒がせた人面犬も、これに噛まれると謎のウイルスに感染し、**人面犬**になる、という噂もあった。

後者の例としては**口裂け女**が代表的だろう。刃物を始めとした様々な凶器を自在に扱う彼女だが、中にはその名の通り裂けた大きな口を活かし、子どもを食べてしまう。物が人を食う話もある。**人喰い雛《ひな》人形**はその名の通り毎晩勝手に出歩いて人を食い殺していたという雛人形だ。

同様に人を食う人形の怪としては、**真っ赤なリンゴ**というものがある。これは交通事故で死んでしまった少女の形見の人形で、人を食い殺して回っている。そしてこの人形の話を聞くと、それから数日後の夜中にこの人形が現れ、食い殺されてしまう。これを回避するためには、朝に自分の靴を時計回りに回して「真っ赤なリンゴ」と唱えなければならない。

***道化師**　こっけいな芸を演じる人。また、それを職業とする人。ピエロ、クラウンなど。

***視神経**　眼球の網膜《もうまく》から脳へ視覚を伝える神経。網膜から出る白い神経繊維《せんい》の束で、視神経が交差するまでの部分をいう。網膜とともに脳の一部をなす。視束《しそく》。

この他にも小学校の給食室に潜み、子どもにおいしいものを食べさせて太らせてから食べる**パクパク**や、ある学校に出現し、人の骨や肉を食らう**ねし**という謎の怪異もいる。

捕食の目的が生命維持のためかどうかは怪しいものもいるが、その目的に関わらず基本的には人間を丸ごと捕食するため、食われた方に待っているのは死でしかない。そのため、他の生身による攻撃に比べて致死率が高いのも特徴だ。

全身攻撃!!

この他に、体全体を使って襲ってくるものもいる。**オンブズマン**は赤子の泣き声を上げて人を誘い、拾ってくれる人間がいるとその背におぶさって体重を増加させ、押しつぶしてしまう怪異だ。名前からしてオンブズマン制度*とおんぶの語呂合わせで生まれた怪異だろう。

カーテンおばけはただのカーテンという見た目だが、宙に浮いてひとりでに動く。これを捕まえようとすると襲いかかってきて体に巻き付くとされる。このように、何か道具を使う必要がないため、生身での攻撃方法は異形の怪物の攻撃手段ともなりやすい。

以上のように生身による攻撃方法は、動物としては最も原始的な手段であるが、多くの怪異に使われる。そして彼らは道具などに頼らず、いともたやすく人を殺害するだけの力を持っている。生身といえども、彼らの能力は人間とは根本的に異なるのだ。

怪異と遭遇した時、例えこちらに武器があろうとも油断してはならない。彼らはそれを容易く覆すほどの力を持っている。生き残りたければ、それぞれの怪異の対処法を学ぶことだ。

＊オンブズマン制度　役所や公務員の違法行為を見張る「オンブズマン」という人や機関を設置し、市民の側からの行政に対する苦情を処理したり、それを監察したりする制度。

使用凶器

日用品

毛糸、靴下、栓抜き、薬缶、縄跳び……
日用品からスポーツ用品まで、
怪異にかかると立派な凶器になる。

『日本現代怪異事典』に登場する日用品にまつわる怪

赤いマフラー
四時ババア 401

小豆
小豆ババ 35

編み物棒
口裂け女 128

釜
口裂け女 128

櫛
口裂け女 128

靴下
靴下男 133

毛糸
毛糸ババァ 146

ゴミ袋
ごみこさん 162

※各怪異下段の数字は『日本現代怪異事典』掲載頁を、太字は本項掲載怪異を示す。

日用品が凶器になる

武器としてではなく、日常をより便利にするために作られた道具たち。しかしそれらの中には、使い方によっては凶器となるものも数多い。

戦争が遠い時代になった現在の日本において、武器と呼ばれるものは身近なものではなくなった。銃を持つには免許がいるし、剣や刀を不用意に持ち歩けば逮捕される。そのため、武器は日常にある物ではなく、映画や漫画、テレビゲームなどの架空の世界での物、というのが我々にとっては身近だろう。

一方で、先の「刃物」や「鈍器」で見てきたように、現代においては日用品が人を傷つける凶器となり得る。刀を持っていない家にも大抵は包丁があるし、棍棒《こんぼう》は持っていなくてもハンマーを備えている家は多いだろう。

凶器を生み出すのは、その道具そのものではなく、それを使って他者を傷つけようとする使い手の意思だ。そして現代の怪異たちは、そんな恐ろしい意思を持つ者たちが大勢いる。彼らにとって、多くの日用品は凶器と化す。

こんなものまで凶器に！

毛糸ババァは、その名に恥じず毛糸を凶器とする老婆の怪だ。午後四時になると、ある坂道から転がってくる毛糸を見つけた人間の前に現れる。そして「毛糸玉を拾ってくれないかね」

スプーン
猿夢 174

栓抜き
せんぬきこぞう 219

爪楊枝
つまようじさんとみきようじさん 244

トイレットペーパー
花子さんのお婆さん 295
花子さんのハンカチ 295

縄跳び
トイレの花子さん 254

バスケットボール
バスケばあちゃん 288

針
赤いピアスの女 18
看護婦の幽霊 113
千婆さま 219

ボール
赤いボール・青いボール・黄色いボール 20
トイレの花子さん 254

マント
赤マント 26

※各怪異下段の数字は『日本現代怪異事典』掲載頁を、太字は本項掲載怪異を示す。

と言う。これに素直に従って毛糸を手に取ると、その毛糸で首を締められてしまう。これを回避したいときは、「マフラー、手袋、靴下……赤い毛糸が足りないよ」と言うと悲鳴を上げて老婆が去っていくという。

これに似たものとしては**四時ババア**がいる。この怪異は午後四時もしくは午前四時に出てくる老婆、という怪異であるため、人に危害を加える方法にはバリエーションが多い。その中には、赤いマフラーを持って現れ、それを使って人の首を締めてしまうというパターンがある。

せんぬきこぞうは栓抜《せんぬ》きを凶器にする。これはある中学校に出現する少年姿の怪異で、「せすべんせてうんせそんさ」と謎の言葉を発しながら、栓抜きで人を襲うという。このとき、「すべてうそさ」と告げると泣きながら逃げてしまう。これは「せんぬき」の言葉遊びとなっており、「せすべんせてうんせそんさ」から「せ」と「ん」の字を抜くと「全て嘘さ」という撃退呪文が現れるように設定されている。

つまようじさんとみきようじさんも学校に出現する怪異だ。二人一組の怪異として出現し、つまようじさんは爪楊枝《つまようじ》を投げつけ、みきようじさんは追いかけてくるという。

様々な凶器を操る**口裂け女**もまた、当たり前のように刃物や鈍器以外の日用品も使いこなす。話によっては、編み物棒や釜、櫛《くし》を持って追いかけてくる噂がある。それをどのように使うのかは不明だが、編み物棒や櫛であれば人を突き刺す凶器に、釜であれば人を殴り殺す凶器に、といった使用方法の想像はできる。

変わったものでは**靴下男**というものもいる。これはある学校に放課後まで残っている生徒がいると現れる怪異で、その生徒に体でぶつかっていく。その時生徒が頭を下げて謝ると靴下を頭に被せたり、靴下で首を締めたりするという。肉体的なダメージだけでなく、精神的なダ

薬缶 妖怪ヤカンおじさん 400
蠟燭 未来の結婚相手 368

メージも与えてきそうな怪異だ。

人を傷つけられそうにもないものを凶器とするものもいる。**花子さんのお婆さん**は、ある学校の体育館のトイレに現れる。この老婆に「花子を知らないか〜」と尋ねられた時、「知らない」と答えるとトイレットペーパーで首を締められてしまう。普通のトイレットペーパーならばすぐに千切れてしまうように思うが、そこは怪異として特殊な物を使うのか、それとも何重にも重ねてねじり合わせて強度を上げるなどしているのかは不明だ。いずれにせよ、トイレットペーパーで殺される末路は、できれば避けたいものだ。

ごみこさんはゴミ袋を利用する。この怪異は人を見つけると、「あたしを捨てたなぁ!!」と叫び、八つ裂きにしてゴミ袋に詰めて捨ててしまうとされる。

このように身近で、人を傷つけるための用途を想像しないような日用品でも、少しでも人を攻撃できる想像の余地があれば怪異の凶器となり得ることがわかる。彼らにとって大事なのは、それがどう生活を便利にしてくれるかではなく、どのようにすれば人を傷つけることができるか、ということなのだ。

子どもに手近なスポーツ用品

これはスポーツ用品にも同じことが言え、それらを凶器にする怪異も多い。

例えば有名な**トイレの花子さん**は、「何して遊ぶ」の問いに「縄跳び」と答えると縄跳びが上から降りてきて首を締められるという話がある。**バスケばあちゃん**は高速道路に現れ、バイクで走行する人間に向かってバスケットボールを投げつけてくる。これを受け止めるとハンドルから手を放してしまうため、バランスを崩して事故を起こしてしまう。しかし無視すると体にバスケットボールを直撃させてくるため、やはりバランスを崩して事故を起こす。何とも悪質な怪異だ。

　ボールにまつわる怪異では、謎の力を有しているものもいる。**赤いボール・青いボール・黄色いボール**は学校のトイレに出現する三人の女の姿をした怪異で、それぞれの色のボールを持っている。女たちはそれぞれ「赤いボールはいらんかね」と自分の持ったボールが必要かを問うてくる。これに必要だと答えると、赤の場合血まみれに、青の場合血を抜かれ、黄色の場合無事に帰ることができるという。

　スポーツ用品は、学校で過ごす子どもたちにとっては体育館や校庭に行けばすぐに手に取ることができる身近なものだ。それが置かれている目的は、教育や遊び、健康の増進だが、それはこの世のものではない怪異にとっては無縁なものだ。

　一部を除き、怪異たちが日常生活を送ることはない。我々の常識と怪異たちの常識は違う。なぜなら彼らは日常の外からやってくる存在だからだ。人間の世界に現れる目的は、我々と生活を共にするのではなく、我々の日常を終わらせるためだ。それゆえ、彼らが日用品を手に取るとき、それはその日用品が人を傷つけることが可能な道具であると判断したことになる。

　怪異たちが手にしているもの、それが人を襲うにはあまりに滑稽《こっけい》なものであったとしても、油断はしない方が良いだろう。

使用凶器

その他

水、炎、血、食材、毒など、他にあまり使われない凶器はその怪異の個性を形づくるものだ。

『日本現代怪異事典』に登場するその他にまつわる怪

青い玉
- **赤い玉と青い玉** 14

赤い玉
- **赤い玉と青い玉** 14

石
- あたご 37

液体
- ひきこさん 307

お湯
- **おふろ坊主** 76
- **ネコババ三人組** 280
- **妖怪ヤカンおじさん** 400

ガス
- 赤い紙・青い紙 10

機械
- **猿夢** 174

吸血
- 青い紙 7
- 青いハンカチ・赤いハンカチ 8
- 赤い紙・青い紙 10
- 赤い服と白い服 19
- 赤いボール・青いボール・黄色いボール 20
- 赤マント・青マント 27
- 色問蝙蝠 52
- 首切りババァ 135
- 校長先生の怪 153
- 血を吸う桜 240
- **血を吸う目玉** 240
- ピエロ 305

糞
- 赤い紙・青い紙 10
- 黄色ばばあ 115
- クソカケババ 128

血液
- **赤いちゃんちゃんこ・青いちゃんちゃんちゃんこ** 15
- 赤い服と白い服 19
- 赤いボール・青いボール・黄色いボール 20
- 赤い洋服・青い洋服 23
- **恐怖のエレベーター** 124
- まちこさま 347

注射
- **三人の看護婦さん** 178
- **注射男** 239

毒
- **ツチノコ** 242
- **毒のお化け** 259

突風
- 風神 325

生卵
- **たまごばばあ** 233

ピアノ線
- **コシマレイコ** 155

紐
- **赤いちゃんちゃんこ・青いちゃんちゃんちゃんこ** 15

不明
- 青い頭巾 7
- 赤い紙・青い紙 10
- 赤いクツ 11
- 赤い舌・青い舌 13
- 赤い世界・青い世界 14
- 赤いちゃんちゃんこ 14
- 赤いはんてん・青いはんてん 18
- 赤い部屋 19
- 赤いボール・青いボール・黄色いボール 20
- 紅いマント 21
- 赤いマント・青いスカーフ・黄色いドレス 22
- 赤・白・黄色・緑・深緑 24
- 赤マント 26
- **赤マント・青マント** 27
- アケミさん 30
- あさいしうすえせお 31
- 朝の吸血鬼 32
- 足取りジジイ 33
- 足取り美奈子さん 33
- あわない 41
- イケモ様 44
- 犬鳴村 49
- イルカノアシイル 52
- 色問蝙蝠 52
- ウサギの祟り 53
- おかむろ 70
- お菊ちゃん 70
- 傘ババア 88
- カシマさん 89
- カシマレイコ 95
- 壁からバーサン 103
- カマイタチ 103
- 髪を切られた花子さん 105
- 皮はぎあきちゃん 111
- 菊池彩音 116
- きもちの悪いもの 121

※各怪異下段の数字は『日本現代怪異事典』掲載頁を、太字は本項掲載怪異を示す。

切り子さん 126
切り取りミシマ 126
九時おじさん 128
首切りババァ 135
黒い女 141
黒いモヤ 142
くろづめ 143
黒猫の電話 143
黒マント 144
コチョコチョお化け 157
こっくりさん 157
ごみこさん 162
殺人ピーターパン 170
サッちゃん 171
猿夢 174
死人の集まる日 189
渋谷七人ミサキ 192
一三階段 197
小学校の生首 199
白いずきんの女の子 204
心臓いりませんか 207
人体模型の怪 207
杉沢村 211
スケボーババア 214
千人お化け 218

橘あゆみ 228
タレサマダ 233
血まみれのコックさん 237
チャッキーメール 238
つぎは何色 241
爪切りババ 245
つめをくれ 245
手足のない人形 246
帝国陸軍第一二六号井戸の怪物 246
トイレの花子さん 254
ナタデナタ 267
呪われた部屋 283
バーサラ 284
バーバラさん 285
バサレさん 287
パソコン通信の怪 289
パタパタさん 290
花子さん 293
花子さんの右手首 295
花ちゃん 296
バハーサル 297
バファシサロ 299
ＰＡｍｗ－Ｂ３８ 304
光の神 306

左手をなくした男 313
ファミコンの怪 324
ペタペタ 336
へべれけさん 337
ほうらいさん 341
ポックリさん 343
骨うりババァ 343
真っ赤なおばさん 349
右足知りませんか 360
ミッチェル嬢 362
みっちゃん 363
みどりガッパ 364
みな子さん 365
耳なしほういち 366
美由紀 367
紫爺 374
紫婆 374
やみ子さん 387
ゆうれいおばば 393
妖怪給食婆 399
四時ババア 401
四時四四分の怪 402
吉原千恵子 404
ヨタロウ 406
りさちゃん 413

炎
赤い玉と青い玉 14
赤いドレス 16
赤いマント・青いスカーフ・黄色いドレス 22
赤マント・青マント 27
人面犬 208
ねずみのバーさん 280
人が燃える家 315

水
赤い玉と青い玉 14
赤いちり紙・白いちり紙 16
赤マント・青マント 27

ミカン
ミカンばばあ 360

餅
餅じじい 381

硫酸
カシマさん 89

猟銃
新潟ジェイソン村 271
新潟ホワイトハウス 271

※各怪異下段の数字は『日本現代怪異事典』掲載頁を、太字は本項掲載怪異を示す。

炎や水で襲われる

これまで、怪異たちが人を傷つけ、殺めるために使う多くの凶器や能力を見てきた。しかし怪異たちが利用する凶器はまだまだたくさんある。最後に、これまでに紹介できなかったその一部を見ていこう。

炎や水と言った自然にあるものを凶器として使用する怪異がいる。例えば**赤マント・青マント**の話には、どのマントを選ぶかという質問に青と答えると水で溺れさせられ、黄色と答えると炎の地獄に落とされて焼かれる。ちなみに赤と答えると包丁が落ちてくるというものがいる。

色を選ばせる怪異だと他に**赤い玉と青い玉**というものもある。これはその名の通り赤色の玉と青色の玉を持っている怪異で、ある学校のトイレの鏡から現れる。この怪異に「赤い玉と青い玉、どっちが欲しい？」と尋ねられた際、赤と答えるとその玉に触れた瞬間に焼け死に、青と答えると水が流れ込んできて溺死する。この際、泳いで逃げようとすると赤い玉を投げつけられて死んでしまうという。

赤いドレスもトイレに現れる怪異だ。個室に入ると「赤いドレスはいりませんか」という声がするため、「はい」と答えると体を焼かれて殺されてしまうとされる。

この他にも**ねずみのバーさん**はある学校に出現し、子どもを窓から飛び降りさせた後に地下に連れ去り、炎で焼くという。有名な**人面犬**は口から炎を吐き、人を焼いてしまうという話がある。

お湯で猫に変身

炎はわかりやすく人を傷つけ、殺害することができるからか、現代でも利用する怪異は多い。一方水は**赤マント・青マント**のような色問いの怪が、青を選んだ際に人を溺死させたり、流す、と語られるものが大部分を占める。これは青が水を連想させるのとともに、炎の対になる存在として水が選ばれるからだろう。ただし、その場で水を発生させるのでなければ、海や川、池など、自然界に存在する大きな水の中に人を引きずり込む怪異は多数いる。

また、水ではなくお湯を使って攻撃してくる怪異もいる。**おふろ坊主**は上半身が人間で下半身がロボットという奇妙な姿をした怪異だが、風呂場に現れてお湯をかけてくるとされる。**ネコババ三人組**は山に現れる怪異だが、これに湯をかけられるとその部分に毛が生えてくるという。これは昔話の「*猫岳《ねこだけ》」などに見られる、猫の妖怪に湯を掛けられるとその部分が猫になる、というモチーフがそのまま使われているのだろう。

血液や食材で攻撃？

人ならざる怪物らしく、吸血を攻撃手段とするものも多い。先に紹介した赤マント・青マントは、青を選んだ場合全身の血を抜かれる、もしくは吸われて真っ青な顔にされる、というパターンがある。**血を吸う目玉**はその名の通り目玉の姿の怪異だ。これは整形手術の失敗により

＊**猫岳** 「猫岳の猫」のこと。松谷みよ子著『松谷みよこの本 第9巻 伝説・神話』（一九九五年、講談社）に収録。阿蘇山が舞台の怪談。

失明して自殺した女性の成れの果てとされる。崖から身投げしたその女性の腕にはなぜか目玉がたくさんついており、そのうちのひとつをホルマリン*漬けにして保管していたところ、それが勝手に動き出すようになった。この目玉は夜中に入院患者の血を吸い、その度に大きくなっていったが、人の背丈ほどまでになったある夜、破裂して血の海を作り出したという。

吸血とは逆に、血液そのもので攻撃してくる怪異もいる。**恐怖のエレベーター**は天井に鏡が設置されたエレベーターで、たまにその鏡から血が流れてくる。この血に直接触れると死んでしまうという。**赤いちゃんちゃんこ・青いちゃんちゃんこ**は色を問う怪異だが、赤を選ぶと血の海に落とされて溺死させられてしまう。青を選んだ場合は紐《ひも》で絞殺されるという。

食材を凶器にしてくる怪異もいる。**たまごばばあ**は島根県の古い学校で語られた老婆の怪だ。教師用ロッカーの中にある秘密の抜け穴から出現し、生卵をぶつけるなどするという。**ミカンばばあ**はその名の通りミカンを投げてくる老婆だ。しかも鎌を持っており、目が合った人間をものすごいスピードで追いかけてくるという。

毒を操る怪異もいる。有名なものは**ツチノコ**で、とんでもない猛毒を持っていると語られることが多い。その種類は噛まれたら即死する、というものから、毒霧を吐いて来てそれに当たった人間を一週間寝込ませるといったものなど、様々だ。また**毒のお化け**というそのままの名前のものもおり、これはある小学校に出現して、子どもを見つけると噛み付いて毒を注入してくるとされる。

毒といえば、注射器を使って注入してくる**注射男**という怪異もいる。これは座敷牢《ざしきろう》*に監禁された男が死後怪異化したもので、全身に包帯を巻いているという。また、**三人の看護婦さん**もその名前に似合う注射器を凶器としている。この怪異に注射されると、すぐに病院に行かねば

＊ホルマリン　ホルムアルデヒドの三五〜三八パーセント水溶液。薬局方では三七パーセント。重合を防ぐためにメタノールを一〇パーセント前後加えてある。生物標本の製造に用いるほか、消毒・防腐剤、写真フィルムや乾板《かんぱん》製造などに用いられる。

＊座敷牢　その昔、乱心者などを監禁しておくために作られた座敷。住居の中に設けられた牢。

死んでしまうという。

使用凶器は怪異の個性

　このように、かなり特殊な手段を用いて人を害する怪異は存外に多い。そしてこれらの場合は、使用者が少ない故に凶器や手段そのものが各怪異の個性ともなっている。

　まるで*必殺仕事人のような仕込み武器を使う**コシマレイコ**という怪異もいる。これは両手に松葉杖をついて歩く右足を欠損した女性の怪異で、自分と同じぐらいの年齢の女性を見つけると近づいてくる。そして「あなたの右足をください」と頼み、無視する人間に対しては松葉杖の中に仕込まれたピアノ線に繋がる分銅を投げつける。そしてピアノ線を右足に巻き付け、その足を引き千切ってしまう。逃げようとする人間に対しては頭に分銅を投げつけ、気絶してから同様に右足を引き千切るという。また足を千切られた人間は、第二、第三のコシマレイコと化すと言われている。

　猿夢はインターネット上で語られた怪異だが、夢の中に出現する怪異ながら扱う凶器は多種多様だ。今まで語られているだけでも、人を切り刻んで*活《い》け造《づく》りにしてしまう刃物、人の目を抉《えぐ》り出すスプーンのような道具、人体を刻んでひき肉にしてしまう機械などが登場している。

　こうしていくつもの凶器や手段を見てきたように、怪異が人を傷つけるための方法はいくらでもある。それらは怪異たちにおける恐怖の象徴であるとともに、それぞれの個性でもある。新しく生まれる怪異は、何をどのように使い、我々を恐怖に陥れようとするのか、今後もその情報を集めていきたいところだ。

＊必殺仕事人　藤田まこと主演のテレビ時代劇。一九七九年五月一八日から一九八一年一月三〇日まで、朝日放送と松竹の共同製作により、テレビ朝日系で毎週金曜日に全八四話が放送された。現在までに続編や関連商品が多数、生み出されている。

＊活け造り　生きたままの鯉・鯛などを頭、尾、大骨をそのままに肉をそいで刺身に作り、もとの形に並べた料理。姿づくり。

第4章

都道府県別怪異

北海道から沖縄まで、日本のいたるところに怪異は潜んでいる。
メディアを通して情報が共有される現代、
怪異もまた、全国で共通した現象として語られるようになった。
しかし、そうした時代でも地方ならではの怪異は存在する。
本章では、都道府県別に怪異を紹介、その特色を考察する。

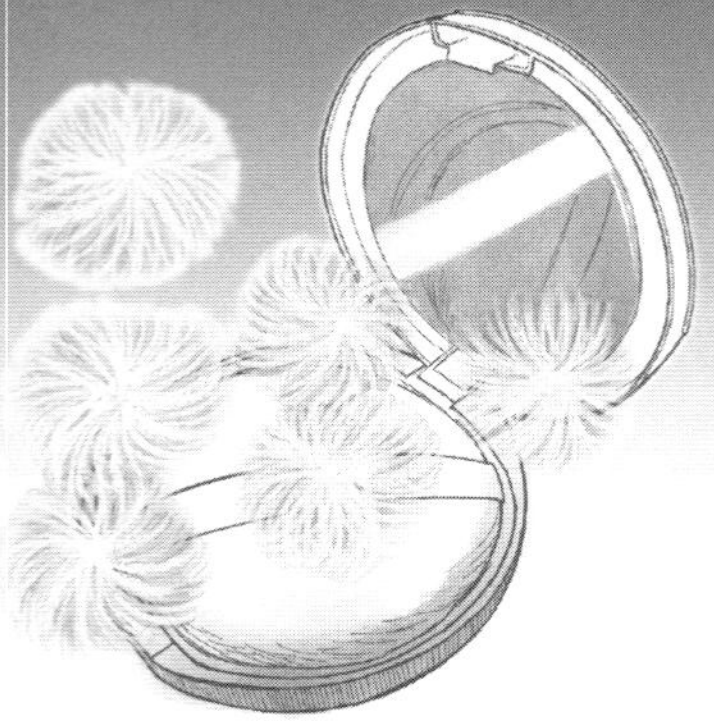
ケセランパサラン

キジムナー

牛女

ヤマノケ

都道府県別怪異

怪異が目撃された場所およびび怪異譚の発生地を、都道府県別に立項し、紹介する。

北海道・東北地方の怪異

第4章 都道府県別怪異

北海道

- 赤い車 12
- オンブスマン 77
- カシマレイコ 95
- 吸血カッター 123
- 犬面人 150
- ゴールデン鏡 155
- こっくりさん 157
- ごみこさん 162
- **コロポックル** 164
- シバレボッコ 191
- チシマレイコ 236
- 超足がはやい人 240
- つぎは何色 241
- トイレおやじ 254
- 走るバァさん 288
- 八尺様 292
- 張り付き婆 300
- ブキミちゃん 327
- 冬の踏切事故伝説 332
- 彷徨少女 340
- 紫鏡 371
- ヤマンバ 395
- 雪女 395
- 四時四十四分の怪 402
- リヤカーおばさん 413
- 忘れもの帳 424

旭川市
- ダッシュ女 229

芦別市
- あかりちゃん 28

石狩郡
- カタカタ 98

岩見沢市
- 赤いちり紙・白いちり紙 16

小樽市
- 旧ホテル展望閣 124
- 霊魂さん 420

小樽市朝里
- 旧朝里病院の怪 122

帯広市
- くちばし女 340

釧路市
- 口裂け女 385

札幌市
- おはるさん 76
- 化神魔サマ 89

支笏湖
- 新麻布駅 206

苫小牧市
- 支笏ライダー 185
- 一〇〇キロババア 321

苫前郡苫前町
- リョウ子さん 414

苫前郡苫前町三渓
- 熊風 138

空知郡栗沢町（現岩見沢市）
- お菊人形 71

函館市
- ゲタに注意 148
- サリーさんの館 174

函館山
- 赤墓 25

檜山郡江差町
- 白髪のお婆さん 202

摩周湖
- 一〇〇キロババア 321

松前郡松前町
- 闇夜の井戸 387

函館市
- 四つん這い女 406

青森県

- イチョウの霊 47
- 影の怪人 87
- カシマユウコさん 95
- 人力車幽霊 209
- スーツの怪人 211

杉沢村
- 血を吸う桜 211
- 人喰いおばさん 240
- モナリザの怪 382
- 雪女 395

※各怪異下段の数字は『日本現代怪異事典』掲載頁を、太字は本項掲載怪異を示す。

青森市
自転車幽霊 187
恐山
首いるか 134
八甲田山
八甲田山の亡霊 290
弘前市
赤・白・黄色・緑・深緑 24
杉沢村 211
陸奥市（現むつ市）
大高先生をおそったほんものの亡霊 68

岩手県

クラワラシ 140
リョウメンスクナ 414
釜石市
学校わらし 100
遠野市
学校わらし 100
河童 100
倉ぼっこ 140
座敷わらし 169
二戸市
座敷わらし 169
水沢市（現奥州市水沢区）
ねずみばばあ 281
盛岡市
座敷わらし 169
和賀郡黒沢尻町（現北上市）
骸骨模型の怪 81
トイレの花子さん 254

宮城県

ケセランパサラン 147
つぼ姫さま 244
トイレの花子さん 254
まっすぐさん 350
ヤマノケ 384
牡鹿郡
雪虫の祟り 397
古川市（現大崎市）
生首の怪 269
魔の第四コース 352
登米市迫町（現登米市）
棒の手紙 340
宮城県北部
チシマレイコ 236
亘理郡亘理町
パタパタさん 290

秋田県

青い目の人形 8
おんぶおばけ 77
消える老婆 116
サカブ 168
ジェイソン村 182
雄勝郡
お岩さん 68

山形県

青ぼうず 10
首折れ女 134
ケセランパサラン 147
花子さんのハンカチ 295
水子人形 361
ムナカタ君 370
ヤマノケ 384
鶴岡市
赤いちゃんちゃんこ 14
東村山郡中山町
座敷わらし 169
長井市
快速バーチャン 83
山形市
赤ちゃんババア 25
熊の剝製の怪 139
リンリン便所 417

福島県

アクロバティックサラサラ 29
馬ばあさん 58
ガラスの館 108
メリーさん 378
雪女 395
会津若松市
青ぼうず 10
血の教室 236
いわき市
黒いコートの女 141
郡山市湖南町
子育て幽霊 156
須賀川市
赤マント・青マント 27
福島市
オカリヤ様 70

※各怪異下段の数字は『日本現代怪異事典』掲載頁を、太字は本項掲載怪異を示す。

北海道の代表怪異カシマさん

北海道は元々、他の地域に比べれば妖怪譚《たん》の少ない土地だ。先住民族であるアイヌ民族*の残した伝説や伝承は、本州ほどに記録が残されていないため、その多くが失われてしまっている。現在住んでいる日本人も明治の開拓期以降に移り住んできた者たちであるため、そもそも他の都府県に比べると歴史の積み重ねが少ない。

しかし、現代の怪異に限定すれば、その歴史は他の地域と比べてもあまり差異はない。もちろん戦前から長い歴史を持って語られてきたものもいるが、現代怪異の多くは、戦後日本を舞台にして語られるようになったものたちだからだ。

北海道出身で、全国で有名になった怪異と言えば**カシマさん**があげられる。現在残るカシマさんの最古の記録は**化神魔《かしま》サマ**という名前で、札幌市の中学生の間で噂されていたものだ。これは「下半身のない妖怪」と形容される存在で、夜中に現れて三つの質問をする。この質問に答えられないと呪い殺される上、話を聞いた者の元に三日以内に現れる性質を持っている。これを回避するためには、五人に同じ話を伝えなければならないという。

下半身の欠損といえば、**冬の踏切事故伝説**も有名だろう。これはある女子高生が北海道の冬の踏切で事故に遭《あ》い、体を真っ二つに轢断《れきだん》されてしまうところから始まる怪談だ。事故に気付いた電車の車掌が様子を見に行くと、少女はまだ息があるようだった。北海道の冬の寒さが傷口の血管を収縮させ、即死を防いでいたのだ。

しかしもはや少女の命は既に風前《ふうぜん》の灯火《ともしび》だった。車掌はかわいそうに思いながらもどうす

＊アイヌ民族　北海道、樺《から》太《ふと》、千島《ちしま》列島を居住圏とする先住民族。狩猟、漁労《ぎょろう》をしながら、固有の文化や生活習慣を有する。母語はアイヌ語。

ることもできず、本部に連絡を取るためにその場から離れた。

すると、後ろから何かが這《は》いずるような音がする。振り返ると、下半身を失った少女が腕の力で這ってきていた。途端に恐ろしくなった車掌は近くの電柱によじ登るが、少女は瀕死とは思えない力で同じように電柱をよじ登ってきた。

それからしばらくして、電柱の半ばにしがみついたまま死んでいる車掌と、その背中にしがみついている少女の死体が見つかったという。

岩見沢市の*萬念寺に安置されている市松人形、**お菊人形**も有名だろう。髪の伸びる人形といえばお菊人形の名があげられるほど有名となった。この人形は、元は札幌市の商店に売っていたもので、その持ち主であった少女が死んでから髪が伸びるようになった、といった由来が語られている。

この他、アイヌ民族の伝承に残る小人の怪異、***コロポックル**が部屋の中で踊っていたという目撃例も報告されている。

妖怪伝承の宝庫・東北の怪異

東北地方は昔から妖怪伝承の宝庫だ。特に柳《やなぎ》田《た》国《くに》男《お》著『*遠野《とおの》物語』の舞台となった岩手県は有名だろう。他の県も多くの妖怪伝承を残している。

そして現代でも東北地方には怪異たちが跋扈《ばっこ》している。特に青森県を舞台にして語られる異界に繋がる村、**杉沢村**や、江戸時代から宮城県に伝わる**ケセランパサラン**などは有名だ。インターネット上で多数の目撃証言が語られた**アクロバティックサラサラ**という怪異もいる。これ

***萬念寺**　北海道岩三沢《いわみざわ》市栗沢町の浄土宗の寺院。

***コロポックル**　アイヌ民族の伝承に登場する小人の先住民。アイヌ語で「蕗《ふき》の下の人」という意味。

は赤い服を着た目玉のない髪の長い女性で、異様に背が高く、奇妙な動きをするとされる。この怪異に目を付けられるとさらわれる、見るだけでも事故を起こすなど、凶悪な怪異であるようだ。

先にあげた『遠野物語』で有名になった**座敷わらし**も、現代で頻繁に目撃されている。特に岩手県の二戸市の*緑風荘という旅館に現れる座敷わらしが有名だ。この座敷わらしに出会えれば、その人は幸せになれるという。

北海道や東北は、関東や関西に比べて人口は多くない。しかしここにあげた怪異たちが語られる話は、全国的に有名な怪談だ。

地域や年代を超えて人々の間で語られる。それが現代の怪談の大きな特徴のひとつだ。これは書籍やテレビ、インターネット等のメディアの発展が大きく寄与しているが、これに伴って地域性は失われていく傾向にある。しかしケセランパサランが元は東北に伝わる妖怪で、冬の踏切事故伝説が冬の北海道を舞台にすることで説得力を持たせているように、その地域を舞台にした怪談が語られることに全く意味が失われたわけではない。

本章では、そんなそれぞれの地域ならではの特徴を持つ怪異たちを拾い上げ、紹介して行く。

＊遠野物語　一九一〇年刊。岩手県遠野地方の民話や習俗を、同地出身の佐々木喜善《きぜん》から聞書きし、まとめたもの。天狗や河童、座敷童子、マヨヒガ、神隠しなど、様々な妖怪怪異が取り上げられている。

＊緑風荘　岩手県二戸《にのへ》市金田の温泉旅館。現れる座敷わらしは、南北朝時代の先祖である藤原藤房《ふじわらのふじふさ》の子亀麿であるとされる。

東京・関東地方の怪異

茨城県

エッ子さん 63
三時婆 177
ジェイソン村 182
太郎くん 234
生首の怪 269
ぴしゃがつく 312

下館市

ヨダソ 405

筑波山

首なしライダー 137

つくば市

姉壁 37
猿壁十字路の幽霊 170

筑波大学

風化じいさん 325
マラソン幽霊 355
ミュータントの森 367

土浦市

偽汽船 273

栃木県

道路の守護霊 259
生首の怪 269

宇都宮市

合せ鏡の悪魔 41

小山市

ほうらいさん 341

群馬県

ジェイソン村 182
死仮魔 182
相名勝馬 220
ダッシュ女 229
とんぼの間 265
花子さん 293
布団の怪 330
便所ばばあ 339
町のキヲツケお化け 348
リンリン便所 417

赤城山

田中君 230

吾妻郡高山村

バス幽霊 288

子持山

加代ちゃんのかぐや姫 107

館林市

馬人間 57

利根郡月夜野町（現利根郡みなかみ町）

雪女 395

利根郡水上町（現利根郡みなかみ町）

赤いヤッケの女 23

埼玉県

赤い服の女 19

エリカさん 64
骸骨ライダー 81
怪人青ジャージ 81
学校の七不思議 99
霧島駅 126
校長先生の怪 153
竹竹さん 228
花子さん 277
ぬばさま 282
呪いの音符 293
花男くん 293
ピラピラさん 322
べとべとさん 337
理科室の怪 411

春日部市
八〇キロばあちゃん 290

上福岡市
ゾンビ看護師 223

川口市
こっくりさん 157

川越市
赤い月 16
赤いマント売り 22

熊谷市
二宮金次郎像の怪 274

越谷市
よし子さん 401

児玉郡
バファシサロ 299

狭山湖
カラオトバコ 108

西武新宿線（本川越駅）
迷いの小屋 353

深谷市
ひつか駅 314

南関東
ひとみさん 316

陣馬山
肌色の球体 289

千葉県
赤い車 12
赤いドレス 16
石女 45
腕をくれ 57
顔が半分ない人 84
シナバ草 187
田中さん 231
血まみれのコックさん 237

電気おばけ 252
図書室のヴァンパイヤ 260
ナイナイさん 266
謎の女 267
パクパク 286
べっぴ駅 336
みーちゃん 360
メリーさん 378

市川市
狐 120
ギロス 127

八幡の藪知らず 388
妖怪給食婆 399

柏市
生首の怪 269

佐原市
こっくりさん 157

千葉街道
狐 120

千葉港
頭と手と足 37

千葉市
謎の生き物 267

習志野市
顔が半分ない人 84

船橋市
デカチャリ 247

東京都
青い紙 7
赤い紙・青い紙 10
赤い手袋 16
赤いバス 17
赤いはんてん 17
赤い部屋 19
浅川駅 31
あめふり 39
イルカ島 51
牛一頭 54
海から伸びる手 58
カシマレイコ 95
壁おやじ 102
火竜そば 109
首なし狐 128
九時おじさん 137
鬼門を開ける方法 122
黒い女 141
ケケケ 146
けむりババア 149
サクサクー 169
セーラー服の少女 216

※各怪異下段の数字は『日本現代怪異事典』掲載頁を、太字は本項掲載怪異を示す。

千婆さま 219
電車幽霊 253
ドンドン 264
ぬれ女 278
禿げたおじさん 286
はしりんぼう 288
パタパタさん 290
ババサレ 298
プールババア 326
べっぴ駅 336
ペラペラボー 338
ベロだしばばあ 338
まりつき少女 356
真ん中の怪 358
水溜まり女 361
ムネチカ君 370
紫の亀 374
紫のブランコ 374
メリーさん 378
ヤマンバ 385
やみ子さん 387
幽霊電車 394
妖怪ゴリゴリ 399
妖怪バタバタ 399
四時四四分の怪 402

青山霊園
警戒標識の意味 144
タクシー幽霊 227
あきる野市
座敷わらし 169
伊豆七島
海からやって来るモノ 59
伊豆諸島・八丈島
七人坊主 186
板橋区
Yさん 424
井の頭公園
井の頭公園の首無し幽霊 50
江戸川区
口裂け女 128
大田区
せんさま 218
細手 342
奥多摩
奥多摩の幽霊ライダー 72
金縛りババア 102
首なしライダー 137
コツコツババァ 159
北区
逆さまの女 168

錦糸町
エレベーターの怪 65
首ちょうちん 135
江東区
布団の怪 330
小平市
血まみれのコックさん 237
狛江市
白マント 206
品川区
骸骨模型の怪 81
渋谷駅
コインロッカーベイビー 151
渋谷区
海坊主 60
オフィスわらし 76
サングラスのおかま 177
渋谷七人ミサキ 192
渋谷のタケシ君 192
東京ビッグマウス 257
一〇〇メートル婆 320
耳かじり女 365
首都高速中央環状線
帝国陸軍第一二六号井戸の怪物 246

新宿駅
コインロッカーベイビー 151
新宿区
サングラスのおかま 177
七三一部隊の亡霊 267
ゆう子ちゃん 389
墨田区
おいてけ森 67
ヘルプさん 338
千駄ヶ谷トンネル
逆さまの女 168
中央区
田中河内介の最期 229
千代田区
お岩さん 68
学校わらし 100
東京神田共立講堂
わたしにもきかせて 425
東京競馬場
魔の第三コーナー 352
東京郊外
バスケットゴールの下の穴 288
東京メトロ東西線
藤迫駅 329
豊島区

赤い月 16

中野区

イチョウの祟り 46

血の料理 236

蛇 337

練馬区

黒猫の電話 143

八王子市

赤いはんてん・青いはんてん 18

東久留米市

青いドレスの女 8

猫おばさん 279

モナリザの怪 382

保谷市（現西東京市）

分身様 333

町田市

布団の怪 330

港区

四つん這い女 406

横田基地

赤いマント売り 22

神奈川県

赤いボール・青いボール・黄色いボール 20

ガイコツ少女 80

鏡の中の老女 86

壁おやじ 102

キミアキ君 121

口裂け女 128

ケケケばあさん 147

校長先生の怪 153

ジェイソン村 182

シャカシャカ 193

シャコシャコ 194

白いスカイライン 204

白いずきんの女の子 204

千人お化け 218

谷木尾上駅 232

食べたいババア 233

花子さん 293

花子さんのお母さん 294

ピエロ 305

光の神 306

ファミコンの怪 324

魔の第四コース 352

まるい光 357

ロクロ首 423

足柄下郡箱根町

トンネルの老婆 265

張り付き婆 300

厚木市

現代版泥田坊 149

鎌倉市

侍トンネル 173

川崎市

カマババ 104

川崎のサトシ君 110

丹沢

ノビアガリ 282

大和市

カタカタ 98

自転車幽霊 187

横須賀市

傘の女 87

横浜市

オレンジババァ 77

骸骨模型の怪 81

メリーさんの電話 378

横浜市営地下鉄ブルーライン

譬娜譌爬…駅 318

※各怪異下段の数字は『日本現代怪異事典』掲載頁を、太字は本項掲載怪異を示す。

首都東京に出没する怪異

日本の首都である東京都は、全国でもっとも人が密集している地域だ。元々東京で生まれ育った者もいれば、外の地域から移住してきた者も多い。その分、語られる怪異譚《たん》も多岐にわたる。

その中でも怪異譚が多く語られる特定の場所、というものもあり、都心であれば渋谷駅周辺や青山霊園周辺が特に有名だ。渋谷駅の場合、**コインロッカーベイビー**の怪談の舞台としてよく登場する。これは赤ん坊を産んだが、父親が逃げた、まだ学生であるなどの事情により赤ん坊を育てられないと判断した女性が、コインロッカーの中に赤ん坊を放置して逃げてしまうという話だ。その数年後、仕事で渋谷駅を使わなければならなくなったその女性が、件のコインロッカーの前を通ると、泣いている子どもがいることに気付く。そこで女性が声を掛け、「お母さんは？」と尋ねると、突然子どもが顔を上げて物凄い形相で彼女を睨み、「お前だ！」と告げる話として語られる。

これは一九七〇年代に多発したコインロッカーに赤ん坊を置き去りにする事件が元となって発生した怪談だ。実際にこの赤ん坊たちはコインロッカーベイビーと呼ばれ、社会問題となった。また、この事件が急増する原因となったのが渋谷（ただし駅ではなく百貨店のコインロッカー）における事件であったため、その印象から渋谷駅を舞台として語られるようになったものと考えられる。

また、**耳かじり女**も渋谷に出現する。第3章の使用凶器「生身」で紹介したため、詳細は省くが、この怪異はピアスをしている女性を狙い、その耳を食い千切るという盲目の怪異だ。

青山霊園は第1章の類似怪異「乗り物幽霊の怪」でも紹介したが、**タクシー幽霊**と呼ばれる幽霊が頻繁に出現している。また、この墓地にある「!」の警戒標識*は、「幽霊に注意」を意味している、という怪談も有名だ。

都心から離れると、奥多摩*も怪異譚が多く語られている。特に首のないバイク乗りの幽霊が現れる**首なしライダー**は有名だろう。似た怪異としては、バイクでスピードを出していると「そんなに飛ばすと危ないぜ」と忠告してくれる**奥多摩の幽霊ライダー**がいる。

また東京と言えば、本州を離れた伊豆諸島でも怪異が語られている。代表的なものに、**海からやってくるモノ**がある。これは近年ネット上で語られた怪異だが、見ただけで原因不明の高熱を発症するなど、災厄に見舞われるという。この怪異は古くから伊豆七島*に伝わる妖怪「海難法師」と共通した特徴を持つ。海難法師はかつて圧政で島民を苦しめたために海で遭難させられて殺された代官の成れの果てで、旧暦の一月二四日にのみ海からやってくるとされる。また、この妖怪を見ると死んでしまうと伝承されている。

怪異渦巻く関東地方

東京都に次ぐ人口数を誇る神奈川県にも怪異は多い。具体的な地名が出るものでは、傘の女は横須賀市の火葬場近くのトンネルに現れる怪異だ。この怪異の誘いに乗って共にトンネルを歩いた人間は、女とともに姿を消してしまうという。また、八月八日の夜に千のお化けが宴を開くという大規模な怪異である**千人お化け**も、神奈川県の小学校に伝わる怪異らしい。この怪

＊警戒標識

＊奥多摩 東京都西部、多摩川水系上流域の山岳地帯をいう。この地で語られる怪異は多く、キャンプ場に現れる金縛りババア、奥多摩のダム手前のトンネルに現れるコツコツババア、山道を走る自動車のフロントガラスに張り付く逆さまの女などがある。

＊伊豆七島 大島、利島《としま》、新島《にいじま》、神津島、三宅《みやけ》島、御蔵《みくら》島、八丈島の七島。いずれも東京都に所属。

異は夜一二時になると一斉に人を殺し始めるというので、神奈川県在住の場合、この日の夜は要注意だ。

千葉県で有名なのは市川市八幡に存在する***八幡《やわた》の藪知《やぶし》らず**だろう。江戸時代から禁足地《きんそくち》として伝わるこの森では、かつて水戸黄門こと*徳川光圀《とくがわみつくに》も怪異に遭遇したと伝えられている。

現在では住宅街に囲まれた小さな森だが、大部分が立ち入り禁止とされており、怪異譚が後を絶たない。もしわざと足を踏み入れてしまったら、その者が現実の世界に戻ってこられるかは不明だ。

埼玉県春日部市には、**八〇キロばあちゃん**という怪異が出没する。名前だけならこの町を舞台にした某幼稚園児の国民的アニメに登場しそうだが、その姿は上半身だけの老婆という恐ろしいもので、時速八〇キロで走る自動車を追ってくるという。

北関東に目を向けると、茨城県には現代怪異の巣窟《そうくつ》ともいうべき場所がある。それが筑波大学だ。この大学は現代の民話の研究が盛んであるとともに、大学自体が怪異譚の舞台としてよく登場する。

いくつかその例を紹介すると、まず**マラソン幽霊**が有名だろう。これは大学寮に現れた怪異で、壁をすり抜けながら部屋から部屋へ走り去って行く幽霊だったという。毎晩のように現れるので、寮生は怖いを通り越して迷惑していたが、ある時一人の寮生が部屋にゴールテープを張ったところ、それを通過した幽霊は満足そうに両手を上げ、それ以来でなくなった。この幽霊はかつてゴール直前に心臓発作で死亡した陸上部の学生だったのだという。

また、筑波大学の学生新聞にも載った**風化じいさん**という怪異もいる。これはある宿舎に出現する老人で、風化しかかった古文書を読んでいる幽霊なのだという。

***八幡の藪知らず**　禁足地となった理由は諸説あり、日本《やまと》武《たける》尊《のみこと》が陣所とした跡だから、葛飾八幡宮を最初に勧《かん》請《じょう》した土地だから、平将門《まさかど》が朝廷軍と戦ったときの将門軍の鬼門に当たる場所だからなどがある。

***徳川光圀**　一六二八〜一七〇一年。常陸国《ひたちのくに》（茨城県）水戸藩第二代藩主。八幡の藪知らずに入った光圀の前に白髪の老人が現れ「戒《いまし》めを破って入るとは何事か、汝は貴人であるから罪は許すが、以後戒めを破ってはならぬ」と告げたという話が伝わる。

群馬県では**赤いヤッケの女**という怪異が出現した。これはスキー場に現れる怪異で、顔が半分に割れた女性の姿をしており、スキーを滑るという。正体はスキー場で滑走禁止の場所を滑ったせいで崖から落ち、顔が半分に割れて死んでしまった女性なのだという。

関東地方全体で見るとスキー場は少ないが、群馬県のみ全都道府県で比べても上位に入るほどスキー場が多い。そんな土壌があったからこそ、赤いヤッケの女は生まれたのだろう。

このように、一口に東京・関東地方といっても、探してみればそれぞれの地域の特色が活かされた怪異たちの活躍が多く語られている。

関東地方は首都圏であるとともに、そこに住む大勢の人たちが紡いできた長い歴史を持つ地域でもある。その積み重ねが、現代でも多くの怪異を語り継ぎ、生み出しているのだろう。

中部・近畿地方の怪異

新潟県

新潟
- 赤いちゃんちゃんこ 14
- 色問蝙蝠 52
- 切り子さん 126
- 自殺電波塔 185
- シャカシャカ 193
- バラバラ殺人事件の怪 300

糸魚川市
- カシマさん 89

角田浜
- 新潟ジェイソン村 271
- 新潟ホワイトハウス（現胎内市）271

北蒲原郡黒川村（現胎内市）

上越市
- 童女石 257

新潟市
- 理科室の怪 411

東頸城郡（現十日町市）
- ピエロ 305
- 紫爺 374

北陸地方

- ヌナガワヒメ 277

富山県

白馬岳
- ブーメランばばあ 326

北陸本線
- おんぶ幽霊 78

富山市
- ごしょう駅 156

富山市四方
- イルカ島 51

滑川市
- 天狗 252

氷見市
- キジマさん 117

- 一尺じいさん 47

石川県

- イチョウの祟り 46
- シシノケ 185
- トーテムポールの怪 259

福井県

- ぴしゃがつく 312

大野郡和泉村（現大野市）
- 骨こぶり 344

坂井郡三国町（現坂井市）
- 河童 100

- 赤マント 26

金沢市
- 天狗 252

石川郡白峰村（現白山市）
- ネコババ三人組 280

- 真夜中の霊柩車 354

甲信越地方

山梨県

高九奈駅・敷草谷駅
- 225

三時婆 177

花子さん 293

よさく 400

長野県

甲府市
- おいらん淵 67

甲州市
- 赤いちゃんちゃんこ 14

笹子トンネル
- 一〇〇キロジジイ 321

南都留郡道志村
- ツチノコ 242

六郷山
- 首なしライダー 137

- 海から伸びる手 58
- うりこひめ 60
- 校長先生の怪 153
- 謎の女 267
- 花男くん 293
- 骨こぶり 344
- ゆきこさん 396

岡谷市

カマをもった人 104
軽井沢町
ホタル使い 343
佐久市
カマ男 103
塩尻市
看護婦の幽霊 113
信州新町
かんひも 113
須坂市
バーサル 284
諏訪郡永明村（現茅野市）
雪女 395
長野市
モナリザの怪 382
埴科郡
ラブさま 410
東筑摩郡
みな子さん 365
南安曇郡豊科町（現安曇野市）
赤マント・青マント 27

東海地方

清峰寮の幽霊 216
名古屋鉄道
かむ…駅 107

岐阜県

赤いボール・青いボール・黄色いボール 20
カシマレイコ 95
一三階段 197
タイコばばあ 225
一声呼び 316
四隅ババア 405
リョウメンスクナ 414
大垣市
口裂け女 128
可児市
リンリン便所 417
関市
コアラのお化け 151
羽島市
理科室の怪 411
加茂郡八百津町
口裂け女 128
恵那郡（現中津川市）
生首の怪 269

静岡県

きさらぎ駅 116
霧の中の少女 127
K峠の山姥様 146
ジャンピングばばあ 196
とこわ駅 260
花子さんのおじいさん 295
保健室の化け物 342
真ん中の怪 358
道聞きお婆さん 361
ロクロ首 423
熱海市
ヒサユキ 310
伊豆・下田近海
こっくりさん 157
小笠郡（現掛川市）
みよちゃん 368
静岡市
消えない目 115
三センチお化け 178
浜松市
大目玉 69
富士市
大渕小僧 69

愛知県

味を見て 35
くびなしきこり 137
首なし狐 137
ゴリラの幽霊 163
サッちゃん 171
死ねばよかったのにの悪霊 189
ジャンピングばばあ 196
泣き首 266
骨こぶり 344
犬山市
ラッパを吹く少年 410
入鹿池
Uターンジジイ 390
岡崎市
時間の精 183
春日井市
うしろよばあさん 56
ピョンピョンババァ 322
小牧市
ジャンピングジジイ 196
四時ババア 401
豊橋市
耳くれババ 365
名古屋市
エリカさん 64
ジャンピングジジイ 196
テズルズル 250
ブキミちゃん 327

※各怪異下段の数字は『日本現代怪異事典』掲載頁を、太字は本項掲載怪異を示す。

日本現代怪異事典 副読本

近畿地方

宝飯郡
- 与田惣 343
- 口裂けババア 406
- 骨うりババア

熊野古道
- ダル 132

三重県

鈴鹿市
- 四つ角ばあさん 322
- 避雷針の幽霊 159
- コツツバババア 99
- 学校の七不思議 54
- うさぎババア

四日市市
- 座布団ババア 173
- 赤い洋服・青い洋服 23

滋賀県

蒲生郡
- 偽人力車 273
- まりつき少女 356
- おしんさん 73
- メリーちゃん人形の怪 380

甲賀郡（現甲賀市）
- コトコトさん 160

京都府

宇治市
- 天狗 252
- ダッシュ女 229
- 竹きりタヌキ 228
- 車窓の目 194
- かたす駅 98
- 帰れない砂漠 84
- あまがたき駅 38

彦根市
- 骸骨模型の怪 81

信楽（現甲賀市信楽町）
- 口裂け女 128

高島郡（現高島市）
- 理科室の怪 411

京都市
- 耳長おじさん 421
- レイちゃん 366
- JR京都線 215
- すたか駅
- 引原峠 177
- 三〇センチババア
- 深泥池
- 車にしがみ付く霊 141

梅田
- 腕章の少年 427
- 読めない駅 407
- 四時四十四分の怪 402
- よさく 400
- ゆう子ちゃん 389
- 幻の電車 353
- 骨くいじじい 344
- 星の王子さま 342
- ひろしまの幽霊 323
- 一〇〇円ばばあ 320
- 人が消える歩道橋 314
- 光ゆうれい 306
- ぬれ頭 278
- 手伸びババア 251
- テケテケばあさん 249
- 三十三太郎 178
- 寂しがり屋の幽霊 172
- 首なしドライバー 137
- きもちの悪いもの 121
- かたす駅 98
- カシマレイコ 95
- あまがたき駅 38

大阪府

タクシー幽霊 227

梅田駅
- 赤ん坊幽霊 28

大阪市
- 赤い紙・青い紙
- 赤ズキン 24
- 赤手 25
- 赤マント 26

大東市
- 骸骨模型の怪

貝塚市
- ババアトイレ 298
- 緑婆 365

豊中市
- 包帯おじさん

難波
- ひじかけババア
- 竹きりタヌキ 228

寝屋川市
- 三時婆
- 紫爺 374

守口市
- ねずみのバーさん 280

東大阪市
- 肘かけ女 311

泉の広場の赤い服の女 45

274

兵庫県

枚方市
- 四時ババア 401

- 赤い紙・青い紙 10
- 赤い爺さん 13
- 赤い布 17
- イサルキ 44
- 牛女 55
- カミをくれ 106
- 五時ジジ 155
- タタタババア 228
- 時計泥棒 259
- トコトコ 260
- 花子さんのお父さん 295
- ピエロ 305
- ヒモジイ小僧 319
- ブランコ小僧 333
- べとべとさん 337
- 幻の堤防 353
- みどりさん 364
- 理科室の怪 411
- リンゴゾンビ 416

明石市
- 足売りババア 32
- 紫おばさん 371

芦屋市
- バラバラキューピー人形 299

尼崎市
- 朝の吸血鬼 32

伊丹市
- アケミさん 30

加古川市
- 鹿島さん 94

神戸市
- 青い船・赤い船 8
- 赤いちゃんちゃんこ 14
- 赤いドレス 16
- 紳士犬 207
- ジャーニスさま 237
- テケテケ 247
- 手のおばけ 251
- トイレ小僧 254
- 四時四十分の怪 402
- リリーさん 415
- 手のおばけ 251

遠阪トンネル
- 子育て幽霊 156

豊岡市
- マルタさん 357

西宮市
- カラカラ 108

姫路市
- ダッシュ女 229
- 毒のお化け 259
- 時計泥棒 259

六甲山
- 丑女 54
- 牛女 55
- 首なしライダー 137

手振り地蔵 225

白いスカイライン
ターボババア 204

ハッスルじいさん 251

マリちゃんの像
メリーさんの館 293 355

奈良県

- 学校の霊 99
- 首なしドライバー 137
- 五時ジジ 155
- 心霊自販機 209
- べとべとさん 337
- やまびこ 385

宇陀郡御杖村
- ツチノコ 242

十津川地方
- ダル 233

奈良市
- うりこひめ 60

吉野郡吉野町
- ツチノコ 242

和歌山県

- あたご 37
- 三本足のリカちゃん 179
- せんぬきこぞう 219

田辺市
- つぼ姫さま 244

東牟婁郡
- ツチノコ 242

※各怪異下段の数字は『日本現代怪異事典』掲載頁を、太字は本項掲載怪異を示す。

口裂け女の発祥地中部地方

中部地方の現代怪異で外せないのは、岐阜県で最初に確認された**口裂け女**だろう。一九七八年頃、日本列島のほぼ中心に位置するこの県で目撃されたこの怪異は、翌七九年、東西に同時に広まる形で日本中を席巻した。

始めはただ口が裂けた女、という属性しか持たなかった口裂け女だが、広まるにつれてマスクで口を隠し、「わたし、きれい？」というおなじみの問いかけを行うようになった。七九年半ばには北は北海道、南は沖縄まで、ほぼ小学生の生活圏すべてに彼女の存在は知れ渡った。これは子どもたち同士が互いに情報を共有したことに加え、雑誌やテレビ等のメディアが彼女の情報を不特定多数の人々に伝えたことも要因だろう。それを考えると、口裂け女は地域に関わらず短期間で広まることが可能な現代怪異の特性を体現だった存在とも言える。

二一世紀に入ってから有名になったものでは、インターネット上で語られた**きさらぎ駅**がある。これは静岡県の某私鉄に乗ったところ迷い込んだとされる、異界に存在する駅で、それ以降、ネット上で異界駅に迷い込んだ話が数多く投稿されるようになるきっかけにもなった（類似怪異「異界駅の怪」も参照）。

愛知県名古屋市の霊園では、**ジャンピングジジイ**なる元気な老人が出現する。この老人はナイキのシューズを愛用しており、人や自動車をジャンプで飛び越していく。しかしそれ以上の害はないらしい。

大阪の赤い服の女、怪異の宝庫六甲山《ろっこうさん》

大阪府では、大阪駅の地下街にある泉の広場に現れる**泉の広場の赤い服の女**が有名だ。通称「アキちゃん」などと呼ばれるこの怪異は、ドレスやコート、ワンピースなど様々な服装で現れるが、その色が必ず赤いという特徴を持つ。また、その眼は黒く、白目の部分が一切ないという。二〇〇〇年代初頭には既に目撃談が多発していたことから、それ以前から目撃されていたものと思われる。ただし、何らかの攻撃を行ってきたなど、肉体的な被害を与えてきたという報告はほとんど見られない。赤い服の女はただこの広場に佇《たたず》んでいる怪異として語られてきた。

しかし、この泉の広場は二〇一九年度中に取り壊しが決まっている。赤い服の女はそのまま広場とともに消えてしまうのか、それともまた別の場所で佇んでいる様子が目撃されるのか、今後の動向に注目したい。

兵庫県では現代怪異の出現スポットとして有名な六甲山がある。この山では頭が牛で体が女という着物姿の**牛女**《うしおんな》が現れる。この牛女と遭遇すると事故に遭うなどと伝えられる。またこの山には**手振り地蔵**と呼ばれる地蔵があると言われている。この地蔵は稀《まれ》に手を振っているように見えるが、それが横に振られていれば問題ない。しかし「おいでおいで」をするように縦に振られているのを見ると、事故に遭ってしまうという。また背中に「ターボ」と書かれた紙を張り付けた老婆が四つん這いになって高速で走ってくる**ターボババア**も六甲山に出現する。自動車で走っているとき、この怪異が並走してくるという。このように、六甲山は何かと自動車やバイクを狙って現れる怪異が多い。**白いスカイライン**もそのひとつで、自動車で六甲山を走っていると四人が乗ったスカイラインが現れ、ループするように何度もひたすら自動車を追い抜いていくという。

京都を跋扈《ばっこ》する怪異と滋賀のメリーちゃん人形

平安時代には多くの妖怪たちが跋扈していた京都府においても、現代の怪異は出現している。**竹きりタヌキ**はある最先端の研究所近くの竹林で、竹を切り倒す音のみをさせる怪異だ。翌日見たところで竹林には何も異常がないとされる。これと同様の怪異は柳田国男《やなぎたくにお》の『妖怪名彙《めいい》』に記載があり、同じ京都府で「竹伐狸《たけきりだぬき》」という名で伝えられていたという。これは近代には既に伝えられていた怪異が、現代にも継続して伝えられていた例だろう。

さらに*鞍馬《くらま》の火祭りに参加した人間が、「木っ端天狗《てんぐ》」に憑《つ》かれたという話もある。*鞍馬山は*源義経が**天狗**に剣術を習ったという伝説が残っているなど、天狗で有名な土地だが、そんな鞍馬山には、実はまだ本物の天狗が生きているのかもしれない。

また京都府において現代の怪談の舞台となりやすい場所に、深泥池《みぞろがいけ》がある。この池ではよく死者がタクシーを呼び止め、自分の生前の家や遺骨が眠っている墓地に帰ろうとする**タクシー幽霊**が出現するという。また、この池の近くを自動車で通っていた際、鬼が出現して車体にしがみついたという話もある。鬼、天狗、狸《たぬき》など、古くから語られる怪異が多く登場するのは、歴史の長い京都らしいと言えるかもしれない。

滋賀県では学校の怪談として**メリーちゃん人形の怪**という話が語られている。これはかつて

＊鞍馬の火祭り　一〇月二二日に鞍馬の由岐《ゆき》神社で行われる祭事。京都三大奇祭の一つ。平安末期に京都御所の由岐明神を鞍馬に遷宮《せんぐう》した際の様子を伝えるものといわれる。

＊鞍馬山　左京区鞍馬にある。標高五六九メートル。東は鞍馬川、西は貴船川にはさまれ分水界《ぶんすいかい》をなす。

＊源義経　一一五九～八九年。平安末期～鎌倉初期の武将。義朝の九男。幼名牛若丸。平治の乱後に鞍馬寺に入り、さらに奥州藤原秀衡《ひでひら》のもとに身を寄せた。壇ノ浦で平氏を破って全滅させたが、頼朝との不和により奥州に逃れ、その後自殺。

アメリカから送られてきた西洋人形だが、この人形のことを二〇歳まで覚えていると死んでしまう。また、この人形を夜見ると、目が光り夜眠れなくなってしまうという。

この人形は、戦前にアメリカから送られてきた青い目の人形だろう。この人形は親交を目的として全国各地の小学校や幼稚園等に送られたが、第二次世界大戦をきっかけに敵国のものとして多くが燃やされてしまった。その中で幸運にも生き残った人形が滋賀県の学校に残っていたことで、この怪談が生まれたものと思われる。

このように、長い歴史を持つ中部・近畿地方は、口裂け女やターボババアのように新しい怪異が生まれ、語られる土壌になることもあれば、鬼や天狗など、一〇〇〇年以上の歴史を持つ怪異たちが語り継がれる土地としても機能している。加えて、深泥池や六甲山のような怪異スポットも次々と生まれている。

これからも、古きよき怪異たちの住みよい場所であるとともに、新しい怪異たちの活躍の場として語り継がれていくことを願いたい。

中国・四国・九州・沖縄地方の怪異

鳥取県
- はいじま駅 286
- 東伯郡東伯町（現琴浦町）
  - 化物の木 286
- 米子市
  - 三時婆 177

島根県
- エリーゼ 64
- コトリバコ 160
- たまごばばあ 179
- さんぬけぼうず 233

岡山県
- 青ぼうず 10
- 電車幽霊 253
- 岡山市
  - 口裂け女 128
  - 白い手・赤い手 205

広島県
- 河童 100
- けばおいわこ 149

山口県
- イチョウの祟り 46
- 双三郡（現三次市）
  - 生首の怪 269
- 小佐木島
  - マツタケバーチャン 350
- 小野田市（現山陽小野田市）
  - みよちゃん 368
- 下関市
  - 三人の看護婦さん 178
- 周防大島
  - ヒモジイ様 319
- 防府市
  - 青い目の人形 8

四国地方
- ケイコさん 145
- ヤマモモもぎ 385

徳島県
- 赤い服の警備員 19
- 河童 100
- 口裂け女 128
- ノビアガリ 282
- ヤマンバ 385
- 夢のダルマ 398
- 那賀郡
  - ダル 233
- 三好郡
  - ツチノコ 242

香川県
- 香川郡
  - ブキミちゃん 327
- 木田郡
  - 赤い舌・青い舌 13
  - 与田惣 406

愛媛県
- ノビアガリ 282
- 花子さんのおじいさん 244
- 今治市
  - もも子さん 383
- 宇摩郡（現四国中央市）
  - ゆみ子さん 398
- 松山市
  - 赤いちゃんちゃんこ 14
  - ヒカルさん 306

高知県
- 坂出市
  - つまようじさんとみきょうじさん 295
- 新居浜市
  - 仏崎の女 343
- 渋谷七人ミサキ 192
- ブキミちゃん 327

九州

福岡県

犬鳴峠 49
犬鳴村 49
カシマおばけ 88
禍垂 97
消えない目 115
きさらぎ駅 116
ターボババア 225
ぬりかべ 278
放送室の幽霊 340
やみ駅 386
四つん這い婆 407

糸島郡（現糸島市）
上半身の怪 200

大牟田市
四時四四分の怪 402

北九州市
河童 100
一二〇キロババア 320

久留米市
サイクリング婆ちゃん 167

田川市
青いハンカチ・赤いハンカチ 8

筑紫野市
紅いマント 21
パタパタさん 290

西白河郡
ひじかけババァ 311

福岡市
足売りババア 32
かたす駅 98
ダブル 232
爪切りババ 245
ファミコンの怪 324

三井郡
黒板じじい 155

三池郡（現みやま市）
川女 110

八女郡
首切りババァ 135

佐賀県

首ちょうちん 135
ゲームババア 146
花子さん 293

佐賀市
ペタペタ 336

長崎県

北松浦郡
しらみのおばけ 202

長崎市
校長先生の怪 153

西彼杵郡
毛糸ババァ 146

熊本県

おいてけ森 67
ジェイソン村 182
上半身の怪 200

阿蘇市
白いスカイライン 204

天草郡
油すまし 37

熊本市
星の王子さま 342

熊本大学
棒の手紙 340

熊本鎮台
心霊写真 209

大分県

生首の怪 269
ぬりかべ 278
リリーさん 415

臼杵市
首狩り婆 135

中津市
左手塚の怪 313

宮崎県

海から伸びる手 58
三輪車のお婆さん 180
魔の第四コース 352

鹿児島県

カシマユウコさん 95
鮫島事件 173
パタパタさん 290

奄美群島
ケンムン 150

指宿スカイライン
上半身の怪 200

大島郡
ブナガヤ 331

鹿児島市
肩たたきババア 98

熊毛郡
ヌイの亡霊 276

沖縄県

キジムナー 119
ケタケタ幽霊 148
テケテケ 247
ブナガヤ 331
紫鏡 371

※各怪異下段の数字は『日本現代怪異事典』掲載頁を、太字は本項掲載怪異を示す。

糸満市
はなも　296
浦添市
馬人間　57
宜野湾市
ラッキーオバケ　410
国際通り
見えてるくせにの幽霊　360
中頭郡
テケテケ　247
那覇市
口裂け女　128
人力車幽霊　209
テケテケ　247
宮古郡城辺町（現宮古島市）
布団の怪　330
宮古島市
片足ピンザ　97

※各怪異下段の数字は『日本現代怪異事典』掲載頁を、太字は本項掲載怪異を示す。

column

世界の怪異たち

日本に数多くの怪異がいるように、世界にもたくさんの怪異がいる。そして、その一部は近年日本でも有名になった。そんな彼らを見てみよう。

「スレンダーマン」は今世紀に入ってからネット上で生まれた怪異だ。黒背広を着た背の高い男性とされ、頭には毛髪や目、鼻、口がなく、時に背中から触手を生やした姿で描写される。この怪異に出会うと死亡する、悪夢に襲われるなどと語られている。

「ジェフ・ザ・キラー」もまた今世紀にネット上で生まれ、広まったとされる怪異だ。真っ白な肌に割けた口、焦げた髪にまぶたのない目、という容姿をした連続殺人鬼とされる。殺人を犯す際には「Go to sleep」と呟くのが特徴とされ、その過去についても詳しく語られている。それによれば、ジェフはかつて普通の少年であり、リウという弟がいた。ある日、二人は不良に絡まれ、不良を撃退したジェフをリウが庇って、リウが刑務所に入れられる。その後、家に乗り込んできた不良にジェフは漂白剤を掛けられた上に火を点けられ、顔は白く染まり、髪は焦げ、唇は真っ赤に変色した。しかし、精神に異常をきたしていたジェフはその顔を完璧だと捉え、自ら口を裂き、まぶたを焼いた。そして自分に銃を向けた両親を殺害し、リウをもその手に掛けて怪異と化した、と語られる。

「ブラッディ・メアリー」は古くから伝わる怪異で、鏡を使って呼び出す。真夜中に鏡の前に立ち、メアリーの名前を呼ぶと血まみれの少女が鏡に映る。その際に三度回る、三度呼ぶなどが条件とされることもあり、トイレの花子さんとの共通点が指摘されることもある。

これとは逆に、**口裂け女**や**テケテケ**といった日本の有名怪異が、海外のウェブサイトや書籍で紹介されることもある。様々な媒体で情報を共有できるようになった現代、怪異たちもまた、国境を越えて共有されるようになった。

今は海外の怪異として語られるものたちも、いつかはこの日本を舞台にして出現した話が語られるようになるかもしれない。

広島のマツタケバーチャン、島根のコトリバコ

広島県では、**マツタケバーチャン**と呼ばれる怪異が語られている。これは広島県のある島に現れるという怪異で、自動車に乗って夜に島を走ると、いつの間にかこの老婆が乗っているのだという。この老婆はかつてその島に松茸狩りにやってきて、山の中で行方不明になってしまったお婆さんの成れの果てだという。自動車に乗り込むのも、自分の家に帰りたいがためなのではないかと言われている。もしこの老婆を乗せたくなければ、荷物を置くなどして自動車に空席をなくせば良い。

広島県の小佐木島*には「まつたけ山」という山があるが、マツタケバーチャンが出るのはこの山かもしれない。

島根県は、インターネット上で語られた**コトリバコ**という怪異譚の舞台である。コトリバコは木が複雑に組み合わさった、簡単には開かない構造をした箱で、女性や幼い子どもが近づくと、内臓が次第に千切れ始めるという恐ろしい死に方をするとされる。その製法は箱の中に間引きした子どもの指や血を満たす、というもので、島根県のとある地域に伝わっていたという。そのきっかけは、戦から逃れてきたある男が、その地域の人々に命を助けてもらうためにコトリバコの製法を教えたのだとされる。この地域の人々はひどい迫害を受けていたため、いくつもコトリバコを作ったが、事故でその地域の子どもや女性が何人もこの怪異の犠牲になったことから、コトリバコを処理することに決めた。しかし、未だ処理しきれずにいる箱がいくつかあり、それが現在でも怪異を起こすことがあるのだという。

＊**小佐木島**　三原湾に浮かぶ、広島県三原市に属する周囲三・二キロメートルの有人島。最大標高はまつたけ山の七五・九メートル。

愛媛の怪異仏崎の女

四国に目を移してみると、愛媛県の新居浜《にいはま》市に存在した仏崎《ほとけざき》という峠には、美しい女の怪異が現れるという怪談があった。この女は峠を通りかかった船があると「乗せて下さい」などと声を掛け、その声を聞いた人間は高熱を出して寝込んでしまったという。この仏崎は戦後すぐに埋め立てられ、現在では道路になっているが、その後、**仏崎の女**は道路に現れて自動車を呼び止めるようになった。例え語られる土壌としての土地がなくなったとしても、怪異が人々の記憶から簡単に消えはしないようである。

鬼太郎でお馴《な》染《じ》み福岡のぬりかべ

福岡県では**ぬりかべ**が出現したという話が語られている。このぬりかべは墓場の側に立っていたという。ぬりかべは*水木しげるの漫画『ゲゲゲの鬼太郎』及びそのアニメで描かれた、石の壁に手足が生えたような姿が有名だが、元来は大分県や福岡県など九州地方で語られる怪現象だった。具体的には道を歩いていると突然前に進めなくなることを言い、鬼太郎のキャラクターのように姿かたちのあるものではなかった。

しかし先に紹介したぬりかべは墓場の側に立っていた、と語られているため、明らかに存在として認識されている。これは現代の創作により作られたキャラクター像が、古くからある怪異に影響を与えた例だろう。

***水木しげる**　一九二二～二〇一五年。大阪生まれ、鳥取県境港市育ち。幼少期、お手伝いの「のんのんばあ」こと景山ふさに語り聞かされた妖怪の話に強い影響を受ける。一九五八年に漫画家デビュー。『ゲゲゲの鬼太郎』『悪魔くん』『河童の三平』などを発表し、妖怪の第一人者として名を馳せる。

奄美群島のケンムン、沖縄のキジムナー

鹿児島県の奄美群島では**ケンムン**が、沖縄県では**キジムナー**の怪異が語られる。戦前に語られた民話や伝承にも登場し、人々にいたずらをしたり、漁師の仕事を手伝ったりしてきた。このケンムンとキジムナーは今でも変わらず人々の元に出現している。変わった話では、戦後間もなくの頃、ＧＨＱに棲《す》み処《か》であるガジュマルの木を伐採された恨みからかケンムンがマッ*カーサーを崇《たた》り、アメリカに渡ったという話がある。しばらくしてケンムンの姿が再び目撃されるようになったため、人々はアメリカからケンムンが帰ってきたと語り合ったという後日談もある。

このように、中国、四国、九州地方においても、地域それぞれの怪異が息づいている。その中には福岡県のぬりかべのように現在のイメージの影響を受けた姿で現れたものもいれば、キジムナーやケンムンのようにずっと昔から人間の隣人として受け入れられ続けてきたものたちもいる。

現代の怪異たちは、様々な地域で生まれ、そしてメディアやネットを通して全国に広まっていく。しかし彼らがその場所で生まれることや、特定の土地を舞台に語られるようになることには、何かしらの理由がある。今後もそれに注目していきたいところだ。

＊ダグラス・マッカーサー 一八八〇～一九六四年。米国の軍人。米国極東軍司令官、のちに西南太平洋方面連合軍総司令官として対日作戦を指揮。戦後は日本占領連合国軍最高司令官となり、民主化政策をとった。

column

現代怪異ベスト３

ここでは、筆者の独断と偏見による怪異のベスト３を紹介する。

邪悪な怪異 ベスト３

１位 リアルの悪霊
２位 カン、カン
３位 ヤマノケ

邪悪な怪異は、人間に対して害を及ぼすことのみを楽しんでいる怪異を選んだ。

１位の**リアルの悪霊**は、「本当に悪いモノ」と形容される怪異で、人に取り憑くだけならまだしも、決して直接殺さず、何年もかけてじわじわと苦しめる陰湿さが決め手となった。２位の**カン、カン**もまた、長期間にわたって人を追い詰める怪異だ。遭遇した女性がネットで語った話によれば、10年以上この女性とその家族に執着し、追い詰めて行ったらしい。３位の**ヤマノケ**もまたネットで語られた怪異だ。これは女性にだけ取り憑き、人格を乗っ取ってしまう。しかも49日以内に追い出さなければ、取り憑かれた女性は一生そのままなのだという。残された家族や友人のことを考えるとこの上なく邪悪だ。

恐ろしい怪異 ベスト３

１位 カマキリさん
２位 コトリバコ
３位 猿夢

恐ろしい怪異は、出会った際に引き起こされる事象の恐怖を優先した。

１位の**カマキリさん**は、遭遇した時の対処法を知らないと、カマキリに転生させられてしまう上、人間だった頃の自分に殺されるという、他に類を見ない死に方をする。２位の**コトリバコ**は、女性や子どもが近づくと次第に内臓が千切れるという死に方をする。またその作り方も、木箱に家畜の血を満たし、そこに殺した子どもの体の一部を入れるというおぞましいものだ。３位の**猿夢**は夢の中に現れるが、生きたまま人体を切り刻んだり、機械を使って挽肉にしようとしたりする残虐な怪異だ。夢から覚めれば逃げられるが、それ以外逃げ道はない。しかも夢の中で殺されると現実でも死んでしまう。

可愛い怪異 ベスト３

１位 ヒヨコの化け物
２位 ケセランパサラン
３位 ツチノコ

怪異は恐ろしいばかりではない。可愛い怪異も存在する。

１位の**ヒヨコの化け物**は、体長10メートルはあろうかという大きなヒヨコだ。しかしヒヨコなので、大きくなっても可愛らしい。２位の**ケセランパサラン**は、かつて飼育ブームも起きた白い毛玉だ。桐箱に入れ、白粉《おしろい》をあげるだけで育てることができ、しかも飼い主を幸福にしてくれる健気なやつだ。３位の**ツチノコ**は、ずんぐりむっくりの蛇の姿をした怪異だ。ある地域では「おんぼ（おんぶ）してくれ」と頼むなど、とても可愛い。

ここであげたベスト３は、あくまで私見によるものだ。これを読んでいる読者にも、ぜひ自分だけの怪異ベスト３を考えてみてほしい。

第5章

『日本現代怪異事典』拾遺

『日本現代怪異事典』では、一〇九二項目の怪異を紹介した。
しかし、怪異は日々生まれ、増え続けている。
本章では、『日本現代怪異事典』では紹介しきれなかった怪異のほか、
『日本現代怪異事典』刊行後に筆者が収集した新しい怪異を紹介する。

凡例

一、本章は現代（一九四五年・昭和二〇年以降）を舞台として語られた都市伝説、学校の怪談などに登場する怪異のうち、基本的には明確な作者が存在せず、人々の間で事実として語り広まっていると思われるものを収集し、五十音順に並べたものである。ただし、明らかに元来は個人の創作と判明しているもの、創作が元になっているものなどについても、それが人々の間で実際に事実として語られていると思われるものについては収集対象としている。また、出典となった資料において名前が存在しないものについては、筆者が命名したものもある。

一、参考資料は項目ごとに記しているが、一部名称を省略している。書籍、映画の名称は『』を、ウェブサイトは「」を用いて記載している。掲載の順番については特に意味を持たせていない。

一、各項目は前半にその怪異の概要を、後半にその怪異にまつわる諸々の解説を記している。文中に登場する怪異名について、『日本現代怪異事典』に別に独立した項目が存在する場合は太字で表記している。太字での表記は読み易さの観点から後半の解説部分にのみ適用している。

一、出典となる資料において、その怪異が語られていた舞台や時代、また伝承されていた地域などがはっきりと判明している場合には可能な限りその情報についても記載しているが、はっきりしない場合においては省略している。

一、幽霊、亡霊、霊の使い分けについては、原則として出典の表記に基づいている。

一、怪異、妖怪、怪といった言葉の使い分けについては、各項目の前半部分においては怪異という言葉に統一している。後半の解説部分においては、出典に基づいて使い分けている他、近代以前に記録があり、現在妖怪として認識されているものを説明する場合、現代の怪異と表記を分ける目的で「妖怪」という表記を使っている。現代において近代以前に記録された妖怪と同名の怪異が語られている場合には、現代の記録に基づいて説明する際には怪異、近代以前の記録に基づいて説明する際には妖怪という言葉を使用することで区別している。

一、出典において固有名詞のない怪異の項目名は、その怪異の性質等に沿って便宜的に名称を設定している。またその場合は「筆者命名」という言葉を項目後半の解説部分に記している。また項目名、解説部分等で似通った性質を持った怪異を一括《くく》りにする際には、民俗学研究所編『総合日本民俗語彙』以降において怪異・妖怪を分類する際に使用される「〜の怪」という括りを使用している。

【あ】

赤ちゃんジジイ［あかちゃんじじい］

小学校に現れるという怪異。放課後、体育館のステージの上に出現するとされ、その姿は、体は赤ん坊だが顔はしわくちゃの老爺《ろうや》なのだという。これを見た人間が驚いて逃げると、ものすごい速さでハイハイをしながら追いかけてくるともいわれている。

魔夜妖一《まやよういち》監修『怖いはなし１０００』にある。筆者命名。これに似た怪異に、顔が老婆で体が赤ん坊という姿をしている**赤ちゃんババア**という怪異がいるが、親戚か何かだろうか。

アップル・ゴッド［あっぷる・ごっど］

占いにまつわる怪異。リンゴに「リンゴの神さまお願いします」と書いて、そのリンゴを食べきると、片思いしている異性と仲良くなれるという。

マイバースデイ編集部編『わたしの知ってるおまじない１０００』にある。リンゴの神様がいかなる存在なのかは不明だが、ボールペンのインクがついたものを食べたりするのはやめよう。

天城山隧道の怪異［あまぎさんすいどうのかいい］

トンネルの壁に現れたという怪異。

一九六四年頃、ある男性が徒歩で天城峠を超えて天城山隧道に入ったとき、トンネルの壁一面に、普通の人間の二、三倍はあるかという顔が何十と並んでいるのを見た。それらのひとつを指でつついてみると、すぐに消え、指を離すとまた現れる。さらにその顔はトンネルの壁に積まれた角石に沿って、その数だけ現れていることがわかった。

ずっと見ていても仕方がないので、男性がそのままトンネルを進もうとすると、今度は目の前に二人の幽霊のような白衣の女が現れ、揺れていた。これらの怪異はその場では何も害を加えなかったが、それから数日後、男性が夜眠ろうとすると、まぶたの裏にトンネルの壁に張り付いていた顔が現れるようになったという。その男性の話によれば、目をつむるとトンネルの壁に張り付いていた顔がまぶたの裏に一つから五つほどが現れ、すごい勢いで突進してきたり、何百倍にも膨らんだりしたという。しかしこの怪異も二週間ほどで見えなくなり、特に害もなかったという。

平野威馬雄《いまお》著『お化けの住所録』にある怪異。天城山隧道は川端康成《かわばたやすなり》の『伊豆の踊《おどり》子《こ》』などに登場する有名なトンネル。現在は新しいトンネルが通ったが、天城山隧道は重要文化財に指定され、取り壊されずに残されている。

【い】

異世界タクシー［いせかいたくしー］

自動車にまつわる怪異。ナンバープレートが「４４４４」のタクシーに乗ると、そのまま別世界に連れて行かれてしまうという。

闇月麗《やみづきれい》編著『本当に怖い話　背すじもこおる恐怖体験９９話』にある怪異。筆者命名。

【う】

海から伸びる黒い手［うみからのびるくろいて］

海に現れる怪異。夕方の四時頃に海辺へ行き、五時になるまで待つ。五時になってからお経を唱えると、海から黒い手が伸びてきて、その人間を捕まえて異次元へと連れて行ってくれるという。

魔夜妖一《まやよういち》監修『怖いはなし１０００』にある怪異。海に飛び込む人間を白い手が海中に引きずり込む**海から伸びる手**は有名だが、こちらは色が黒く、あの世ではなく異次元へ連れ去ること、あちらから現れるのではなく、自分で呼び出すことなどが異なる。

裏S区の悪霊［うらえすくのあくりょう］

インターネット上で語られた怪異。九州地方のとある差別を受けていた特定地域に伝わる存在で、神とも悪霊とも表現される。本来は人間の死者の霊だが、何らかの条件でこの存在になってしまうという。その姿は体が真ん中から左右に真二つになった血だらけの人間の片側、というようなもので、小刻みに震えながら笑うという。

これに憑《つ》かれた人間は怪異から逃げ惑う過程で自殺などにより高確率で命を落とす。またこれに憑かれて亡くなった人の側に生前の写真を置くと、写真に写った顔が歪むといった怪奇現象が起きるという。

この怪異から逃れるためには笑うことが最も有効で、これが伝わる地域にはどんな状況にあっても怪異が現れた際には笑わなければならないとされる。そのため取り憑いた人間から追い出す際には笑いながら殴る、この怪異によって死んだ人間の家の前を通る時は笑いながら通り過ぎるなど、異様な光景が生み出される。これは怪異に対し、お前なぞ怖くない、という意思表示をするために必要な行動とされる。

この怪異は先述した特定の地域に住む人々の間で酷《ひど》く恐れられており、またその地域に住むある家系の人々は、この怪異の姿を見てしまうという。

電子掲示板2ちゃんねる（現5ちゃんねる）のオカルト板に立てられた「死ぬ程洒《しゃ》落《れ》にならない怖い話をあつめてみない？160-1」にて、二〇〇七年三月一四日に語られた怪異。

名前は怪談中では示されていないが、全部で四文字で、前二文字は「バラ」であるとされる。またこの怪異が出現する地域は、霊の通り道である「ナメ〇〇〇」と呼ばれていると語られるが、岡山県には「ナメラスジ」と呼ばれる魔物の通り道を指す言葉があり、これに近いものと思われる。

また、具体的に姿が描写されたのは真二つになった人間の片側のような姿のみだが、それ以外の姿でも現れていたらしく、視認できる容姿はひとつではないようだ。

【お】

おふたりさん［おふたりさん］

まじないにまつわる怪異。詳しい方法は、紙に対象となる人物の名前を書く、ということ以外は不明だが、対象とした人物と外見だけはそっくりの別人を呼び出すまじないであるという。ある学校で、教師を対象としてこれを行った生徒がいたが、その際には本当に外見のみがそっくりの、教師とは別の何者かが教室に現れた。その怪異は生徒たちに向かって「先生の言うことを聞かない子は……死んでもらいます」と告げ、バッグからピストルを取り出した。そこで「おふたりさん」のまじないをした生徒は、慌ててこのまじないの終わらせ方として教わっていた通り、紙に書いた教師の名前を消した。するとその教師の姿はかすれて消えてしまったという。

真宵魅鬼《まよいみき》編著『本当にあった⁉　こわ〜い話』に載る。ピストルを凶器として使う怪異はかなり珍しい。

【か】

怪ちゃん［かいちゃん］

まじないにまつわる怪異。運動会など、何かの競技で勝ちたいとき、そこらに落ちている小石を拾って「怪ちゃん、怪ちゃん、力をください」とお願いすると、力が出てきて競技に勝てるのだという。

マイバースデイ編集部編『わたしの知ってるおまじない１０００』に載る。これを行った際のデメリットは特に示されておらず、手軽にできるまじないとなっている。

顔だけババア［かおだけばばあ］

新潟県に現れた怪異。ある少女があぜ道を歩いていたところ、向こうにぼんやりとした明かりが見えた。それは遠目に提灯を持った人の影のように見えたが、その明かりが近づくにつれ、少女は向かってくる存在が異様な姿であることに気付く。

　それは巨大な顔から直接手足が生えた老婆が提灯を持っているという化け物だった。少女は恐ろしくなり、走って家へ帰ろうとしたが、なぜかいくら走っても家に辿り着かない。やっと着いた頃には、日がすっかり暮れていたという。

　魔《ま》夜《や》妖《よう》一《いち》監修『怖いはなし1000』に載る。筆者命名。

荷死魔辛呪［かしましんじゅ］

　学校の図書室にまつわる怪異。ある学校では、図書室の本を借りると、中に貸し出した人間の名前を書くブックカードが挟まっていることがある。そこに「荷死魔辛呪」という名前があり、さらにその下に自分の名前が書かれていると、その人間は数日中に死んでしまう。

　この「荷死魔辛呪」には、同じ読み方をする「鹿島真珠」という少女の怨念が関わっているという。鹿島さんは図書委員をしている大人びた少女だったが、いつの頃からか図書室の司書の男性と恋愛関係になった。しかし生徒と先生という立場であったことからあらぬ噂を立てられ、二人はそれを苦にして自殺。その心中現場には、「荷死魔辛呪」と書かれたブックカードを挟んだ本と、遺書が残されていた。

　以来、「荷死魔辛呪」のブックカードは図書室に現れるようになり、図書室を訪れる生徒を呪い殺すようになったという。

　真《ま》宵《よい》魅《み》鬼《き》編著『マジこわ！本当にあった⁉こわ〜い話』に載る。**カシマさん**系統の怪異だが、幽霊そのものが出て来ず、呪いの込められた物体が人に害を与える、という展開は珍しい。

カタシロ［かたしろ］

　水中に現れる怪異。水に顔をつけ、「あ」から「ん」まで五十音を順番に、顔を上げることなく言うことができると、カタシロという霊が水の中に出現するという。

　真《ま》宵《よい》魅《み》鬼《き》編著『本当にあった⁉こわ〜い話』に載る。カタシロとは祭りなどの際に人の穢《けが》れや厄《やく》を託し、川や海に流す人型の紙や藁《わら》人形などを指す「形代」のことだろうか。

花瓶幽霊［かびんゆうれい］

　ある学校に出現するという怪異。その学校の渡り廊下には古い中国の花瓶が展示されているが、雨の日になるとこの花瓶から白い煙のような幽霊が現れる。この幽霊は人の体を通り抜けて消えるが、通り抜けられた人間は何か冷たい感触がするという。また、これに何度も通り抜けられると命が縮むともいわれている。

　魔《ま》夜《や》妖《よう》一《いち》監修『怖いはなし1000』に載る。

ガリガリの子ども［がりがりのこども］

インターネット上で語られた怪異。ある男性が、家の屋上で双眼鏡を覗《のぞ》き、街を観察していると、その家の西側にある長い坂道を猛スピードで下ってくる何者かが見えた。焦点を合わせると、それは痩せこけた裸の子どものような姿をしており、満面の笑みを浮かべながら双眼鏡に向かって手を振っていた。その様子は明らかに双眼鏡を覗く男性の存在に気付いていているようで、双眼鏡越しに彼と目が合った状態で坂道の下にある彼の家へと近づいてきていた。

恐ろしくなった男性は屋上を下りて屋内へと駆け込み、鍵をかけて息をひそめていると、やがて屋上への階段を上る音が聞こえてきた。そのすぐ後、今度は階段を下る音が聞こえてきて、直後にドアを叩く音やチャイムを鳴らす音が連続で聞こえ、加えて先ほどの子どものものと思しきうめき声も聞こえてきた。

それは数十秒で収まったが、男性は日が昇るまで安心することはできなかったという。

電子掲示板2ちゃんねる（現5ちゃんねる）のオカルト板に立てられた「死ぬ程洒落にならない怖い話を集めてみない？69」スレッドに、二〇〇四年三月二九日に書き込まれた怪異。その怪談の恐ろしさ、完成度からネット上で広まったが、二〇〇八年九月二五日、2ちゃんねるに「涎《よだれ》先生」というハンドルネームで書き込んでいた人物が、自分が創作し、書き込んだ話であることを当人のブログ「よだれだらだら」にて明かした。

ただし当該記事は現在一般には公開されておらず、確認するのが難しい状態になっている。

元旦のコインロッカー［がんたんのこいんろっかー］

寿命にまつわる怪異。大晦日の夜、四四番のナンバーが書かれたコインロッカーの中に好きな食べ物と嫌いな食べ物をひとつずつ入れて鍵をかける。そして元旦の夜にこのロッカーを開けると、自分の寿命が書かれた紙が置かれているという。

闇月麗《やみづきれい》編著『本当に怖い話　背すじもこおる恐怖体験９９話』に載る。筆者命名。

【く】

蜘蛛の恩返し［くものおんがえし］

ジンクスにまつわる怪異。夜、蜘蛛を見つけたら心の中で「ここはお前たちの住むところとは違うんだよ。何もしないから、よそへ行って自分の巣をおつくり」と言って軽く息を吹きかける。すると蜘蛛は数時間のうちにいなくなり、恋を叶える天使になるという。

マイバースデイ編集部編『わたしの知ってるおまじない１０００』に載る。夜に蜘蛛を見たら親でも殺せ、という有名な迷信があるが、これはその逆のことをする。こちらの方が平和で良いだろう。

グラゴルじじい〔ぐらごるじじい〕

老爺《ろうや》にまつわる怪異。ある男性が家へ帰る途中、足元にゴルフボールのようなものが転がってきた。するとおじいさんの「とってくれ〜」という声が聞こえてきて、場所もグラウンドゴルフ場の脇であったため、おじいさんにボールを返してあげようと手を伸ばすと、そこにあるのはゴルフボールではなく人の目玉だった。そして、改めておじいさんの方を見ると、その眼孔に眼球はなく、穴だけが空いていたという。

魔夜妖一《まやよういち》監修『怖いはなし１０００』に載る。

【こ】

小指のない老婆〔こゆびのないろうば〕

話を読むと現れる怪異。その話の内容は、夢の中から始まる。その夢を見た人間は、河原で何かを探している様子の老婆と出会う。その老婆は夢の中にも拘《かか》わらず一度も会った記憶がない老婆で、何を探しているか問うと「小指がない」という。その老婆の手には実際に小指がないため、小指を探し始めると、なぜか探索を妨害するような行動をする。それでも見つけて小指を渡すと、残念そうな顔をして、「あと少しだったのに」などと言う。逆に見つけられないと、不気味な笑みを浮かべるという。

そして小指を見つけられなかった者の末路は、何らかの事故や事件に巻き込まれて死んでしまう。そしてその手からは、小指がなくなっているという。

そしてこの話を読んだ人間の夢には、一週間以内にこの老婆が現れる。

ＷＥＢサイト「妖怪百物語」に投稿された怪異。現在でもネット上で公開されている他、百怪の会編『恐怖のネット怪談』にも収録されている。

夢の中で小指を探させるという話は**ソウシナハノコ**と共通するが、逆から読めば「この話嘘」となるソウシナハノコとは違い、抜け道による救済は設けられていない。つまり夢を見てしまったら、老婆の妨害に負けず小指を探し当てるしか道はないのだ。

【さ】

殺人ビデオ〔さつじんびでお〕

インターネット上で語られた怪異。ある男

子高校生が文化祭の様子をビデオカメラで撮影するということがあった。しかしそのビデオを再生してみると、なぜか仏壇の前に正座している女性の後ろ姿が映っていた。ビデオにはその映像しか録画されておらず、文化祭の光景は一切記録されていない。

　そこでビデオを改めて再生してみると、どうも先ほどと印象が違う。よく見ると、女性の首が少しだけ右を向いているようだった。恐ろしくなったその男子高校生は、友人を呼んでビデオを見てもらうことにした。

　友人がビデオを再生すると、やはり女性が正座をしている映像が映った。しかも女性の首は、前回よりもさらに少しだけ右を向いている。だが友人に話を聞くと、女性は前を見たままだったという。

　その次の日、男子高校生は昨日の映像は見間違えだったのではないかと、もう一度ビデオを再生してみた。しかしそこに映ったのは、昨日よりもさらに右を向いている女の姿だった。女はビデオを見る度に、少しずつ首を後ろに向けて曲げようとしていたのだ。

　その翌週、男子高校生は階段から落ち、首の骨を折って死んだ。彼が最後にビデオを見たとき、女性の首がどちらを向いていたのかはわからない。そのビデオは彼の死とともに消えてしまったのだから。

　今でもこのビデオは、誰か次の持ち主を探しているのかもしれない。

　怪談投稿サイト「Ｇｈｏｓｔ Ｔａｉｌ」にて、二〇〇〇年に投稿された怪異。百怪の会編『恐怖のネット怪談』にも収録されている。

　「殺人ビデオ」はこの怪談のタイトルだが、いわゆる「スナッフ・フィルム」のように殺人の様子が記録されているのではなく、見た人間を死に至らしめることから名付けられたようだ。

殺人ロープ ［さつじんろーぷ］

　器物にまつわる怪異。ある中学校で、三年生の生徒がロープを使って首つり自殺をする、という事件があった。その自殺があった松林は、中学校のプールの隣にあったが、事件から一週間経ち、プールが開放されると次々と怪奇現象が起こり始めた。

　まず自殺に使われたロープがいつの間にか消えた。これは誰かがいたずらで持って行ったのだろうということになったが、次に、件のプールで生徒が溺れかけるという事故があった。その生徒の証言では、水の中に現れたロープが足に絡《から》みつき、彼を引きずり込もうとした、とのことだった。その三日後、今度は女子生徒が階段から落ち、骨折するという事件があった。その女子生徒も、やはり足にロープが絡みついて来て転倒したと語った。

　その他にもロープが廊下を這《は》っている、窓の向こうに現れたロープが絡みつき、腕を引っ張ったなどの話が続出し、自殺した生徒は寺で供養されることになった。それ以降、その中学校では事故が起きることはなくなったが、ロープは最後まで見つからなかった。

今でもロープはどこかを這っており、次の犠牲者を探し続けているのかもしれない。

マイバースデイ編集部編『わたしにささやく幽霊』に載る。

【し】

ジャンジャン火〔じゃんじゃんび〕

ある集落に現れたという怪異。栃木県にあるこの集落では、平安時代、戦に敗れた平家の落人《おちゅうど》たちが逃げてきて、隠れ住んでいたという伝説があった。元々この集落に住んでいた者たちは、最初平家の落人たちと仲良くしていたが、この落人を狙う人間たちが近くまでやってきていることを知ると、集落を守るために一計を案じた。その集落で祭りが行われたある日、集落の人々は、平家の落人たちを谷川に突き出すように作られた宴席に招待し、そこで酒を飲ませた。そして彼らが酒に酔った頃を見計らい、宴席を支えていた柱の綱を切り、彼らを谷底に落として殺してしまった。

それ以来、旧暦のお盆の時期になると、この集落ではどこからかジャンジャンという銅鑼《どら》の音が聞こえ、何十もの人魂が現れるようになったという。

これは現代になっても続いており、時には人魂だけではなく、松明を掲げた平家の怨霊たちの姿が見えることもあるとされる。

マイバースデイ編集部編『わたしの部屋に幽霊が……』に載る。ジャンジャン火は主に奈良県に伝わる怪火で、心中した男女や、殺された武士が死後に変化したものと語られることが多い。しかし栃木県に出たという話や平家の怨霊が正体である、という話は見つからず、先述した話が古くからその集落に伝わっていたのならば、かなり珍しい例と言えるだろう。

【す】

西瓜〔すいか〕

インターネット上で語られた怪異。ある霊感の強い男性が登山をしたときのこと、その山は標高が高く、上部は地面が凍り付いており、専用の靴がないと歩けない状態だった。そんな山道であるため、そこでは毎年多くの滑落事故が起きていた。犠牲者は斜面を滑り落ちる途中、人体で最も重い部位である頭が下になり、最後は頭が岩に当たって割れ、西瓜割りの西瓜のようになってしまうことから、その死体は「西瓜」と呼ばれていた。

そんな山道を男性が登っていると、前方から下山してくる人々が見えた。しかしそのものたちは普通の人間ではなく、よく見ると頭が割れて血を流しながら千鳥足で歩いてくる西瓜たちだった。

西瓜たちは男性を含む登山者とすれ違いながら、一人一人の顔をじっくり覗《のぞ》き込み、横を通り過ぎて行く。やがて通り過ぎたようであったため、男性がどうなったのだろうと振り返ろうとすると、一番後ろを歩いていた登山者が「振り向くな!」と忠告したため、慌てて顔を前に向けた。

それから程なくして山小屋に辿《たど》り着き、男性が先ほどの西瓜たちのことを尋ねると、あれらはこの山で死んだ人間たちの成《な》れの果てであり、もしすれ違った後に振り返ると、その人間を山道から引きずり下ろしてあの世へ連れて行ってしまうのだという。

ＷＥＢサイト「妖怪百物語」に投稿された怪異。現在でもネット上で公開されている他、百怪の会編『恐怖のネット怪談』にも収録されている。

スライムナース ［すらいむなーす］

病院に現れる怪異。自由に変形して姿を変える能力を持った緑色の不定形生物で、人を襲ってその肉を食らうという。ある病院では看護師の姿に化けており、患者を襲っては骨だけを残してその体を食らっていたとされる。

真宵魅鬼《まよいみき》編著『本当にあった!? こわ〜い話』に載る。筆者命名。

不定形生物が人を食う、という話は古くはジョセフ・ペイン・ブレナンという作家の書いた小説『スライム』にて語られており、ここでは粘液状の怪物が人間を含めた生き物を次々と襲い、食い殺す様子が記されている。現在では弱いモンスターという評価が定着しているスライムだが、本来は恐ろしい怪物なのだ。

【せ】

せつこちゃん ［せつこちゃん］

学校に出現する怪異。元はゼリーが好きな少女だったが、交通事故で死亡してから様々な学校に出現しては、給食のゼリーをひとつ持って行ってしまうようになった。また、このせつこちゃんと出会うと、寂しがりやのせつこちゃんにあの世に連れ去られてしまう。そのため、もし給食のときにゼリーがひとつ、不自然になくなっていたとしても、絶対にせつこちゃんを探してはならないという。

魔夜妖一《まやよういち》他編著『うわさの怪談　学校の恐怖Ｓｐｅｃｉａｌ』に載る。

7の神さま ［せぶんのかみさま］

まじないに纏《まつ》わる怪異。七時七分七秒に

なったら「7の神さま、お願いします」と言ってから願い事をすると、叶うという。

マイバースデイ編集部編『わたしの知ってるおまじない１０００』に載る。

【た】

ダッカコドン「だっかこどん」

インターネット上で語られた怪異。九州地方の一部の地域で語られているという複数の子どもの姿をした怪異で、その名前も方言で「誰の子ども」を意味するという。子どもたちが遊んでいるといつの間にか知らない子どもが混じっている、という場合はこのダッカコドンなのだとされ、絶対に正体を聞かずに家に帰らなければならない。もし正体を聞くと、連れ去られてしまうなどと言われている。

また、時に大人が襲われることもあり、その場合は寝ている人間の元に現れ、連れ去ろうとする。しかし七嶽神社という神社のお札があるとその難を逃れることができるとされる。

この怪異の正体は、その地域で死んだ子どもたちなのだという。

電子掲示板2ちゃんねる（現5ちゃんねる）のオカルト板に立てられた『死ぬ程洒落《しゃれ》にならない怖い話を集めてみない？１３０』スレッドにて、二〇〇六年五月二五日に書き込まれた。七嶽神社は長崎県五島市に実在し、壇《だん》ノ浦《うら》の戦いに敗れ、その地に流れ着いて自刃した平家の人々の霊を祀《まつ》った神社である。このダッカコドンもこの付近の地域に伝わるものだろうか。

ダニエルさま「だにえるさま」

占いにまつわる怪異。他の降霊《こうれい》占いと違い、これは宇宙人やＵＦＯを呼び出すことができるとされる。やり方は画用紙にアルファベットとＹＥＳ、ＮＯの文字、数字にＵＦＯの絵を描き、十円玉を用意する。そして十円玉の上に指を乗せ、目を閉じて「ダニエルさま、お答えくださいませ」と繰り返す。ダニエルさまとコンタクトが取れると、十円玉が円を描いて動き始めるので、「ダニエルさま、私の声が聞こえますか」と尋ねる。すると十円玉が「ＹＥＳ」の文字の上に移動するため、「ダニエルさまにお伺いいたします。あなたはどちらの星からおいでになられましたか」と聞く。すると十円玉がアルファベットを移動し、星の名前を示す。

この時、相手が牡牛《おうし》座やかに星雲《せいうん》、アルデバラン星と答えた場合は、地球侵略を目論む宇宙人である可能性が高いため、ただちに占いを中止しなければならない。好意的な宇宙人であれば、「ダニエルさまにお尋ねします」という言葉を冒頭につけて宇宙人とコンタクトを取る。

それから質問が終わり、ダニエルさまを

帰すときは、「ダニエルさま、いろいろと教えて下さってありがとうございました。また私の問いかけにお答えくださいませ」という呪文を唱える。すると十円玉は「ＹＥＳ」の文字まで動き、そのまま止まるので、それで占いは終了となる。

マーク・矢崎著『キューピッドさんの秘密』に載る。なぜ宇宙人を呼び出すための名前がダニエルなのかは不明。アルデバラン星は牡牛座を構成する星のひとつと思われるが、なぜ侵略宇宙人が住むと考えられているのかはわからない。ポーランドのＳＦ作家スタニスワフ・レムの作品に『アルデバラン星からの侵略』という小説があるが、これが元ネタだろうか。

【ち】

朝礼台の怪［ちょうれいだいのかい］

学校にまつわる怪異。ある学校では、一二時に朝礼台の上に立つと吸い込まれて消えてしまうという。

常光徹《つねみつとおる》編著『みんなの学校の怪談 赤本』に、兵庫県からの投稿として載る。夜の一二時なのか昼の一二時なのかは不明。同書には他にも複数例、朝礼台にまつわる怪異が載せられている。

大阪府から投稿された話では、昔、墓地だった土地に建てられた学校があり、現在朝礼台が立っている場所は、ちょうどその学校のかつての校長先生が眠っている場所なのだという。そして夜の一二時にこの朝礼台の下を覗《のぞ》くと、その死んだ校長がおり、「何か用？」と尋ねる。これに答えられないと、「一緒に眠ろ」と誘われ、朝礼台に引き込まれてしまうという。

また埼玉県から投稿された話では、夜の一二時に朝礼台から白い馬が出現し、それを見た人間は朝礼台の中に吸い込まれてしまうとされる。

このようになぜか小学校には、一二時に朝礼台を見ると吸い込まれる、という話が多いようだ。

【つ】

ツゲル様［つげるさま］

携帯電話にまつわる怪異。四時四四分にその場にいる人間が持っている携帯電話を置き、それを囲むように手を繋いで三度回る。そして「ツゲル様、私の未来を教えてください」と唱えると、一台の携帯電話にツゲル様なる怪異から電話がかかり、その人間の将来を教えてくれる。しかしその携帯電話の持ち主が「もうお帰り下さい」と言うまで、その他の人間は言葉を発してはならない。それを破ると、携帯電話の持ち主が霊界に連れ去られてしまうという。

魔《ま》夜《や》妖《よう》一《いち》監修『怖いはなし1000』に載る。複数の携帯電話を使った召喚の方法や、正体不明の怪異から電話がかかってきて、普通ではわかりえないことを教えてくれる、という点は**怪人アンサー**を思い起こさせる。一方、呼び出す際や帰らせる際の呪文は**こっくりさん**等の降霊による占いを連想させる。この怪異は、呼び出して知りたいことに答えてくれる怪異の要素が複合して生まれたのだろう。

【て】

天井を突き破る少女［てんじょうをつきやぶるしょうじょ］

学校に現れる怪異。ある女子生徒が校舎二階の廊下を歩いていると、向こう側から青白い顔の髪の長い少女が歩いてきた。その青白い顔の少女が「理科室はどこですか」と尋ねるため、女子生徒が「三階にありますよ」と答えると、小さく「ありがとう」と呟いた。その直後、少女はものすごい勢いで垂直に壁を登り、天上を突き破って上に行ってしまったという。

久保孝夫著『女子高生が語る不思議な話』に載る。また魔《ま》夜《や》妖《よう》一《いち》編監修『怖いはなし1000』には、「クモ女」という名前の類似した怪異が載る。これは校庭で遊んでいた子どもたちに近づいてきたという怪異で、「音楽室はどこ?」と聞くため、「三階の一番端」と教えると、にたりと笑って校舎の壁を猛スピードでよじ登って行ったという。

【と】

百目鬼のおまじない［どうめきのおまじない］

占いにまつわる怪異。「目」という字を縦、横にそれぞれ十個、計一〇〇個書き、その上に「鬼」と書くと、眠気がなくなるという。

マイバースデイ編集部編『わたしの知ってるおまじない1000』に載る。百目鬼は栃木県宇都宮市に伝わる妖怪の名前で、平安時代、俵藤《たわらとう》太《た》こと藤原《ふじわらの》秀郷《ひでさと》に退治された伝説がある鬼。伝説によれば名前の通り目が一〇〇もある身の丈三メートルの鬼で、秀郷に矢で貫かれた後も炎と毒気を吐いて抵抗したが、智徳という僧によって人間の形になり、死んだという。

この百目鬼がいかにして眠気を覚ます占いとなったのかは不明だが、ギリシャ神話には同じように一〇〇の目を持つ巨人、アルゴスの話がある。眠る際には五〇ずつ目を閉じ、五〇ずつ目を開けて交代で寝るため、常に意識が覚醒しているとされる。眠気覚ましという点ではこちらの方が相性は良さそうである。

【の】

呪われた彫刻刀 ［のろわれたちょうこくとう］

ある小学校の図工室に現れる怪異。この図工室には共用の彫刻刀が大量にあるが、その中の一本が呪われており、これで版画を彫ると血が流れてくるという。

実業之日本社編『都市伝説&怪談スペシャル』に、京都府からの投稿として載る。

【は】

バーザル ［ばーざる］

女性の姿をした怪異で、夜部屋で壁を背に勉強していると壁から出現し、肩を二度叩く。その際、叩かれても決して振り返ってはいけない。振り返ると首を切断されてしまうからだ。

不思議な世界を考える会編『怪異百物語3』に載る。名前を考えると**ババサレ**系統の怪異のようだが、話を聞くと現れる、戸やドアを叩く、呪文によって撃退できる、といったババサレの類《たぐい》に共通する要素がなくなっている。

パオゾウ ［ぱおぞう］

北海道函館市のある高校のテニスコートの裏に住んでいるという怪異。そのテニスコートでテニスの練習をしていると、夕方にパオパオという鳴き声が聞こえてくる。この鳴き声の正体を見た者はいないが、その鳴き声から象ではないかと言われ、パオゾウと名付けられて親しまれているという。

久保孝雄著『女子高生が語る不思議な話』に載る。

【ひ】

百葉箱の怪 ［ひゃくようばこのかい］

ある小学校の校舎の裏側には百葉箱が設

置されている。日曜日、日が沈む直前のこの百葉箱を見ると、扉が少し開いていて中から見たこともない生物が覗《のぞ》いているという。

魔夜妖一《まやよういち》編『うわさの怪談 学校の恐怖Special』に載る。

【ふ】

ファラオさま［ふぁらおさま］

占いにまつわる怪異。方法は画用紙に五十音、アルファベット、数字、はい、いいえの文字、そして真ん中にピラミッドの絵を描き、そのピラミッドの上に十円玉を乗せる。そしてその十円玉に指を乗せ、「エジプトのファラオさま、私の元へおいで下さい」と呪文を唱えると、ファラオの霊が降臨する。そこで「あなたはどちらの、何というファラオさまですか」と尋ね、それが動物霊や悪霊ではないことを確認する。それで悪い霊でないことを確認できれば、「ファラオさまにお伺いします」と呪文を頭につけて質問する。するとファラオさまが十円玉を動かし、答えを示してくれる。

その後、ファラオさまを返すときは「ファラオさま、いろいろとお答えくださってありがとうございました。どうぞお戻りください」と言うと、十円玉は「はい」の文字に移動し動かなくなる。それを確認したら、画用紙はすぐに焼却し、十円玉もなるべく早く使わねばならないという。

マーク・矢崎著『キューピッドさんの秘密』に載る。同書ではファラオさまは知識や直感を与えてくれる神とされる。また少女たちの間に流行《はや》った**キューピットさん**と違い、こちらは少年たちの間で関東を中心に流行ったと記されている。

踏切の蜘蛛［ふみきりのくも］

踏切に現れる怪異。大分県のある踏切には、手足がない女の姿をした怪異が現れることがある。この女は人の姿を見つけると、長い髪を蜘蛛の足のように八方に伸ばし、またそのうちの一本で人を捕らえるなどという。そして捕らえた人間を、そのまま踏切の内側に引きずり込み、走ってくる電車に轢《ひ》き殺させようとするようだ。

真宵魅鬼《まよいみき》編著『本当にあった!? こわ〜い話』に載る。

風呂幽霊［ふろゆうれい］

深夜二時に電気を消して風呂に入ると現れるという怪異。この時、湯船から湯を抜いて、空になった湯船に入り、蓋《ふた》を閉めると、髪の長い女の幽霊が入ってこようとするという。

魔矢妖一《まやよういち》他監修『うわさの怪談+』に載る。

【へ】

ヘビ女［へびおんな］

ある学校の裏林に潜んでいるという怪異。蛇《へび》のうろこのようなもので覆われた皮膚に切れ長の目、長い舌を持った女の怪異で、子どもを丸呑みにするという。

魔夜妖一《まやよういち》他監修『うわさの怪談 謎』に載る。女に化けた蛇が男の元に妻としてやってくる「蛇女房」の話や、執心のあまり女が蛇と化す「安珍清姫《あんちんきよひめ》伝説」など、蛇と女が相互に変化する話は昔からあるが、このヘビ女は人間と蛇が混じり合ったような姿をしており、その正体は不明。

勉強の神さま［べんきょうのかみさま］

まじないにまつわる怪異。勉強をしているとき、始めてからちょうど一時間経ったら窓を一〇センチ開ける。そしてそのまま一〇分間勉強し、また窓を閉める。この後いつものように勉強すると、勉強の神さまがやってきて、力を貸してくれるという。

マイバースデイ編集部編『わたしの知ってるおまじない１０００』に載る。学問の神としては菅原道真《すがわらのみちざね》が有名だが、道真が力を貸してくれるのかは不明。

【ま】

ましこさん［ましこさん］

生まれる前の子どもだけが遭遇できるという怪異。子どもが三歳頃になるまで覚えている、髪の長い女性で、生まれる前に遊んでくれた女性の記憶として語られるという。「ましかさん」という名前で類似した女性が語られることもある。

電子掲示板２ちゃんねる（現５ちゃんねる）の育児板に立てられた「【誰と】霊感？乳幼児の不思議発言【話してるの？】」スレッドにて語られた怪異。

「ましかさん」は足や腕を奪う怪異である**カシマさん**を連想させるが、生まれる前の子どもと遊ぶのみで、カシマさんのような恐ろしい行動は行わないようだ。

待つ、かなう——宗［まつ、かなう——そう］

駅にまつわる怪異。最終電車が通り過ぎた後、駅の伝言板に不思議な書き置きが現れる。そこには「待つ、かなう——宗」と記されており、これを見た人間はその日のうちに意味を理解しないと呪われてしまう。

マイバースデイ編集部編『わたしにささやく幽霊』に載る。「待つ、かなう——宗」はそのまま読み方を書くと「まつかなうそう」となり、「真っ赤な嘘」という意味になる。つまり話自体が嘘という言葉遊びの怪となっている。伝言板のある駅は現在では限られているが、二〇世紀初頭から末の頃までは、どの駅にも見られる普遍的なものだった。用途としては個人間の待ち合わせの連絡用などに利用されていたが、携帯電話の普及やいたずら書きなどが原因で、ほとんどの駅で撤去されてしまった。この怪異は、そんな伝言板のある駅という景色を背景として語られたものなのだろう。

【み】

ミドロさん［みどろさん］

自撮りをすると現れる怪異。深夜零時に暗くした部屋の中で、スマートフォン等を使って自撮りをすると、稀に自分の姿ではなくおかっぱ頭の血みどろの少女が写ることがある、これがミドロさんで、ミドロさんを写した人間は数日以内に死んでしまう。回避するためには、ミドロさんの写真を二四時間以内に誰かに送れば良いという。

魔夜妖一《まやよういち》監修『怖いはなし１０００』に載る。名前の由来は「血みどろ」ではないかと思われる。誰かに送れば助かる、という点は、同じ内容の手紙や電子メールを一定人数に転送すれば助かる**不幸の手紙**などのチェーンメール系統の怪異や、同じ話を一定人数に話せば助かる**カシマさん**、**テケテケ**などの怪異を思い起こさせる。しかしミドロさんの場合、自分で写真を撮ってしまうかどうかが問題であるため、拡散によって広まるという要素はなくなっている。恐らく誰かに同じものを転送することで怪異を回避できる、という部分のみが生き残った怪談なのだろう。

見張りの霊［みはりのれい］

ある学校に現れる怪異。その学校で遅くまで残っている児童がいると、この霊が現れて様々な霊現象を起こし、早く帰らせようとする。この霊は学校の創立時から学校を守ってきた存在で、直接子どもに危害を加えることはないという。

魔夜妖一《まやよういち》監修『怖いはなし１０００』に載る。

ミライさん［みらいさん］

占いに纏《まつ》わる怪異。縁がギザギザの十円玉を使って自分の携帯電話に電話をかけると、ミライさんという名前の予知能力を持った女性に電話が繋がり、未来の出来事を教えてくれるというもの。しかし何を教えてもらえるかは指定できないという。

ある少女たちがこのミライさんを試したところ、「二人は鳥に襲われて死ぬ」という回答が聞こえてきた。少女たちはこれを信じず、笑っていたが、学校の吹き抜けの玄関ホールを歩いていた際、上から大鷲の彫刻が落ちてきて頭に衝突し、死んでしまったという。

真宵魅鬼《まよいみき》編著『マジこわ！本当にあったこわ～い話』に載る。

【む】

紫ゾーン［むらさきぞーん］

霊を見るための方法にまつわる怪異。自分の部屋の窓やドアなど、外に向かって開いている場所すべてに紫色の紙を張り付ける。これにより、部屋が霊の通り道となり、真夜中になると霊の姿が見えるようになるという。

魔矢妖一《まやよういち》他監修『うわさの怪談＋』にある怪異。

【も】

モツ洗い［もつあらい］

ある学校の池に出現するという怪異。白いワンピースを着た女の姿をしているが、その池の側まで来ると、ワンピースをたくし上げ、腹から内臓を出して洗い始めるという。

魔夜妖一《まやよういち》他編著『うわさの怪談　学校の恐怖Ｓｐｅｃｉａｌ』に載る。筆者命名。

【ら】

ＬＩＮＥわらし［らいんわらし］

スマートフォンにまつわる怪異。ある男児が友人たちとともにＬＩＮＥにてグループを作り、互いにメッセージのやり取りを楽しんでいた。ある日、その男児はグループの中に見知らぬ女の子の名前が加わっていることに気付いた。その女の子はよくメッセージを送ってきたため、男児とよく話すようになり、仲良くなった。しかしある時、この女の子は誰の知り合いなのだろうということが気になり、グループに入っている友人たちに訪ねて回った。しかし知り合いが誰もいないどころか、皆、口をそろえてそんな女の子は知らないという。そこで男児が自分のスマートフォンを起動して確認すると、すでにＬＩＮＥから女の子の名前が消えていた。

あ
か
さ
た
な
は
ま
や
ら
わ

それから女の子がLINEの中に現れることはなかったという。

ウェッジホールディングス編『本当に怖い あなたのそばの 怖い話・怖い場所大事典』にある。LINEはLINE株式会社が提供するソーシャルネットワーキング。LINEわらしの名前は**座敷わらし**に由来するものと思われる。座敷わらしには子どもたちが遊んでいるといつの間にかその中に知らない子どもが紛れ込んでおり、その子どもが座敷わらしなのだ、という話がある。LINEわらしもいつの間にかグループに加わっている素性のわからない子ども、という共通点があるため、そこから名づけられたのだろう。

【り】

リゾートバイトの化け物〔りぞーとばいとのばけもの〕

インターネット上で語られた怪異。ある海沿いの地域に伝わる死者を蘇らせる儀式の結果、生まれる化け物。その姿は水死体そのもので、自立して動くものの意思疎通はできず、奇声を上げ続けるという。

この化け物の正体は以下のように伝えられる。

その海沿いの地域の村では、多くの家が漁業を生業としており、子どもが生まれると物心がつくころには船に乗せ、父親とともに海に出ることが多かった。しかし海はそんな子どもたちの命を数多《あまた》に奪ったため、いつしか母親が子どもにへその緒をお守りとして持たせる風習が生まれた。このへその緒は母親と子どもの繋がりを示すものであり、子どもがどこにいようとも母の元に帰って来られるように、という意味が込められていたという。

それでも子どもの犠牲が減ることはなく、ある時一人の女性の子どもが海に出たまま帰らなかった。しかしそれから三年程経った頃、その女性は子どもが帰ってきたと涙を流して喜び、それを見た周囲の人々は、悲しみのあまりついに気が狂ってしまったのかと憐れんだ。それでも万が一、どこかに生きて流れ着いた子どもが帰ってきたのかもしれない、と考えた者もおり、その女性に子どもを見せてくれるよう頼むと、女性は「もう少ししたら見せられるようになるから待っていてくれ」などという。

それからしばらくして、この女性が子どもと一緒に歩いているのを見た者が現れた。そこで村人たちが祝福しようと女性の家を訪れると、女性は満面の笑みで子どもを引き寄せ、それを皆に見せた。その瞬間、村人たちは絶句した。

そこにいたのは、全身が紫色に変色し、体は膨らみ、目は白目を剥き、かろうじて見える黒目は左右で別々の方向を向いていた。そして口からは泡を吐き、母親が話しかけるたびに奇声を上げていた。それはまるで生きた水死体だった。

この異様な光景に村人たちはすぐに寺の住職を頼り、話を聞いた住職は女性を寺へと連れて行ったが、子どもから引き離された女性はひたすら子どもを返せと住職を罵り、最後には住職を跳ね飛ばして寺を出て行ってしまった。

それから女性の捜索が行われたが、母子の姿は見つからなかった。女性の家にはどこのものかわからない札がいたるところに貼り付けられ、腐った残飯が部屋の隅に放置されていた。

これを見た村人たちは、同じような言動をしていた別の女性がいたことを思い出し、その女性のもとを訪れた。しかし、時すでに遅く、その女性も変わり果てた我が子に愛おしげに語り掛けていた。

住職とその従者は女性を寺へ連れて行った。化け物はその後ろをついて来て、住職が女性を縛って読経をしている最中に寺に現れた。そして女性のいるお堂の周りを回り始めたが、次第に二足歩行が難しくなり、四足歩行をするようになった。そして次第に這うように動くようになり、四肢が消え、芋虫のような体になったかと思うと、最後にはへその緒が残っていたという。そして縛られていた女性は、完全に正気を失い、戻ることはなかった。

その後、行方不明だった先の女性が死体となって見つかった。彼女の体は何者かに食い破られたように損壊していたが、その表情はとても幸せそうだったという。

その女性の家は取り壊されることとなったが、そこにはあの化け物が成長する記録が日記となって残っていた。そこにはへその緒が成長し、手足が生え、床を這い始め、四つ足で歩くようになり、言葉を発し、最後は立ち上がるまでの様子が記されていたという。

怪談投稿サイト「ホラーテラー」に、二〇〇九年八月四日から同年八月一八日にかけて書き込まれた。投稿者はこの地域へリゾートバイトのため赴いた際、バイト先の旅館の女将が行っていた、へその緒の儀式に巻き込まれた人物であるという。そのため、怪談の名称としては「リゾートバイト」が使われる。

現代になってこの儀式を行った女将は、詳細は不明だが古来の儀式に自己流の変更を加えたという。そのためか、本来であれば死んだ子ども一人分しか出現しないはずの化け物が複数出現したとされる。それは黒い人間のような姿をしており、壁を這いまわっていたという。ただし、古来の儀式によって出現した化け物と違い、この姿は取り憑《つ》かれた人間にしか見えなかったとされる。

また女将は、経営している旅館の二階を儀式のための部屋として使っていたが、そこに踏み込んだ投稿者とその友人を、自分の子どもを甦らせる生贄と見なしたようで、彼らが旅館を離れる際に大量の人の爪が入った巾着袋を持たせている。この爪は旅館の二階にも敷き詰められており、儀式によって出現した化け物が壁をひっかいた際に零れ落ちたものであることが示唆されている。しかし、この爪を持っていたために、本来であれば母親に取り憑き、最終的にその肉を食らうはずの化け物が、投稿者たちを親と思い込み取り憑いたとされていることから、爪は母親の女将のものであった可能性も考えられる。

その後、投稿者たちはある寺に赴いた。この寺は先述した、二人の女性を助けようとした寺だった。投稿者たちは、その寺の住職の助けで化け物が入れないよう結界を張ったお堂に籠って一夜を明かし、化け物がへその緒の姿に退化するのを待つこととなる。この時の化け物の姿は、真っ黒な顔で白目をむき出しにしているというもので、お堂の壁に向かって頭を打ちつけていたと語られている。また投稿者たちの知人の声を真似てお堂からおびき出そうとするなど、先に記した通常の儀式によって出現した化け物とはいくつか異なる行動を行っている。

投稿者らに憑いてきた化け物はこの一匹だけであったため、夜明けとともにへその緒に戻り、それ以降の怪異はなかった。しかし、儀式を行った本人である女将は、自ら呼び出した複数の化け物に憑かれたのか、エビのようにひたすら体をしならせながら跳ね続けるという状態に陥っていたと語られている。女将がその後どうなったのかはわかっていないという。

流星生首 [りゅうせいなまくび]

夜空に現れた怪異。ある人物が星空を眺めていると、いくつもの流れ星が見えた。しかしそれをよく見るとすべて生首で、その人物と目が合わせたまま消えていったという。

闇月麗《やみづきれい》編『本当に怖い話９９話』にある怪異。筆者命名。

【れ】

れんぎょさん [れんぎょさん]

怖い話をしていると現れるという怪異。この怪異は怖がりの人間に取り憑《つ》き、取り憑かれると意味不明な話をし始めたり、独り言が多くなるという。

魔矢妖一《まやよういち》他監修『うわさの怪談＋』に載る。

怪異系都市伝説年表

一八八四年頃　「テーブルターニング」が海外から上陸。これがやがて**こっくりさん**と呼ばれるようになる。

一九〇六年　二月一一日、**赤マント**の元になったとされる事件のひとつ「青ゲットの男事件」が発生。

一九一九年　西條八十『砂金』出版。その中に**トミノの地獄**が収録される。

一九三〇年代　**幽霊自動車**が出現。
赤い紙・白い紙が出現（奈良県）。

一九三六年　二月二六日、**赤マント**の元になったとされる事件のひとつ「二・二六事件」が発生。

一九三八年　五月二一日、後に村系都市伝説に大きな影響を与える「津山事件」が発生（岡山県）。

一九三五～四〇年頃　**赤マント**が出現（東京都）。

戦前　**幸福の手紙**が広まる。

一九五〇年頃　「三番目の花子さん」が出現（地域不明）。後の**トイレの花子さん**の前身。

一九六三年　ノータリンクラブによって**ツチノコ**の手配書が作られる。

一九六五年　小松左京が出版界で流布していた噂を元に小説『牛の首』を発表。これが後の都市伝説**牛の首**を生んだ可能性が指摘される。

一九六九年　**不幸の手紙**が広まる（九州→大阪→東京）。

一九七二年	『平凡パンチ』八月七・一四合併号に**カシマさん**が紹介される。メディアに初めてカシマさんが出現したとされる（北海道）。
一九七三年前後	「コインロッカーベイビー」と呼ばれる、捨て子・死体追棄事件が同時多発的に発生。後に都市伝説となる。
一九七〇～七三年	**こっくりさん**が西洋の霊遊び「ヴィジャ盤」と結び付き、「五十音」「はい」「いいえ」を使う形となって子どもたちの間で大ブームを起こす。
一九七八年	『SF／ボディ・スナッチャー』において人面の犬が登場。**人面犬**のルーツではないかとの説がある。 **口裂け女**が出現（岐阜県）。
一九七九年	**紫鏡**の噂が広まる。
一九七〇年代後半	**ケセランパサラン**ブームが巻き起こる（全国）。
一九八〇年	**テケテケ**が出現（沖縄県）。
一九八〇年代頃	**トイレの花子さん**が出現。 **ピアスの白い糸**の噂が広まる。
一九八一年	稲川淳二の怪談「生き人形」において、朝日放送のワイドショー・プラスαの怪談特集にて**生き人形**が出演したとされる年。
一九九〇年前後	**メリーさんの電話**が書籍に登場する。 **赤いクレヨン**の噂が広まる。九七年に伊集院光が創作したと語るが真偽は不明。 メディアを通して**人面犬**が爆発的に広がる。
一九九三年頃	**耳かじり女**が出現（東京都）。
一九九四年	アニメ番組『学校のコワイうわさ　花子さんがきた!!』において怪人**トンカラトン**が放送される。
一九九五年	**杉沢村**（青森県）の噂が記録される。

一九九九年
サッちゃんのチェーンメールが出回る。

二〇〇〇年前後
ネット上に**一寸婆**、**猿夢**など、様々な怪異の噂が出現する。
チェーンメールとして**橘あゆみ**が出現。

二〇〇〇年
ウェブサイト「怪談投稿」に「分からないほうがいい・・」が投稿される。後の**くねくね**の前身。
一一月二六日、**ＮＮＮ臨時放送**についての書き込みが2ちゃんねるのテレビ板に登場する。

二〇〇一年
四月一一日、洒落怖に「後悔」が書き込まれる。**コトリバコ**の前身となった可能性が指摘されている。
七月二四日、「α-ＷＥＢ怖い話」に**ひきこさん**の情報が書き込まれる（現時点で最古の情報）。

二〇〇二年
八月一〇日前後、都市伝説を扱うサイトに同時多発的に**怪人アンサー**の書き込みがなされる。後に創作であると判明。

二〇〇三年
二月一三日、**ヒサルキ**が洒落怖に書き込まれる。
三月二九日、**くねくね**が洒落怖に書き込まれる。

二〇〇四年
一月八日、**きさらぎ駅**に迷い込んだ女性の体験が2ちゃんねるオカルト板の「身のまわりで変なことが起こったら実況するスレ26」に書き込まれる（静岡県）。
一二月八日、『心は転がる石のように』出版。その中で「**トミノの地獄**を音読すると凶事が起こる」という話が書かれる。

二〇〇五年
六月六日、**コトリバコ**が洒落怖に書き込まれる。
九月二一日、**リョウメンスクナ**が洒落怖に書き込まれる（岩手県）。
「**トミノの地獄**を音読すると死ぬ」という噂が都市伝説として流布し始める。

二〇〇六年
二月二二日、洒落怖に**巨頭オ**が書き込まれる。

二〇〇七年
二月五日、**ヤマノケ**が洒落怖に書き込まれる。
三月一四日、**裏Ｓ区**が洒落怖に書き込まれる。
四月二一日、ネット上に**ひとりかくれんぼ**の方法が書き込まれる（以前から関西と四国地方では良く知られた遊びであったとされている）。

二〇〇八年

一月一七日、**邪視**が洒落怖に書き込まれる。

二月一九日、**つきのみや駅**が2ちゃんねるオカルト板の「【夢】子供の頃の不思議体験【現実】」スレッドに書き込まれる。

八月二六日、洒落怖に**八尺様**が書き込まれる。

九月二二日、2ちゃんねるオカルト板に「ヤヴァイ奴に遭遇したかもしれん」というスレッドが立てられ、**アクロバティックサラサラ**の情報がいくつも書き込まれる（福島県）。

二〇〇九年

二月一一日、怖い話投稿サイト「ホラーテラー」に**禁后**が書き込まれる。

三月二六日、ホラーテラーに**姦姦蛇螺**が書き込まれる。

八月四日、ホラーテラーに**リゾートバイト**が書き込まれる。

一一月二四日、ホラーテラーに**リアル**が書き込まれる。

二〇一一年

五月一九日、洒落怖に**渦人形**が書き込まれる。

二〇一二年

六月一日、洒落怖に**イケモ様**が書き込まれる。

二〇一三年

2ちゃんねるにおいて二月に**ひるが駅**、三月に**警娜諞爬…駅**、**齋驛來藤駅**が書き込まれるなど、異界駅が連続して登場する。

二〇一四年

五月一七日の深夜、八甲田山の無人の別荘から一一九番通報があり、**八甲田山の亡霊**の仕業かという噂が流れる。

二〇一五年

テレビ番組をきっかけに**ゾルタクスゼイアン**の噂が広く流行し始める。しかし噂自体はそれ以前からネット上でささやかれていた。

二〇一六年

座敷わらしが出ることで有名な旅館、緑風荘が二〇〇九年の火災以来の営業再開。多くの人々が座敷わらしを求めて訪れる。

二〇一七年

一月、『**日本現代怪異事典**』同人誌版発売開始。

二〇一八年

一月一七日、『**日本現代怪異事典**』笠間書院より刊行。

あとがき

早いもので、処女作である『日本現代怪異事典』の刊行から一年以上の時が経ちました。二〇一九年五月には元号が平成から令和に代わり、図らずも平成の末に平成以前の現代の怪異たちを集めた本を出したことになります。

私たちが生きる令和の時代でも、怪異も日々新しく生まれ、増え続けています。『日本現代怪異事典』と本書にて、平成末期までの怪異たちを紹介できたことは、私にとってひとつの区切りになりました。もちろん、紹介しきれない怪異もいましたが、それらについては、この令和の時代に新しく生まれる怪異とともに、またいつか紹介する機会を得られればと思います。

本書を書く上では、たくさんの方々にご協力いただきました。『日本現代怪異事典』に続き、本書の企画を頂いた笠間書院の皆さま、そして編集を担当して頂いた山口晶広様。前作に引き続いてカバーイラストに加え、本文中のイラストを担当して頂いた裏逆どら様、同じく本文中のイラストを担当して頂いた、小針タキ様、寺西まさひろ様、朔成紺様。そして本書のイラスト応募企画にて、たくさんの素敵なイラストを送ってくださった皆様。この場を借りて、感謝申し上げさせて頂ければと思います。

また、本書は先学の方々の著作を大いに参考にさせて頂きました。偉大な先人の方々にも厚い感謝を述べさせて頂ければ幸いです。

この令和の時代、怪異は生まれ続けてゆくことでしょう。そんな新しい時代の怪異たちの登場が楽しみです。拙著が昭和や平成の時代にもこんな怪異たちがいたのだと、ふと、どこかで思い出してくれるきっかけとなってくれれば、それ以上の喜びはありません。

二〇一九（令和元）年六月

朝里　樹

参考資料

【書籍資料】
池田香代子・大島広志・高津美保子・常光徹・渡辺節子編著『ピアスの白い糸 日本の現代伝説』1994年、白水社
伊藤龍平『ネットロア ウェブ時代の「ハナシ」の伝承』2016年、青弓社
大島清昭『現代幽霊論 妖怪・幽霊・地縛霊』2007年、岩田書院
大島廣志『野村純一　怪異伝承を読み解く』2016年、アーツアンドクラフツ
京極夏彦『妖怪の理　妖怪の檻』2011年、角川文庫
木原浩勝・市ヶ谷ハジメ・岡島正晃『都市の穴』2003年、双葉文庫
黒史郎『ムー民俗綺譚　妖怪補遺々々』2019年、学研プラス
久保孝夫『女子高生が語る不思議な話』1997年、青森県文芸協会出版部
小池壮彦『心霊写真　不思議をめぐる事件史』2005年、宝島社文庫
小松和彦監修『日本怪異妖怪大事典』2013年、東京堂出版
田中貢太郎『明治大正実話全集　第七巻　奇蹟怪談実話』1929年、平凡社
千葉幹夫『全国妖怪事典』1995年、小学館
常光徹『学校の怪談 口承文芸の展開と諸相』2013年、ミネルヴァ書房
常光徹著・楢喜八絵『学校の怪談』1990年、講談社ＫＫ文庫
常光徹編著・楢喜八絵『みんなの学校の怪談 赤本』1995年、講談社
日本民話の会・学校の怪談編集委員会『学校の怪談文庫Ｋ１ 先生にあいにくる幽霊』1993年、ポプラ社
野村純一『江戸東京の噂話 「こんな晩」から「口裂け女」まで』2005年、大修館書店
花子さん研究会編『トイレの花子さん―キミの学校のこわ〜い話』1993年、ＫＫベストセラーズ
春川栖仙『心霊研究辞典』1990年、東京堂出版
東アジア恠異学会著『怪異学入門』2012年、岩田書院
東アジア恠異学会著『怪異学の地平』2019年、臨川書店
平野威馬雄著『お化けの住所録』1975年、二見書房
百怪の会編『恐怖のネット怪談』2001年、同朋舎
不思議な世界を考える会『怪異百物語１現代の妖怪』2003年、ポプラ社
フジテレビ出版『紫の鏡　木曜の怪談・怪奇倶楽部発“ウワサ”のホラー・ストーリー』1996年、扶桑社
マーク・矢崎著『キューピッドさんの秘密　降霊術の不思議』1989年、二見書房
マイバースデイ編集部編『わたしにささやく幽霊 』1988年、実業之日本社
マイバースデイ編集部編『わたしの知ってるおまじない1000』1989年、実業之日本社
マイバースデイ編集部編『わたしの部屋に幽霊が…恐怖体験集』1989年、実業之日本社
松谷みよ子『現代民話考１ 河童・天狗・神かくし』2003年、ちくま文庫
松山ひろし『呪いの都市伝説 カシマさんを追う』2004年、アールズ出版
魔夜妖一監修『ゾゾーッ！ 怖いはなし1000』2017年、成美堂出版
真宵魅鬼編著『マジこわ！ 本当にあった!? こわ〜い話』2014年、ナツメ社
村上健司『妖怪事典』2000年、毎日新聞社
闇月麗編著『ミラクルきょうふ！ 本当に怖い話　背すじもこおる恐怖体験99話』2013年、西東社
渡辺節子・岩倉千春著『夢で田中にふりむくな』1996年、ジャパンタイムズ

【WEBサイト】
「２ちゃんねる」 http://www.2ch.net/
「死ぬ程洒落にならない話を集めてみない？」http://syarecowa.moo.jp/

［カバー・扉イラスト］

裏逆どら

［本文イラスト］

裏逆どら（P8, P35, P50, P70, P80, P105, P115, P145, P154, P190, P227, P238）

小針タキ（P20, P30, P65, P90, P125, P160, P180, P185, P202, P208, P222, P258）

朔成紺（P24, P40, P45, P55, P75, P110, P120, P174, P196, P216, P250, P263, P264, P279, P285）

寺西まさひろ（P12, P16, P60, P85, P95, P100, P130, P138, P167, P233, P245）

［本文カットイラスト・表紙イラスト］

赤い尻／秋野小夜／浅間夜行／妖屋鮎子／忌木一郎／伊沢つづる／岩里藁人／エイド／怪人ふくふく／カエルサチコ／寒ブリアキ／紀伊国亭むじな／氷厘亭氷泉／小林義和／娯楽／ CORVO ／これ／ささのさとる／皐海／シヴァ猫魈／しげおか秀満／標野いうり／鈴木千春／晴十ナツメグ／ソオ／そとの道／高川ヨ志ノリ／田頭顕子／とおあまりみつ／ toki ／毒男 from DQOz ／どっかの河童／トリハン／永井啓太／ナツキ シノブ／なな・いろは／ nemo ／弌世尚／平本圭／ぷらんと／ベーヤン／暴天／町田匠／水澤きいろ／廻屋／ men ／山上下／闇の中のジェイ／幽／ U9 ／楪神那／好翁／ ryo ／和満

［著者紹介］

朝里 樹（あさざと・いつき）

怪異妖怪愛好家・作家。1990 年、北海道に生まれる。2014 年、法政大学文学部卒業。日本文学専攻。現在公務員として働く傍ら、在野で怪異・妖怪の収集・研究を行う。著書に『日本現代怪異事典』（笠間書院）、『日本のおかしな現代妖怪図鑑』（幻冬舎）がある。

日本《にほん》現代《げんだい》怪異《かいい》事典《じてん》 副読本《ふくどくほん》

令和元年（2019）6 月 28 日　初版第 1 刷発行

［著者］
朝 里　樹

［発行者］
池田圭子

［装幀］
笠間書院装幀室

［発行所］
笠 間 書 院
〒 101-0064　東京都千代田区神田猿楽町 2-2-3
電話 03-3295-1331　FAX03-3294-0996
http://kasamashoin.jp/　mail：info@kasamashoin.co.jp

ISBN978-4-305-70878-6　C0039

© Asazato Itsuki 2019

乱丁・落丁本はお取り替えいたします。

本書収録の事項には、現在の社会通念から見て不適切と思われる表現が含まれておりますが、史料的な価値を考慮し、当時のものをそのまま採用しております。ご了承ください。

印刷／製本　大日本印刷